MEMENTO MORI 88

JESUS – DIE SPUR VON MORGEN 104

MEHR ALS ALLES 120

WO BIST DU, GOTT? 136

PROJEKT: JAHRESRINGE 152

SPUREN VON RELIGION 164

»Unsere Welt wird immer kleiner!« – In Sekundenschnelle knüpfen wir über das Internet weltweite Kontakte und tauschen Informationen aus. Ich lebe nicht nur in meiner Welt – in einer Welt lebe ich. Diese Lernlandschaft macht auf Chancen und Risiken dieser vernetzten Welt – auch mit ihren wirtschaftlichen Abhängigkeiten – aufmerksam. So stellen sich Fragen: nach dem Miteinander in der Weltgemeinschaft, nach dem Wertvollen in deinem Leben, nach der Verantwortung, die du übernehmen willst, z. B. für Frieden und Gerechtigkeit. Denn diese Welt kannst du mit deinem Denken und Handeln gestalten.

MEINE WELT –

Liebe Schülerin, lieber Schüler,

»cambia, todo cambia«. So singt Mercedes Sosa, die »Seele« Lateinamerikas. Alles ändert sich – immer wieder, ununterbrochen. Nichts ist so beständig wie der Wandel. Das Leben ist Bewegung, Veränderung und Erneuerung. Diese Grunderfahrung unseres Daseins ist faszinierend und erschreckend zugleich. Denn so, wie die Dinge und das Leben sind, so müssen und so werden sie nicht bleiben.

Faszinierend ist diese Erfahrung, weil sie uns ermutigt: Wir können diese Welt gestalten und etwas bewirken. Eine andere Welt ist möglich. Wir können uns einbringen mit unseren Hoffnungen und Begabungen, mit unseren Ideen und unserer Fantasie. Das ist ein starkes, ein positives Gefühl. Wir sind nicht darauf festgelegt, dem Lauf der Welt schicksalsergeben zuzuschauen. Wir können uns einmischen und dabei sein. Und wir können dabei die Erfahrung machen, dass wir immer schon mittendrin sind im Leben.

Andererseits ist die Erfahrung des ständigen Wandels auch erschreckend. Die Zeit zerrinnt uns zwischen den Fingern. Was wir uns mühsam angeeignet oder erarbeitet haben, kann schon morgen fragwürdig oder veraltet sein. Auch unsere Beziehungen wandeln sich – manchmal zerbrechen sie sogar. Was bleibt dann eigentlich noch? Worin liegt der Sinn von alledem, wenn scheinbar nichts, aber auch gar nichts Bestand hat, wenn mitten im Leben der Tod das letzte Wort für sich in Anspruch nimmt?

Die Schule ist ein guter Ort, solchen Gedanken und Fragen nachzugehen, zu überlegen, wie wir mit ihnen umgehen und was das für unser Leben bedeutet. Insbesondere der Religionsunterricht möchte dir und deinen Mitschülerinnen und Mitschülern ein Angebot sein, den Dingen auf den Grund zu gehen. Ob es geschehen kann, hängt davon ab, wie wir miteinander umgehen. Das erfordert Respekt und Disziplin gegenüber anderen, aber auch sich selbst gegenüber. Zugleich muss gestritten werden, mit Leidenschaft: um die richtige Entscheidung, um die klarere Antwort und um die optimale Lösung. Lass dich auf deine Mitschülerinnen und Mitschüler ein und mach dich gemeinsam mit ihnen und mit deiner Religionslehrerin bzw. deinem Religionslehrer auf den Weg. Wenn dir das gelingt, bist du schon mittendrin im Leben.

Immer dann, wenn es wirklich um unser Leben geht, spielt auch der Glaube an Gott eine Rolle. Als Christinnen und Christen nehmen für uns in Anspruch, dass wir mittendrin stehen im Leben wie im Glauben. Es ist ja nicht selbstverständlich, was tagtäglich in der Welt vor sich geht und es ist auch nicht damit getan, den Dingen ihren Lauf zu lassen. Es geht uns um die großen Fragen: Woher komme ich? Wohin gehe ich? Wozu lebe ich? Warum soll ich gut sein? Was ist der Sinn von allem? Die Bibel ist dir dabei ein guter Reisebegleiter, wenn du dich auf den Weg machst, diesen Fragen nachzugehen. Viele Menschen haben darin ihre Erfahrungen mit dem Suchen und Fragen aufgeschrieben. Auch von ihnen kannst du lernen – mittendrin im eigenen Leben.

Die Welt, unser Leben und unser Glaube – sie alle sind wie Landschaften, in denen wir uns bewegen. Du selbst bewegst dich mittendrin. Dein Religionsbuch ist genau dafür gemacht. Es enthält zahlreiche Landschaften, die es zu entdecken gilt, Lernlandschaften, zum Beispiel: Meine Welt – eine Welt; Stört die Liebe nicht; Memento mori; Wo bist du, Gott; Ur-Kunde Bibel u. v. a. m.

Auf jeder Doppelseite findest du Ausflüge in diese Lernlandschaften. Hier kannst du dich immer in der Richtung bewegen, die dich gerade interessiert. Zu Beginn und am Ende einer jeden Lernlandschaft erwarten dich besondere Doppelseiten: Bevor du dich in einer Lernlandschaft auf die Reise machst, findest du jeweils einen Reiseprospekt. Der gibt dir einen Überblick über das, was dich erwartet. Am Ende einer Lernlandschaft findest du immer eine Souvenirseite, denn wer eine Reise tut, der kann was erzählen und er bringt manchmal auch etwas mit. Schließlich gibt es am Ende des Buches ein umfangreiches Lexikon, das dich bei deinem Suchen und Fragen begleiten soll. Auch die Künstler der Bilder dieses Buches sind dort gesondert verzeichnet und kurz vorgestellt.

Du bist seit einigen Jahren am Gymnasium unterwegs. Du hast bereits viele Fähigkeiten und Kompetenzen erworben und kannst an der Schwelle zur Oberstufe schon zunehmend selbstverantwortlich weitergehen. Manches in diesem Buch wird dir vertraut sein, vieles andere dagegen ist ganz neu. Lernen geschieht immer mit allen Sinnen, die uns zur Verfügung stehen: mit dem Hören, dem Sehen, dem Bewegen. An bestimmten Stellen im Buch findest du besondere Lerngänge, die dir neue Wege zeigen, wie du lernen kannst. Probiere sie aus, am besten zusammen mit deinen Mitschülerinnen und Mitschülern.

MITTENDRIN – so haben wir unser Religionsbuch genannt. Wir wünschen dir und allen in deiner Lerngruppe, dass es für euch gute Anregungen zum Lernen enthält, mitten im Leben, mitten im Glauben, mitten in der Welt.

Iris Bosold, Dr. Wolfgang Michalke-Leicht

Vorwort

Inhalt

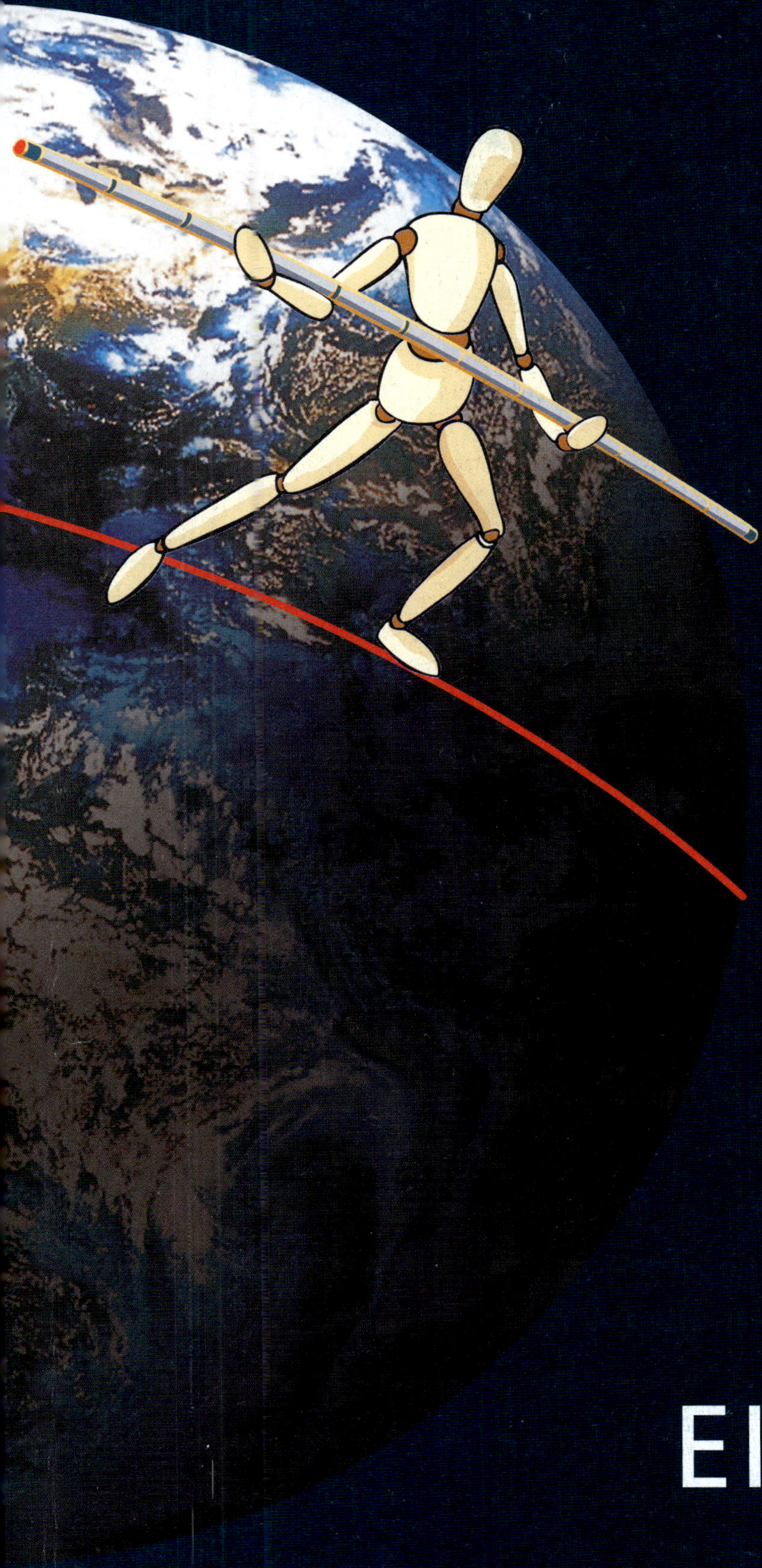

Balanceakt. Betrachte die Bildkomposition auf der Seitenmitte und erkläre, was sie für dich aussagt.

Eine Welt. Blättere diese Lernlandschaft durch und halte dabei erste gedankliche Anregungen fest, die dir bei der Frage weiterhelfen, inwiefern deine und die eine Welt im Zusammenhang stehen.

EINE WELT

Die Schifffahrt

Ich trete aus dem Speiseraum des Schiffes auf das Deck. Es ist dunkel, kalt, neblig und windig, die See ist bewegt. Ich habe gut gegessen, jetzt ersteige ich die Kommandobrücke und suche den Steuermann. Da steht er, in einem gelben Ölanzug, die Mütze bis knapp über die Augen gezogen, hinter seinem Steuerrad.

»Sind wir gut unterwegs?«, frage ich ihn.

»Ja«, sagt er und blickt auf den großen Kompass.

Der Kompass hat drei Nadeln. Eine zeigt nach Norden, die andere zeigt den Kurs, den wir fahren sollten, die dritte zeigt den Kurs, den wir wirklich fahren. Die zweite Nadel ist rot, und die dritte weicht etwas von der Nordnadel und deutlich von der Kursnadel ab.

»Wieso fahren wir nicht auf unserm Kurs?«, frage ich. Ich habe ein Recht zu fragen, denn das Schiff gehört mir.

»Da sind zurzeit gewaltige Stürme«, sagt der Steuermann.

»Dann werden wir aber für unsere Reise länger brauchen«, sage ich.

Mein Schiff ist unterwegs nach Amerika.

»Das macht nichts«, sagt der Steuermann, »wir haben genügend zu essen und zu trinken mit uns.«

»Wird es nicht kalt werden?«, wende ich ein. »Wir fahren nach Norden.« Und ich blicke auf die Nadel, die zitternd unsern Kurs anzeigt.

»Ich bin warm angezogen«, sagt der Steuermann, »und du kannst ruhig wieder ins Innere des Schiffes gehen.«

Schon friere ich, denn die Steuermannskabine ist links und rechts offen. Trotzdem bleibe ich noch einen Augenblick stehen.

»Wie orientierst du dich eigentlich?«, frage ich plötzlich.

»An den Sternen«, antwortet er. Ich blicke zum Himmel. Lauter Wolken und Nebelschwaden.

»Und wenn man keine Sterne sieht?«, frage ich.

»Dann warte ich, bis ich sie wieder sehe«, sagt der Steuermann. »Einmal erscheinen sie immer.«

Ich wundere mich und bin auch etwas beunruhigt. Das Meer ist so groß, der Wind so stark, und ich vermag nichts zu erkennen.

»Geh wieder hinunter in dein Schiff«, sagt der Steuermann und lächelt.

»Gut«, sage ich schließlich und füge hinzu: »Wenn etwas ist, kannst du mich rufen.«

»Es wird nichts sein«, sagt der Steuermann, »ich brauche dich nicht zu rufen.«

»Und wenn du mich doch rufst?«, frage ich.

»Wenn ich dich rufe, kann es nur eines sein«, sagt der Steuermann.

»Und was?«, frage ich.

»Wenn ich dich rufe, dann ist es der Tod.«

Und zischend schlägt die Gischt über das Geländer, während ich ins Innere meines Schiffes hinuntersteige, das unter dem Druck der Wellen erbebt.

Franz Hohler

- **Schifffahrt.** Versetze dich in den Menschen dieser Parabel. Im Innern des Schiffs denkt er über seine Situation nach: Fühlt er sich sicher in seinem Schiff? Wer bestimmt den Kurs? Wer ist der Steuermann? Welches Ziel hat dieser? Verfasse einen »Inneren Monolog« für diesen Menschen.

- **Lebensfahrt.** Suche sprachliche Bilder für dein momentanes Lebensgefühl und die Kräfte, die es bestimmen. Du kannst auch eine Geschichte erfinden und aufschreiben. Tausche dich dann mit einer Mitschülerin oder einem Mitschüler deiner Wahl aus.

Edward Hopper, 1952

■ **Bildanalyse.** Beschreibe das Gemälde von Edward Hopper. Beachte hierbei den Bildaufbau, die Farbgebung, die Gestaltung von Licht und Schatten und die Darstellung der Person.

■ **Bildinterview.** Formuliere Fragen an die hier dargestellte Frau und entwirf mögliche Antworten für sie.

■ **Erwartungen.** Betrachte das Bild. Setze dich selbst anstelle der Frau auf das Bett. Schreibe deine Empfindungen in dieser Situation auf und schildere die Erwartungen, die du in dieser Lage an dich und das Geschehen außerhalb des Zimmers hast.

Die einzige Verpflichtung

Weißt du, was die einzige Verpflichtung ist, die wir in diesem Leben haben? Nun, nicht imbezil zu sein. Es ist vom lateinischen baculus abgeleitet, das »Stock« oder »Stütze« bedeutet: Imbezil ist der, der beim Gehen einen Stock braucht. Der Stock, den wir meinen, ist nicht der, den man zu Recht benutzt, um sich nach einem Unfall oder aus Altersgründen darauf zu stützen. Der Imbezile kann völlig beweglich sein. Wenn er hinkt, dann nicht mit den Füßen, sondern an der Seele: Sein Geist ist der Schwächling und das Hinkebein, auch wenn sein Körper gewaltige Luftsprünge macht. Es gibt Imbezile verschiedenster Art.

Imbezil ist:

- Wer glaubt, er wolle nichts; wer sagt, ihm sei alles egal.
- Wer glaubt, er wolle alles; das Erstbeste, das man ihm präsentiert, und das Gegenteil davon.
- Wer nicht weiß, was er will, und sich auch nicht die Mühe macht, es herauszufinden. Was dieser Imbezile tut, wird von der Mehrheitsmeinung der Leute in seiner Umgebung diktiert.
- Wer weiß, dass er will und was er will und, mehr oder weniger, warum er es will, es aber nur schwach, ängstlich oder ohne besonderen Nachdruck will. Am Ende tut er immer das, was er nicht will, und hebt sich das, was er will, für morgen auf.
- Wer mit Macht und Gewalt will, wie ein Wilder, sich aber über die Realität täuscht.

Alle diese Arten der Imbezillität benötigen einen Stock, sie müssen sich auf fremde Sachen stützen, die nichts mit eigener Freiheit und Selbstreflexion zu tun haben. Leider muss ich dir sagen, dass die Imbezilen gewöhnlich ziemlich böse enden – egal was man sonst über sie sagt. Wenn ich sage, dass sie »böse enden«, meine ich damit nicht, dass sie im Gefängnis landen oder von einem Blitzschlag getroffen werden (so etwas passiert normalerweise nur im Film), sondern dass sie sich gewöhnlich selbst wehtun und es niemals schaffen, das schöne Leben, das dir und mir so gut gefällt, zu leben. Und ich bedaure noch mehr, dir sagen zu müssen, dass wir fast alle Anzeichen der Imbezillität haben; zumindest stelle ich sie dann und wann bei mir fest; hoffentlich geht es dir da besser. Schlussfolgerung: Achtung, aufgepasst! Die Imbezillität lauert uns auf und kennt kein Pardon!

Das Gegenteil von moralisch imbezil zu sein, ist, ein Gewissen zu haben. Aber das Gewissen ist nicht etwas, das wir bei einer Tombola gewinnen können oder das vom Himmel fällt. Natürlich muss man anerkennen, dass bestimmte Personen von klein auf ein besseres ethisches »Gehör« haben als andere und einen spontanen moralischen »guten Geschmack«. Aber dieses »Gehör« und dieser »gute Geschmack« können sich auch in der Praxis festigen und entwickeln (genau wie das musikalische Gehör und der ästhetische gute Geschmack).

Ich gebe zu, dass man einige angeborene Eigenschaften benötigt, um ein Gewissen zu haben, genauso wie für die Liebe zur Musik oder den Gefallen an der Kunst. Und ich nehme an, dass auch gewisse soziale und ökonomische Voraussetzungen günstig sind, denn man kann schwerlich von jemandem, der von der Wiege an das menschlich Notwendigste entbehren musste, die gleiche Leichtigkeit für das Verständnis des schönen Lebens verlangen wie von denen, die größeres Glück hatten. Wenn niemand dich wie einen Menschen behandelt, ist es kein Wunder, wenn du zum Tier wirst. Aber wenn wir dieses Minimum zugestehen, hängt der Rest, glaube ich, von der Aufmerksamkeit und der Anstrengung eines jeden ab. Worin besteht dieses Gewissen, das uns von der moralischen Imbezillität befreit? Seine Merkmale sind grundsätzlich folgende:

- Wissen, dass nicht alles egal ist, weil wir wirklich leben wollen und außerdem gut leben, menschlich gut leben wollen.
- Aufpassen, ob das, was wir tun, mit dem übereinstimmt, was wir wirklich wollen – oder nicht.
- Einen guten moralischen Geschmack entwickeln, lernen, dass es bestimmte Dinge gibt, die wir spontan ablehnen (zum Beispiel, dass es einen ekelt zu lügen, wie es einen normalerweise ekelt, in die Suppenschüssel zu pinkeln, aus der wir uns im nächsten Moment bedienen wollen).
- Keine Ausreden suchen, die verbergen, dass wir frei und daher vernünftigerweise für die Folgen unserer Handlungen verantwortlich sind.

Fernando Savater

■ **Gegensätze.** Erläutere die Begriffe »imbezil« und »Gewissen« mithilfe des Textes. Suche Beispiele aus dem Alltag, die die aufgelisteten Formen von Imbezillität bzw. Merkmale des Gewissens veranschaulichen.

Das Heiligtum des Menschen

Der »Katechismus der Katholischen Kirche« (KKK) stellt zentrale Glaubensinhalte dar und möchte auch ein Lehr- und Lebensbuch für ein sittlich gutes Leben sein. Dazu vermittelt der Katechismus die Grundbegriffe christlicher Ethik. Er beschreibt das Gewissen im Rückgriff auf den Text »Gaudium et spes« (GS) des 2. Vatikanischen Konzils als ein »Gesetz, das sich [der Mensch] nicht selbst gibt, sondern dem er gehorchen muss und dessen Stimme ihn immer zur Liebe und zum Tun des Guten und zur Unterlassung des Bösen aufruft.« Und weiter: »Das Gewissen ist der verborgenste Kern und das Heiligtum des Menschen, in dem er allein ist mit Gott, dessen Stimme in seinem Innersten zu hören ist« (KKK 1776/GS 16). Sein Gewissen zu bilden, ist für jeden Menschen eine lebenslange Aufgabe. Denn das Gewissen hat sich bei einer Entscheidungsfindung einerseits an dem zu orientieren, was der Vernunft einleuchtet, andererseits auch am Wort Gottes, welches die Bibel überliefert und in der Lehre der Kirche ausgelegt wird. Um das Gewissen zu bilden und um die Stimme des Gewissens überhaupt zu vernehmen, »muss man in sich gehen. Dieses Streben nach Innerlichkeit ist umso nötiger, als das Leben [den Menschen] oft in Gefahr bringt, jegliche Überlegung, Selbstprüfung und Selbstbesinnung zu unterlassen« (KKK 1779). Wenn der Mensch auf diesem Weg zu einem sicheren Urteil des Gewissens gelangt ist, muss er diesem Folge leisten. Würde er bewusst dagegen handeln, so würde er sich selbst verurteilen. Und doch kann es vorkommen, dass das Gewissen aus unüberwindlicher Unkenntnis ein Fehlurteil fällt. Dann aber kann die daraus resultierende Tat dem Menschen nicht zur Last gelegt werden.

Jurgita Nowak, 2006

■ **Phänomen Gewissen.** Schreibe aus dem Text »Das Heiligtum im Menschen« den Gedanken heraus, der dir besonders wichtig erscheint. Gestalte dann eine Tabelle und sammle in Hinblick auf das Gewissen Gemeinsamkeiten und Unterschiede zwischen den Texten »Die einzige Verpflichtung« und »Das Heiligtum im Menschen«. Begründe, wie es zu Unterschieden zwischen den Texten kommt.

■ **Ins Bild setzen.** Das Bild findet sich auf dem Umschlag eines Buches zum Gewissen. Stelle zusammen, welche Aspekte des Gewissens du in dem Bild wiederfindest. Entwirf selbst ein Bild zum Thema »Gewissen«.

WERTE und Normen

»Werte [sind] Vorräte an gesellschaftlich und persönlich Wünschbarem, potenzielle Orientierungsmuster. Sie sind keine konkreten Handlungsvorgaben, keine Normen, sie sind auch nicht einklagbar. Werte sind individuelle Vorstellungen davon, was erstrebenswert sei, und damit allgemeine Anhaltspunkte, an denen sich menschliches Verhalten orientieren KANN, an denen es sich, um verständlich zu bleiben, aber NICHT NOTWENDIG orientieren MUSS.

■ **Grundlagen.** Erarbeitet in einer Kleingruppe mithilfe der obigen Zitate und des Sachtextes »NORMEN und Werte« auf der nebenstehenden Seite ein Schaubild, das den Zusammenhang zwischen »Werten« und »Normen« aufzeigt. Dabei sollte deutlich werden, was jeweils unter den Begriffen zu verstehen ist.

■ **Normenbildung.** Wähle einen Wert aus, der aus der Arbeit mit dem Metaplan (siehe unten) hervorgegangen ist, und zeige an einem konkreten Beispiel, welche Normen (Definition) sich daraus entwickeln können.

Während Normen vorrangig ZWISCHEN den Menschen wirken und als ›Gebrauchsanweisung‹ für den zwischenmenschlichen Umgang unser Verhalten strukturieren, sind Werte IN den Menschen ...
[Werte] stehen im Konflikt miteinander; sie bleiben in einer Kultur relativ konstant. Nicht sie ›verfallen‹, sondern das Bewusstsein von ihrer Geltung lässt nach – meist mit ihrer Verwirklichung ...«

Y. Fritzsche, in: Deutsche Shell-Jugendstudie 2000

»Sittliche Werte sind gegenüber ästhetischen, religiösen oder ökonomischen Werten ... Zielsetzungen, an welchen sich der Mensch moralisch ausrichtet. Sie betreffen Verhaltensweisen des Menschen (Gerechtigkeit, Treue, Wahrhaftigkeit, Mitmenschlichkeit) und drücken Bedingungen für gelingendes Leben aus ... Christlich muss die Bildung von Wertvorstellungen durch den Glauben und die Entschiedenheit für Gottes Heil geprägt sein.«

Josef Römelt, in: Lexikon für Theologie und Kirche, [3]2006

Metaplan

Erstellt mithilfe der Metaplantechnik eine systematische Übersicht eurer Einstellungen zu einer der folgenden Fragen:

- Woran orientiere ich mich in meinem Leben?
- Welche Werte halte ich für wichtig?
- Was stelle ich mir unter einem erfüllten Leben vor?
- Womit wird sich die Menschheit in fünfzig Jahren beschäftigen?

Vorgehen:

1. Entscheidet euch für eine der vorgeschlagenen Fragestellungen.
2. Ihr notiert eure Antworten und Ideen auf Metaplankarten (DIN A6).
   Dabei gelten folgende Regeln:
   - groß und deutlich schreiben;
   - für jeden Gedanken eine neue Metaplankarte verwenden;
   - Groß- und Kleinbuchstaben wählen.
3. Alle Schülerinnen und Schüler stellen ihre Stichpunkte der Reihe nach dem Plenum vor und befestigen die beschrifteten Metaplankarten an einer Pinnwand, Tafel oder freien Wandflächen.
   Die Vortragenden sollen dabei versuchen, ihre Stichworte den bereits vorhandenen Stichworten thematisch zuzuordnen.
4. Zur Überarbeitung der Cluster könnt ihr Oberbegriffe suchen und die Schwerpunkte eurer Gruppe darstellen.
5. Diskutiert abschließend eure Ergebnisse.

NORMEN und Werte

Normen begegnen uns in Normsätzen, die uns sagen, was sein soll. Sie haben die Funktion, die allgemein gehaltenen Werte konkret umzusetzen und so Missverständnisse und Irritationen zu vermeiden. Es gibt verschiedene Kategorien von Normen, vier zentrale werden hier vorgestellt:

1. *Konventionen:* »Was man so tut« in einer Gesellschaft, in einem kulturellen Umfeld ...
2. *Spielregeln:* »Es darf in einer Diskussion nicht durcheinandergeredet werden« ...
3. *Gesetze:* »Es ist gemäß § 123 verboten ... gemäß § 321 ist es erlaubt ...« Sie sind in Gesetzestexten festgelegt und beziehen sich auf das äußere Verhalten des Menschen.
4. *Sittliche Grundsätze:* Gebote oder Ideale appellieren an das moralische Selbstverständnis des Menschen (Gewissen). In vielen Fällen hängen auch diese sittlichen Grundsätze von der jeweiligen Gesellschaft, einem sozialen Umfeld, einer bestimmten Kultur, Religion und/oder Tradition ab. Darüber hinaus bestehen allerdings auch sogenannte fundamentale sittliche Grundsätze, wie z. B.: »Du sollst nicht stehlen, nicht töten ...«

Welche Normen sind moralisch richtig? Oder: Zwei Grundmodelle ethischen Argumentierens

Bin ich in einer bestimmten Situation berechtigt zu lügen? Ist es gerechtfertigt, Menschen unter bestimmten Voraussetzungen zu bestrafen? Solche Fragen lassen sich nicht einfach mit »Ja« oder »Nein« beantworten. Um zu stichhaltigen Antworten zu gelangen, brauchen Menschen Normen (s. o.). Im Rahmen von Grundmodellen ethischen Argumentierens überprüfen Menschen Normen für eine bestimmte Entscheidungssituation. Die deontologische und die utilitaristische Argumentationsweise sind zwei von mehreren Grundmodellen des ethischen Argumentierens. Beide Modelle schließen sich nicht grundsätzlich aus, sondern lassen in konkreten Entscheidungsfällen Möglichkeiten der Kombination zu.

Die deontologische Argumentierweise
(griech. *deon* = Pflicht)

- Normen können anhand eines Prüfverfahrens (Goldene Regel in Mt 7,12, Kategorischer Imperativ nach Immanuel Kant) als richtig oder gültig eingesehen werden.
- Die Befolgung dieser Normen ist Pflicht.
- Im Zentrum des deontologischen Ansatzes steht die Unterlassung pflichtwidriger Handlungen und damit die Erfüllung des als Pflicht Erkannten.
- Nicht die Folgen einer Handlung zählen als Kriterium für deren Richtigkeit. Gewisse Grundnormen (Versprechen halten, die Wahrheit sagen ...) sind fundamental. Von ihnen gibt es kein Abrücken.

Die utilitaristische Argumentierweise
(lat. *utilis* = nützlich)

- Diejenigen Handlungsnormen sind moralisch richtig, deren Folgen für das Wohlergehen oder Glück aller Betroffenen optimal sind bzw. diesem nützen.
- Es besteht das Folgenprinzip: Handlungen sollen anhand ihrer Folgen beurteilt werden.
- Der Utilitarismus geht vom natürlichen Interesse jedes Menschen am eigenen Wohlergehen aus. Er überwindet den ethischen Egoismus dadurch, dass er zu Handlungen aufruft, die das Wohl aller von der Handlung Betroffenen im Blick haben.
- Der Utilitarismus ist geschichtlich geprägt vom Hedonismus (griech. *hedone* = Glück, Wohlergehen, Lust), dessen Ziel die Vermeidung von Schmerz und Unlust ist. Die größtmögliche Freude bzw. Lust ist dabei das Endziel, d.h., sie sollen nicht nur ein Mittel sein, um etwas anderes zu erreichen.

■ **Urteilsbildung.** Wählt gemeinsam eine konkrete Situation aus, in der eine Entscheidung zu treffen ist. Teilt nun eure Lerngruppe in drei Untergruppen auf. Die erste Gruppe sucht nach einer Entscheidung im Sinne der deontologischen, die zweite Gruppe im Sinne der utilitaristischen Argumentierweise. Die dritte Gruppe informiert sich über die Zehn Gebote (S. 16f. und Lexikon) und entscheidet auf dieser Grundlage. Notiert dabei jeweils Schritte eurer Entscheidungsfindung sowie die für euch wichtige(n) Norm(en) und eure jeweilige Entscheidung. Stellt euch gegenseitig eure Gruppenergebnisse vor und diskutiert miteinander Vor- und Nachteile der jeweiligen Argumentationsweise.

Schritte der ethischen Urteilsfindung

5. SCHRITT

Güterabwägung
- Bestimmung des relativ kleinsten Übels bzw. des relativ höchsten erreichbaren Gutes
- Entscheidung/Urteil

4. SCHRITT

Normenprüfung
- Feststellung der relevanten Normen und Reflexion der Werte
- Gewichtung dieser Normen
- Frage der Verallgemeinerbarkeit und Situationsgerechtigkeit

3. SCHRITT

Abwägen der Verhaltensalternativen
- Kalkulation wahrscheinlicher Handlungsfolgen: kurz- und langfristig
- Feststellung der vorhandenen Mittel, ihrer Anwendbarkeit und Verhältnismäßigkeit

2. SCHRITT

Interessenanalyse
- Benennung von widerstreitenden Interessen, Mächten, Rollenerwartungen
- Genaue Bestimmung des Konflikts

1. SCHRITT

Situationsanalyse
- Feststellung der äußeren Fakten eines Falls
- Feststellung der direkt und indirekt Beteiligten bzw. Betroffenen

■ **Urteilsfindung.** Kläre die Begriffe dieses Schemas einer ethischen Urteilsfindung. Schätze die Schwierigkeiten der jeweiligen Schritte ein.

■ **Lucys Frage.** Benenne das in diesem Comic angesprochene philosophische Problem ethischen Urteilens.

Ethische Entscheidung

Entscheidungen die eine klare Stellungnahme zu den ihr zugrunde liegenden Normen und Werten (S. 12f.) fordern, nennt man ethische Entscheidungen.
Das griechische Wort »ethos«, von dem der Begriff »Ethik« hergeleitet ist, bezeichnet den Ort, an dem man zu Hause ist. Zunächst sind damit alle Sitten, Gebräuche und Gewohnheiten gemeint, die den häuslichen Bereich betreffen. In erweiterter Bedeutung steht der Begriff für typische Umgangsformen von Gruppen oder ganzen Völkern, die auf der Übereinkunft bestimmter Werte basieren. Die christliche Ethik orientiert sich hierbei an den Normen und Werten der biblischen Offenbarungen
Das Modell links beschreibt fünf Schritte, um sich seiner Werte bewusst zu werden und zu einem ethischen Urteil zu gelangen.

■ **Fallanalyse.** Teilt euch in Gruppen auf und untersucht den unten dargestellten Fall von Antonia F. in den fünf Schritten der ethischen Urteilsfindung. Lest dann die Antwort von Rainer Erlinger. Tauscht eure Ergebnisse und Erfahrungen aus und sprecht über mögliche Varianten einer ethischen Urteilsfindung.

■ **Aktuelles.** Sammle aktuelle Fälle, in denen ein ethisches Urteil verlangt wird. Finde und begründe dein Urteil zu diesen Fällen.

Die Gewissensfrage im »SZ-Magazin«

»Es ist verboten, die Kinder am letzten Tag vor Ferienbeginn vom Unterricht zu befreien. Ein paar Mal waren Flüge zu unserem Urlaubsziel jedoch überhaupt nur zu haben, wenn unsere Kinder den letzten Tag schwänzten. Es geht mir eigentlich gegen den Strich, eine plötzliche Erkrankung vorzutäuschen, und glaubwürdig ist es auch nicht. Dennoch frage ich mich, ob wir verpflichtet sind, sündteure (Flug-)Umwege in Kauf zu nehmen, nur damit die Kinder vier Stunden Unterricht besuchen können, in denen mit Sicherheit nichts mehr läuft.«
Antonia F., München

Die einfachste Antwort könnte lauten, dass Schuleschwänzen nun einmal verboten ist und Sie als Eltern für die Aktion sogar bestraft werden können. Pädagogen fragen kritisch, ob Sie Ihren Kindern beibringen wollen, dass sie mit Lügen leichter durchs Leben kommen. Daneben verweisen sie auf die sozialen Werte, die gerade bei den gemeinsamen Aktionen der letzten Schultage gefördert würden, und auf die Situation, in die man die Kinder bringt, die braun gebrannt eine angeblich durchlittene Erkrankung vortäuschen müssen. Dem könnten Sie allerdings entgegnen, dass es doch auch pädagogisch wertvoll sei, Kinder nicht zu blindem Regelgehorsam zu erziehen. Überdies werden viele nicht müde, den Wert der Familie und deren finanzielle Belastungen zu betonen. Da müsste ein gemeinsamer Familienurlaub, den man sich sonst nicht leisten könnte, doch vieles aufwiegen.

Ich bin kein Pädagoge, deshalb möchte ich auf zwei moralphilosophische Gedanken abstellen: Zunächst das »Slippery Slope«-Argument, das Problem der schiefen Ebene. Wenn man den letzten Schultag frei gibt, wird der vorletzte zum letzten, und das kann immer so weitergehen. Nur: wie weit? Ein klarer Stichtag stellt somit nicht unbedingt eine Gängelung dar, sondern eine notwendige Festlegung. Das für mich überzeugendste Argument liefert hier jedoch die klassische Überlegung der Universalisierung: Was wäre, wenn das alle täten? Sie ist hier keinesfalls banal, sondern führt zu einer überraschenden Erkenntnis. Dann würde nicht nur das Schuljahresende immer weiter nach vorn wandern, sondern auch die Flugpreise würden wegen der höheren Nachfrage früher auf das Ferienniveau steigen. Das aber bedeutet, dass Sie derzeit nur deshalb vor Schulende günstigere Flüge bekommen, weil andere sich im Gegensatz zu Ihnen an die Regeln halten und mehr bezahlen. Sie sparen also auf deren Kosten. Das aber ist unmoralisch.

Rainer Erlinger

Der Dekalog

[6] Ich bin Jahwe, dein Gott, der dich aus Ägypten geführt
hat, aus dem Sklavenhaus. [7] Du sollst neben mir keine an-
deren Götter haben. [8] Du sollst dir kein Gottesbildnis ma-
chen, das irgendetwas darstellt am Himmel droben, auf
der Erde unten oder im Wasser unter der Erde. [9] Du sollst
dich nicht vor anderen Göttern niederwerfen und dich
nicht verpflichten, ihnen zu dienen. Denn ich, der Herr,
dein Gott, bin ein eifersüchtiger Gott: Bei denen, die mir
feind sind, verfolge ich die Schuld der Väter an den Söh-
nen und an der dritten und vierten Generation; [10] bei de-
nen, die mich lieben und auf meine Gebote achten, erwei-
se ich Tausenden meine Huld. [11] Du sollst den Namen des
Herrn, deines Gottes, nicht missbrauchen; denn der Herr
lässt den nicht ungestraft, der seinen Namen missbraucht.
[12] Achte auf den Sabbat: Halte ihn heilig, wie es dir der
Herr, dein Gott, zur Pflicht gemacht hat. [13] Sechs Tage
darfst du schaffen und jede Arbeit tun. [14] Der siebte Tag ist
ein Ruhetag, dem Herrn, deinem Gott, geweiht. An ihm
darfst du keine Arbeit tun: du, dein Sohn und deine Toch-
ter, dein Sklave und deine Sklavin, dein Rind, dein Esel und
dein ganzes Vieh und der Fremde, der in deinen Stadtbe-
reichen Wohnrecht hat. Dein Sklave und deine Sklavin sol-
len sich ausruhen wie du. [15] Denk daran: Als du in Ägypten
Sklave warst, hat dich der Herr, dein Gott, mit starker
Hand und hoch erhobenem Arm dort herausgeführt. Da-
rum hat es dir der Herr, dein Gott, zur Pflicht gemacht, den
Sabbat zu halten. [16] Ehre deinen Vater und deine Mutter, wie
es dir der Herr, dein Gott, zur Pflicht gemacht hat, damit du
lange lebst und es dir gut geht in dem Land, das der Herr,
dein Gott, dir gibt. [17] Du sollst nicht morden, [18] du sollst
nicht die Ehe brechen, [19] du sollst nicht stehlen, [20] du sollst
nicht Falsches gegen deinen Nächsten aussagen, [21] du sollst
nicht nach der Frau deines Nächsten verlangen und du
sollst nicht das Haus deines Nächsten begehren, nicht sein
Feld, seinen Sklaven oder seine Sklavin, sein Rind oder sei-
nen Esel, nichts, was deinem Nächsten gehört.

Dtn 5,6-21

■ **Dekalog.** Gliedere die biblische Textstelle Dtn 5,6-21 so, dass sie den Ausführungen von Kliemann entspricht.

■ **Gültigkeit.** Begründe anhand der Überlegungen von Kliemann, warum der Dekalog auch heute noch aktuell ist. Entfalte die Aktualität an einem Gebot deiner Wahl.

Die Zehn Gebote – ein Dokument der Befreiung

Der wahrscheinlich zugleich bekannteste und unbekannteste Text des Alten/Ersten Testaments sind die »Zehn Gebote«, in der theologischen Fachsprache auch »Dekalog« (griech. *deka* = »zehn« und *logoi* = »Worte«) genannt. Wer diese Zehn Gebote, die Mose auf Jahwes Geheiß in Steintafeln eingraviert haben soll, einmal in Ex 20,1-17 nachliest, wird zunächst mit einiger Verblüffung feststellen, dass der dort abgedruckte Text von der geläufigen Fassung sehr stark abweicht und noch nicht einmal die uns vertraute Nummerierung aufweist. Wer Ex 20 mit Dtn 5,6-21 vergleicht, wird außerdem bemerken, dass der Wortlaut des Dekalogs auch schon in biblischer Zeit unterschiedlich weitergegeben und der jeweiligen Situation entsprechend »interpretiert« wurde. Der Dekalog beginnt in Ex 20,2 (und nur leicht im Wortlaut variiert in Dtn 5,6) nämlich nicht mit den Worten »Ich bin der Herr, dein Gott ...« Am Anfang des Dekalogs steht die Mut machende Erinnerung daran, dass Jahwe ein befreiender, ein aus der Knechtschaft herausführender Gott ist ...
Der Dekalog kann als Urkunde des Bundes, den der Befreiergott Jahwe mit seinem Volk Israel geschlossen hat, verstanden werden ... Zum einen zeigt sich, dass Jahwe dem Volk Israel unendlich überlegen ist, dass der Bund ein freier Entschluss seines Willens ist und es sich nicht etwa um einen Bund zwischen zwei auch nur annähernd ebenbürtigen Partnern handelt. Dem entspricht der Absolutheitsanspruch Jahwes ... Zum andern wird aber ganz deutlich, dass die »Gebote«, die das menschliche Zusammenleben regeln und die in ihren Aussagen auch nichts spezifisch Biblisches enthalten, sozusagen nur die Ausführungsbestimmungen der theologischen Grundsatzerklärung der ersten Tafel sind.
Theologisch gesehen stehen nicht die Verbote im Vordergrund, sondern die Aufforderung, an den Befreiergott Jahwe »sein Herz zu hängen« und sich ihm bedingungslos anzuvertrauen. Man hat deshalb auch zu Recht darauf hingewiesen, dass man den Dekalog weniger als mit dem erhobenen Zeigefinger vorgetragene »Gebote« oder »Gesetze«, sondern vielmehr als »Verheißungen« oder »Freiheiten« sehen sollte: Wo Jahwe regiert, wird der Mensch nicht, wie z. B. in der ägyptischen Knechtschaft, nur als Arbeitstier gesehen; er hat – damals eine kulturgeschichtliche Revolution – Anrecht auf einen Sabbat. Wo Jahwe regiert, müssen alte Menschen nicht fürchten, nur weil sie nicht mehr arbeiten können, alleingelassen und unversorgt zu bleiben. Wo Jahwe regiert, steht das Leben des Einzelnen, seine Ehe, seine Familie, sein Eigentum unter göttlichem Schutz.

Nach Peter Kliemann

Du musst ein Schwein sein

Ich war immer freundlich, lieb und nett
Kriegte nie irgend'ne Frau ins Bett
Und dann auf Macho – cool und arrogant
Plötzlich kamen sie angerannt
Und wieder seh ich, wie's im Leben läuft
Wer hart ist, laut und sich besäuft
Kommt bei den Frauen besser an
Wer will schon einen lieben Mann?
Daraus ziehst du Konsequenzen
Und du schaltest um auf schlecht
Die Welt ist ein Gerichtssaal
Und die Bösen kriegen Recht
Du musst ein Schwein sein in dieser Welt
Schwein sein
Du musst gemein sein in dieser Welt
Gemein sein
Denn willst du ehrlich durchs Leben geh'n
Ehrlich
Kriegst'n Arschtritt als Dankeschön
Gefährlich
Weil ich weiß, dass ich's mir leisten kann
Stell ich mich überall vorne an
Und ist einer sanft und schwach
Hör mal, wie ich drüber lach
Bei den freundlichen Kollegen
Halt ich voll dagegen
Obwohl mich keiner mag
Sitz ich bald im Bundestag

Die Prinzen

Keith Haring, 1985

■ **Schwein sein.** Diskutiert in der Klasse, ob das Lied eure Wirklichkeit widerspiegelt, und formuliert alternative Verhaltensweisen.

■ **Bilddialog.** Versetze dich einmal in die blaue und einmal in die angedeutete rote Figur und formuliere für jede eine Reaktion auf die jeweils andere Figur.

Arbeitskraft zum Discountpreis

Schnäppchen für alle?

- Schätze, wie hoch ungefähr der Wert der in deinem Kleiderschrank verstauten Klamotten ist. Wie viele Sachen trägst du ganz selten? Wie viele deiner Hosen, Shirts liegen völlig ungenutzt im Schrank?
- Was machst du mit Sachen, die du nicht mehr anziehen möchtest?
- Ab wann ist ein Kleidungsstück nicht mehr neu für dich? Nach dem ersten Waschen? Oder wenn du es x-mal getragen hast?
- Gibt es für dich ein Lieblingskleidungsstück, das du niemals weggeben würdest? Welche Geschichte(n) verbindest du damit?
- Worauf legst du besonderen Wert bei deiner Kleidung (Aussehen, trendy sein, Farbe, Qualität, kostengünstig, Marke, persönlicher Stil)?

Erfahrungen

Ich heiße Rekha, komme aus Bangladesh und bin gerade 19 Jahre alt. Aber ich habe schon drei Jahre Erfahrung mit der Arbeit in einer Bekleidungsfabrik. Ich komme aus einem Dorf im Süden. Ich bin die älteste von insgesamt sechs Geschwistern. Die Schule habe ich bis zur siebten Klasse besucht. Als mein Vater erkrankte, musste ich die Schule verlassen.
Ich war gezwungen, eine Arbeit anzunehmen, um etwas zum Einkommen der Familie beizutragen. Also auf dem Lande aufgewachsen, sechzehn Jahre alt, sieben Jahre Schule, da hatte ich nicht viele Möglichkeiten. Alles, was ich finden konnte, war eine Stelle in einer Textilfabrik. Diese liegt eine Stunde Fußmarsch weg von meinem Elternhaus ... Ich fing an als Hilfe mit monatlich 9,30 Euro. Jetzt bin ich Näherin und kriege 18 Euro monatlich. Vor dem Eintritt in die Fabrik gab es so etwas wie eine Aufnahmeprüfung ... Ich durfte in der Fabrik anfangen, aber ich bekam weder einen Arbeitsvertrag noch ein Einstellungsschreiben. In der Fabrik arbeite ich täglich so lange, wie angeordnet wird. Die Aufträge sind so, dass es unmöglich ist, nach acht Stunden den Arbeitsplatz zu verlassen. Jede Arbeiterin hat eine festgelegte Arbeitsmenge zu erledigen, bevor sie geht. Sie kennen unsere Möglichkeiten und unsere Fähigkeiten ziemlich gut, und mit Absicht verlangen sie mehr von uns, so dass wir über unsere Kräfte hinausgehen müssen, um mit der Arbeit fertig zu werden. Wenn eine Arbeiterin früher gehen will, weil sie zu weit weg wohnt, wird ihr gesagt, sie müsste die Arbeit nicht machen, niemand hält sie, sie könnte die Arbeit gleich ganz aufgeben.
In der letzten Woche habe ich sieben Tage gearbeitet. Um die Arbeit zu behalten, muss ich zu jeder Zeit bereit sein zu arbeiten und mit jeder Arbeitszeit einverstanden sein. Die Fabriken ziehen unverheiratete Frauen vor. Man kann uns zwingen, mehr und länger zu arbeiten, wir hätten ja sonst nichts zu tun. Unregelmäßige Lohnauszahlung, falsche Lohnabrechnung, kein Urlaub, Täuschung, das ist meine Erfahrung in meiner Arbeit ... Ich werde in der Arbeit immer gedemütigt und erniedrigt. Wir fürchten am meisten den Vorwurf, abwesend gewesen zu sein; die Anschuldigung,

man sei abwesend, ist die Strafe für alles, Abwesenheit bedeutet Lohnabzug. Wir wollen manchmal einen freien Tag oder nur ein paar freie Stunden, und nur dann, wenn es unbedingt nötig ist ... Und dann beschimpfen sie uns, weil wir nach Urlaub fragen.
Es ist so niederdrückend, so hoffnungslos, ich kann nicht verstehen, warum sie uns so gemein behandeln. Bei jeder Gelegenheit sagen sie uns, wenn wir gehen, gibt es immer genug Frauen, die unsere Arbeit übernehmen. Es ist wirklich so, ich fühle mich in der Fabrik wie am Ersticken. Oft werden wir Arbeiterinnen ohnmächtig. Die Toiletten sind einfach grauenhaft. Ich fürchte mich geradezu, sie zu benutzen. Das Trinkwasser ist nicht sauber, ein Wasserfilter wurde installiert, funktioniert aber nicht. Ich wünsche mir, und ich bin nicht allein, wir hätten eine Gewerkschaft. Aber wer einmal protestiert, verliert sofort seine Arbeit. Ich verbringe die meiste Zeit meines Lebens in der Fabrik, ich habe keine Zeit für mich selber, für meinen kranken Vater und für meine Familie ... Für ein bisschen Erholung wie Fernsehen muss ich zu den Nachbarn gehen. Ich weiß nicht, was ich tun werde oder was mit mir wird.

Hintergründe

Ca. 90 Prozent unserer Bekleidung werden in Asien, Mittelamerika, Osteuropa und Teilen Afrikas produziert. Im Zuge der Globalisierung wird es für Unternehmen leichter die Arbeitsbedingungen in den Herkunftsländern zu verschleiern. Für die Kunden, die die Bekleidung abnehmen, ist der produzierende Mensch nicht mehr wahrnehmbar, die Missstände sind zu weit weg. Die produzierenden Firmen bieten Arbeitsplätze zu niedrigen Löhnen ohne Beachtung von Menschen- und Arbeitsrechten. Der Druck zu niedrigen Preisen produzieren zu müssen, wird von den Firmen auf die Näherinnen abgewälzt. Sie arbeiten ohne Arbeitsverträge, das Recht sich zu organisieren wird ihnen verwehrt. Druckmittel ist der Verlust des Arbeitsplatzes. Die Menschenrechtsorganisation Oxfam international versucht mit ihrer Kampagne »Make trade fair« Menschen zu gewinnen, um die Bedingungen für die Näherinnen in Bangladesh und anderswo zu verbessern.

Diese Seite ist wie ein Leporello aufgebaut. Um die folgende Aufgabe bearbeiten zu können, ist es sinnvoll, dass ihr die unten stehenden Aufgaben auf Gruppen verteilt und sie im Sinne eines Gruppenpuzzles nacheinander bearbeitet. Bildet zunächst Stammgruppen mit fünf Personen, die sich auf Expertengruppen verteilen, welche wiederum jeweils eine der Aufgaben bearbeiten; kehrt dann in eure Stammgruppe zurück. Gestaltet mit den Ergebnissen, die ihr erarbeitet habt, ein Faltblatt mit Vorder- und Rückseite (Leporello), das die anderen Schülerinnen und Schüler eures Jahrgangs motivieren könnte, fair gehandelte Textilien zu kaufen.

- **Fragebogen.** Führt die Umfrage »Entdeckungsreise durch deinen Kleiderschrank« in eurer Klasse durch und wertet sie aus. Die nebenstehenden Fragen können ergänzt und umgestaltet werden, wenn es euch sinnvoll erscheint.

- **Aufruf.** Der Erfahrungsbericht von Rekha schließt mit den Worten: »Ich weiß nicht, ... was mit mir wird.« Informiert euch über die Kampagne »Make trade fair« und sammelt Vorschläge, was wir tun können, um die Situation von Rekha positiv zu beeinflussen. Schreibt einen Brief an Rekha, in dem ihr eure Idee vorstellt und eure Bereitschaft signalisiert, ihr zu helfen.

- **Ursachen.** Informiere dich über das Herkunftsland von Rekha. Stelle mithilfe des Textes und der gesammelten Daten zusammen, warum Rekha unter diesen Bedingungen arbeiten muss. Beziehe dabei auch die Aussagen des Bildes »Schnäppchen für alle?« mit ein.

- **Gesichtsausdrücke und Lebensentwürfe.** Gestalte ein Bild unter dem Titel »Lebenswege«, das die Unterschiede und Verknüpfungen zwischen Rekhas Alltag und dem einer 15-jährigen Schülerin in Deutschland deutlich macht. Verwende dazu Fotos aus Zeitschriften, Auszüge aus dem Text über Rekha und selbstgesammelte Informationen. Verdeutliche dabei mit den Gefühlen, welche die Fotos auf dem Leporello und aus den Zeitschriften zum Ausdruck bringen, die Zukunftsperspektiven von Rekha und der deutschen Schülerin.

Soja für unser Fleisch

Brasilien, 2005, Blick aus dem Cockpit eines Sportflugzeugs: »Noch vor zwanzig Jahren war hier nur Urwald. Und er wurde aus einem einzigen Grund gerodet, um Soja zu pflanzen«, erklärt der Pilot Danilo lper de Lima. »Hier in Amazonien wollen wir kein Soja. Warum nicht? Unser Boden ist gut, aber für Soja ist er nicht geeignet. Wir müssen alle Nährstoffe herbringen und künstlich zuführen. – Dieser Teil hier war Regenwald mit mächtigen Bäumen. Der Wald wurde gerodet, und jetzt pflanzen sie Soja an. Dort wurde gerade der Urwald mit Traktoren gerodet. Und jetzt wird der Sojaanbau vorbereitet.«

Immer weiter werden riesige Flächen entwaldet. Die Zahlenangaben über die Größe des Gebiets, das in den letzten Jahren in Mato Grosso entwaldet wurde, schwanken deutlich. Beliebt sind Vergleiche mit US-Bundesstaaten oder Staaten in Europa. Gesichert ist, dass mehrere Zehntausend Quadratkilometer Regenwald allein dem Sojaanbau zum Opfer gefallen sind. Mato Grosso ist 906.000 Quadratkilometer groß, die Schweiz zum Beispiel 41.000 Quadratkilometer. In der Amazonasregion sind schon 668.000 Quadratkilometer entwaldet, so der World Wide Fund For Nature (WWF). Das entspricht siebzehn Prozent der gesamten Größe, einem Gebiet so groß wie Frankreich und Portugal zusammen.

Vor Jahren wäre es undenkbar gewesen, mitten im Regenwald Soja anzubauen. Aber dank der gentechnisch neu konstruierten Produkte der US-Saatgutfirmen konnte man dieses Problem überwinden. Der Boden muss allerdings durch zahlreiche Düngemittel aufgerüstet werden, denn auf eine Soja-Monokultur war der Waldboden nicht vorbereitet.

Soja wird im Amazonasgebiet angebaut, um es zu exportieren. Die Rodungen wären nicht durchgeführt worden, die Infrastruktur wäre nicht aufgebaut worden, die Pläne für den Ausbau der Transamazonica [einer asphaltierten Transportstraße quer durch den Urwald] wären nicht diskutiert worden, wenn es nicht einen gewaltigen Boom beim Sojabedarf auf der anderen Seite des Atlantiks gegeben hätte für die Aufzucht von Vieh ... Soja ist aber auch eine Pflanze, aus der sich für den menschlichen Verzehr gute und billige Lebensmittel herstellen lassen.

In ganz Brasilien hungern Menschen. Die Regierung spricht von 25 Prozent der Bevölkerung, die weder die Möglichkeiten besitzen, sich selbst auf ihrem eigenen Land zu ernähren, noch die finanziellen Mittel haben, um sich ausreichend Nahrung zu kaufen. Das sind mehr als vierzig Millionen Menschen. Viele von ihnen leben im riesigen Norden, dem Einzugsgebiet des Amazonas, der seit jeher von allen Regierungen des Landes vernachlässigt wird; in derselben Region, in der gerade Soja im Überfluss geerntet wird.

Erwin Wagenhofer/Max Annas

- **Bewahrung der Schöpfung.** Lies Gen 1,27f.; 2,15 und Ps 8. Formuliere dann eine Begründung, warum Umweltschutz ein Thema für die Kirche ist.

- **Regenwald.** Informiere dich im Internet oder in Geografiebüchern über die Bedeutung des Regenwaldes.

Wie kommt der Hunger in die Welt?

»Dieses Wasser hier ist nicht gut, aber wir trinken es. Die Kinder bekommen manchmal Fieber davon. Es kommt viel Schmutz ins Wasser, wir wissen gar nicht, was alles hineinkommt.«

Jose Maxiliamo de Souza, Kleinbauer aus Brasilien

Karim: Warum ist es so schwierig, den »strukturellen« Hunger zu bekämpfen?

Jean Ziegler: So viele Dinge muss man bedenken, Karim, um die Hydra des »strukturellen Hungers« zu begreifen! Dazu gehören die Dehydration, also die Austrocknung von Säuglingen und Kleinkindern, und die Durchfälle mit tödlichem Ausgang. Die selbst schon entkräfteten, erbarmungswürdigen Mütter können ihre Kinder häufig nicht ausreichend stillen. Sie haben entweder nicht genug Milch, oder aber die Milch ist von absolut mangelhafter Qualität. Die kleinen Körper sterben beinahe auf der Stelle, das heißt nach wenigen Tagen einer qualvollen Existenz.

In Crateús im brasilianischen Bundesstaat Ceara habe ich neben dem offiziellen katholischen Friedhof ein weitläufiges Gelände gesehen, das mit kleinen Hügeln übersät war. »Crianças anonymas«, erklärte mir mein Freund Cicero der Bauer, der mich beherbergte – namenlose Kinder, die in den ersten Tagen oder Wochen nach ihrer Geburt an Hunger, Masern, Durchfall oder Austrocknung gestorben waren. Ihre Eltern sind zu arm, um sie ins Geburtsregister eintragen zu lassen, wozu sie von Gesetzes wegen verpflichtet wären. Doch der Bürgermeister verlangt einen oder zwei Real für die Eintragung. Also nimmt die Mutter, der Vater oder ein älterer Bruder des Nachts den leblosen kleinen Körper, scharrt ein Loch im »Campo das crianças anonymas« und legt das letzte Neugeborene der Familie hinein.

Karim: Ohne jede Zeremonie? Einfach so?

Jean Ziegler: In Crateús geht es noch menschlicher zu als in den meisten anderen Dörfern im Nordosten Brasiliens. Immerhin konnte der Bischof von Crateús, Don Fragoso, trotz der heftigen Proteste des Obersten der Militärgarnison durchsetzen, dass die Familien der kleinen Märtyrer auf dem Lehmhügel ein Kreuz aus zwei Eukalyptusszweigen aufstellen dürfen – womit sie das Gesetz übertreten.

Karim: Gibt es viele dieser »Crianças anonymas« auf der Welt?

Jean Ziegler: In jeder Minute werden 250 Kinder auf der Erde geboren, 197 davon in den 122 Ländern der sogenannten Dritten Welt. Viele davon enden bald darauf in einer dieser anonymen Begräbnisstätten. Regis Debray sagte über sie: »Sie sind Gekreuzigte von Geburt an.«

Jean Ziegler (bis 2008 UN-Sonderberichterstatter für das Recht auf Nahrung) im Gespräch mit seinem Sohn Karim

■ **Aufmerksam machen.** Entwirf für eines dieser namenlosen Kinder eine Todesanzeige, sodass die Menschen in Deutschland auf dieses Leid aufmerksam werden.

■ **Sojaanbau.** Erkläre den Zusammenhang zwischen dem Hamburger auf dem einen und dem abgerodeten Regenwald auf dem anderen Foto.

■ **Ernährungsverhalten.** Diskutiert in der Klasse die These, wonach unser Essverhalten für den Hunger in Afrika oder Lateinamerika verantwortlich ist. Bezieht dabei auch mit ein, was die Bischöfe in ihrem Schreiben »Handeln für die Zukunft der Schöpfung« (siehe www.dbk.de) zur »Verantwortung als Grundbegriff ökologischer Ethik« (Nr. 91ff.) ausgeführt haben.

Seoul 1990

Vertreterinnen und Vertreter aller christlichen Kirchen trafen sich 1990 zu einer ökumenischen Weltversammlung in Seoul (Südkorea) und tauschten sich über das gemeinsame christliche Selbstverständnis und die Verantwortung aller Christen für die Zukunft unserer Erde aus. Als Ergebnis der Versammlung wurden zehn Grundüberzeugungen unterzeichnet, von denen vier in gekürzter Fassung hier abgedruckt sind.

GRUNDÜBERZEUGUNG II

Wir bekräftigen, dass Gott auf der Seite der Armen steht.
Die Armen werden ausgebeutet und unterdrückt. Ihre Armut ist kein Zufall. Sie ist sehr oft das Ergebnis einer bewusst darauf gerichteten Politik, Reichtum und Macht zu vergrößern. Armut ist ein Skandal und ein Verbrechen. Es ist Gotteslästerung zu sagen, sie entspreche dem Willen Gottes. Jesus ist gekommen, damit wir »das Leben in seiner ganzen Fülle« (Joh 10,10) haben. Durch seinen Tod und seine Auferstehung hat Christus die Mächte entlarvt und daher besiegt, die den Armen ihr Recht auf Leben in seiner ganzen Fülle verweigern (Lk 4,16-21).
Wir erklären, dass wir als Christen die Pflicht haben, Gottes Handeln im Kampf der Armen für die Befreiung ... zu unterstützen.
Wir werden allen Kräften, politischen Maßnahmen und Institutionen widerstehen, die Armut verursachen und verlängern oder sie als unvermeidlich und unveränderlich hinnehmen.
Wir verpflichten uns, solche Organisationen oder Bemühungen zu unterstützen, die für die Abschaffung von Ausbeutung und Unterdrückung arbeiten.

GRUNDÜBERZEUGUNG VI

Wir bekräftigen den Frieden Jesu Christi.
Die einzig mögliche Grundlage für einen dauerhaften Frieden ist Gerechtigkeit (Jes 32,17). Die prophetische Vision von Frieden und Gerechtigkeit lautet:

»Dann schmieden sie Pflugscharen aus ihren Schwertern
und Winzermesser aus ihren Lanzen.
Man zieht nicht mehr das Schwert, Volk gegen Volk,
und übt nicht mehr für den Krieg.
Jeder sitzt unter seinem Weinstock
und unter seinem Feigenbaum,
und niemand schreckt ihn auf.
Ja, der Mund des Herrn der Heere hat gesprochen.«

Mi 4,3b-4

Es gibt keinen Frieden ohne Gerechtigkeit. Frieden kann nicht durch eine Doktrin der nationalen Sicherheit erlangt oder erhalten werden, weil Frieden unteilbar ist.
Wir verpflichten uns, unsere persönlichen Beziehungen gewaltfrei zu gestalten. Wir werden darauf hinarbeiten, auf den Krieg als legales Mittel zur Lösung von Konflikten zu verzichten. Wir verlangen von den Regierungen, dass sie eine internationale Rechtsordnung schaffen, die der Verwirklichung des Friedens dient.

GRUNDÜBERZEUGUNG VII

Wir bekräftigen, dass Gott die Schöpfung liebt.
Gott, der Schöpfer, ist der Ursprung und der Erhalter des ganzen Kosmos. Gott liebt die Schöpfung. Die geheimnisvolle Ordnung der Schöpfung, ihr Leben und ihre Lebendigkeit spiegeln die Herrlichkeit ihres Schöpfers. Gottes Erlösungswerk in Jesus Christus versöhnt alle Dinge miteinander und ruft uns auf, am Werk der Heilung durch den Geist Gottes in der ganzen Schöpfung teilzunehmen. Biblische Aussagen wie »macht euch die Erde untertan« und »herrscht über sie« sind jahrhundertelang zur Rechtfertigung zerstörerischen Verhaltens gegenüber der geschaffenen Ordnung missbraucht worden. Indem wir diese Vergewaltigung bereuen, nehmen wir die biblische Lehre an, dass die nach Gottes Bild geschaffenen Menschen als Diener Gottes und als Abbild seiner erschaffenden und erhaltenden Liebe eine besondere Verantwortung dafür haben, dass sie für die Schöpfung Sorge tragen und in Harmonie mit ihr leben.

■ **Konziliarer Prozess.** Informiere dich über die Entstehung und den aktuellen Stand des konziliaren Prozesses (z. B. unter http://oikoumene.net/home/). Bringe in Erfahrung, ob es in deiner Gemeinde Engagement für diesen Prozess gibt.

GRUNDÜBERZEUGUNG IX

Wir bekräftigen die Würde und das Engagement der jüngeren Generation.
Jesus zeigte eine besondere Wertschätzung für die jüngere Generation. Er sagte, dass der, der nicht wie ein Kind sei, nicht in das Reich Gottes kommen werde (Lk 18,17). Und Paulus sagte dem Timotheus, er solle niemandem erlauben, ihn wegen seiner Jugend gering zu schätzen (1 Tim 4,12). Dies ist eine Aufforderung an die Gesellschaft, Gemeinschaften zu schaffen, in denen die verschiedenen Generationen voller Staunen und Neugier, spielerisch und sensibel, im Einklang von Leib und Seele und in der Liebe Gottes aufwachsen können. Armut, Ungerechtigkeit und die Folgen der Schuldenkrise sowie Krieg und Militarismus treffen Kinder ganz besonders hart. Sie entwurzeln Familien und zwingen Kinder schon sehr früh, selbst für ihren Lebensunterhalt zu sorgen; diese Kinder haben sehr häufig zu wenig zu essen, ihr Überleben steht auf dem Spiel. Millionen von Kindern – vor allem Mädchen – leben ohne jede Sicherheit und können ihre Kindheit nicht genießen. Die zunehmende Arbeitslosigkeit, insbesondere junger Menschen, schafft Hoffnungslosigkeit.
Wir bekräftigen den Anspruch der Kinder auf Würde, die sich aus ihrer besonderen Verletzlichkeit und aus ihrem Bedürfnis nach Zuwendung und Liebe ergibt ...
Wir bekräftigen, dass die Rechte und Bedürfnisse junger Menschen die entscheidenden Kriterien für die Bestimmung der Prioritäten in Bildung und Entwicklung sind. Wir werden jeder Politik oder Autorität widerstehen, welche die Rechte der jungen Generation missachtet, sie missbraucht und ausbeutet. Das Menschenrecht der Kriegsdienstverweigerung muss gewährleistet sein.
Wir verpflichten uns, zu unserer Verantwortung zu stehen, die jungen Menschen bei ihrem Streben nach Selbstverwirklichung, Mitwirkung und einem Leben der Hoffnung und des Glaubens zu unterstützen; und wir verpflichten uns, Verhältnisse zu schaffen, die es allen Kindern ermöglichen, ein ihnen angemessenes Leben zu führen, und unter denen Alt und Jung miteinander Erfahrungen austauschen und voneinander lernen können.

Gudrun Müsse-Florin, 1989

■ **Grundüberzeugungen.** Gestaltet in Gruppen eine der Grundüberzeugungen als Textdokument mit Hyperlinks, in denen Worterklärungen, Zusatzinformationen, eigene Kommentare und Bildmaterial enthalten sein können. Euer Klassenergebnis könnt ihr nach Rücksprache mit der Schulleitung auf die Homepage eurer Schule stellen.

■ **Zeichen für Basel.** Beschreibe das Zeichen des ersten europäischen konziliaren Treffens in Basel und bringe es in Beziehung zum Anliegen des konziliaren Prozesses. Vergleiche diese Darstellung mit der Eingangsseite dieser Lernlandschaft.

■ **Visionen.** In den Schriften des Alten und Neuen Testaments findest du Visionen einer »neuen Welt« (Jes 11,1-9; 65,17-25; Mi 4,1-5; Offb 21,1 – 22,5). Lies die angegebenen Bibelstellen und informiere dich über sie, z.B. mithilfe eines Kommentars. Fasse die Aussagen der Visionen schriftlich zusammen und formuliere, was diese Visionen für dein persönliches Leben und für unsere Gesellschaft bedeuten können.

Als Getaufte und Gefirmte sind wir gefordert im Blick auf den auferstandenen Herrn Jesus Christus, dem Gesicht der Kirche in unserer Gesellschaft, in unserer Zeit, in unserer Welt einen glaubwürdig liebevollen Ausdruck zu verleihen.

Robert Zollitsch (geb. 1938), Erzbischof von Freiburg i. Br., seit 2008 Vorsitzender der Deutschen Bischofskonferenz

Christen sind keine konturlosen Schatten, sondern Zeitgenossen, die mit ihrem Profil im Denken, Leben und Handeln erkennbar sind, Menschen, die durch ihr Leben und ihre Botschaft der Zeit ein glaubwürdiges Zeichen der Hoffnung geben.

Gebhard Fürst (geb. 1948), Bischof von Rottenburg-Stuttgart

Wir »machen« nicht Kirche. Sie ist der Ort für Gottes Kommen in unsere Welt durch Jesus Christus. Wir sind beansprucht, seine Zeugen zu sein bis an die Grenzen der Welt.

Karl Kardinal Lehmann (geb. 1936), Bischof von Mainz, 1987-2008 Vorsitzender der Deutschen Bischofskonferenz

Zweifel

Trefflich sorgt
Hierorts die Kirche
Für einige Nebenbedürfnisse
Des Mittelstandes.

Gefragt sind:
Ein Hauch heiler Welt
Mit Dias und Filmen
Bei Kuchen und Tee

Ist dafür
Einer
Einst aufgehängt
Worden?

Kurt Marti

- **Kirche ist .../Kirche ist nicht ...** Ergänze diese Satzanfänge unter Bezugnahme auf die Wahrnehmungen von Kirche, wie sie in den Zitaten zum Ausdruck kommen.

- **Nikolaikirche.** Informiert euch, z. B. unter www.nikolaikirche-rostock.de, über die besondere Nutzung des Gebäudes. Diskutiert die Frage, ob die Umwidmung von Kirchengebäuden für andere Zwecke ein unzulässiges Zugeständnis an den Zeitgeist ist. Bezieht den Text von Kurt Marti in eure Überlegungen mit ein.

DEM GLAUBEN

EIN GESICHT GEBEN

Jugendkirche TABGAH, Oberhausen

Eine kurze Geschichte der Liturgie

Der Glaube an die Auferstehung Jesu führte im 1. Jh. n. Chr. Menschen regelmäßig zusammen und machte sie zu einer Gemeinschaft, die sich gegenseitig stützte. Dabei erinnerten sie sich an Jesus Christus, an seine Worte und Taten, vor allem an sein letztes Abendmahl. Und sie machten die Erfahrungen, dass Jesus in diesen Feiern gegenwärtig unter ihnen ist. Im Gottesdienst selbst gab es auch Raum, die sozialen Belange der Gemeinde, z. B. die Versorgung der Bedürftigen, anzugehen.
Zunächst traf man sich in Privathäusern zum Gottesdienst. Als die Wohnungen der Christen nicht mehr ausreichten, um die Ortsgemeinden zu versammeln, entstanden die ersten Kirchenbauten (3. Jh.) und vom 4. Jh. an die großen Basiliken, deren Baustil dem der römischen Markt- und Gerichtshallen nachempfunden ist. Das Haus der Gemeinde Christi, die Ekklesia (griech. = die Herausgerufenen), wurde noch dadurch ausgezeichnet, dass man unter dem Altar die Gebeine von Märtyrern und Heiligen barg.
Von Augen- und Ohrenzeugen hörten die ersten Christen die Worte Jesu und von seiner großen Verbundenheit mit der Tora und der jüdischen Tradition. Die Christengemeinden wurden aber immer größer und verbreiteten sich im ganzen Mittelmeerraum. Die neuen Mitglieder haben Jesus selbst nicht mehr gesehen und gekannt und auch in der jüdischen Tradition waren sie nicht mehr verwurzelt. Deshalb musste der Gottesdienst einen festen Rahmen bekommen. Aus dem 2. Jh. stammt die älteste Darstellung der Grundelemente der gottesdienstlichen Feier. Im 6. Jh. wurde die Form der römischen Messfeier vom Papst festgeschrieben (= römischer Kanon). Die Gottesdienstsprache war Latein und es gab liturgische Bücher, die Gebete und den Ablauf der Eucharistiefeier dem Priester vorschrieben. Ebenso entstanden Lektionare mit festgelegten Lesungen aus den biblischen Büchern. Es entwickelten sich auch die Verwendung liturgischer Farben und Gewänder sowie besondere Gottesdienstformen für Festtage.
Eine große Veränderung der römisch-katholischen Liturgie brachte zuletzt das 2. Vatikanische Konzil (1962-65): Der Gottesdienst wird von nun an in der Landessprache und unter Mitwirkung der Gläubigen z. B. als Lektoren oder Kommunionhelferinnen gefeiert, der Kommunionempfang in den Gestalten von Brot und Wein ist für alle erlaubt und die Gegenwart Gottes in seinem Wort (Wortgottesdienst) wird hervorgehoben.

- **Liturgie.** Stelle ausgehend vom Text in einer Tabelle zusammen, welche geschichtlichen Entwicklungen die Liturgie durchlaufen hat und wie sich diese Veränderungen auf die Gläubigen ausgewirkt haben.

- **Eindrücke.** Beschreibe die Raumgestaltung der Jugendkirche TABGHA in Oberhausen. Neben den Gottesdiensten finden dort auch verschiedene Events statt. Was hältst du davon, dass ein Kirchenraum derartig genutzt wird? Weitere Informationen findest du auf der Homepage www.jugendkirche-oberhausen.de.

Umgestaltung der Jugendkirche für ein Musical

Gottesdienst feiern in der Jugendkirche TABGAH

1. »Es ist gut, dass du da bist«
Zu Beginn des Gottesdienstes ist es wichtig, anzukommen und sich zu sammeln. Dieses Ankommen will gestaltet sein: Gottesdienstteilnehmende werden an der Kirchentür begrüßt. Auch der Möglichkeit zur persönlichen Kontaktaufnahme wird Zeit eingeräumt mit Fragen wie: »Woher kommst du? Wo hast du was von der Jugendkirche gehört?« Fragen, die das Ankommen erleichtern und erste Kontakte knüpfen.

2. »Ich steh vor dir mit leeren Händen, Herr«
Der Bußakt mit Schuldbekenntnis und Vergebungsbitte ist eine Chance, das Sosein vor Gott zu thematisieren, die Erfahrung von Versagen und Schuldigwerden aufzuzeigen. Eine Gewissenserforschung hat hier ihren Platz. Zeichen und Gestaltungsmöglichkeiten thematisieren unsere Fehler vor Gott und voreinander: Scherben, Nägel, Asche, Zettel verbrennen.

3. »Sei gegrüßt«
Gerade wenn die persönliche Begrüßung untereinander eine wichtige Rolle zu Beginn des Gottesdienstes gespielt hat, darf auch dieser Teil des Gottesdienstes durchaus Zeit in Anspruch nehmen: In Kyrie und Gloria begrüßen und loben wir den Herrn in unserer Mitte.

4. »Gottes Wort ist wie Licht in der Nacht«
Die Verkündigung des Evangeliums findet inmitten der Feiernden statt. Das Evangeliar wird zum eigens gestalteten »Tisch des Wortes« gebracht, manchmal begleitet von einer Prozession oder einem Tanz. Die Frohe Botschaft wird so ereignishaft und lebensbezogen dargestellt.

5. »Ich glaube«

6. »Für-Bitte«

7. »Hoch-Gebet«
Die bleibende Mitte der Jugendkirche ist der große Altar. Während die Gaben von Brot und Wein zur Feier des Mahls bereitet werden, sind die Mitfeiernden eingeladen, sich in einem Kreis um den Altar zu versammeln. Das eucharistische Hochgebet wird durch lobende und dankende Antwortrufe oder -gesänge begleitet. Außerdem können die Mitfeiernden auch ihren konkreten Dank zum Ausdruck bringen.

8. »Shalom«

9. »Eingeladen«

10. »Gutes sagen«
Im Segen wird uns von Gott her Gutes zugesagt: Bene-dicere – Gutes sagen – wird mit »Segnen« übersetzt. Daher bietet es sich am Schluss eines Festes an, sich gegenseitig Gutes zu wünschen oder sich im wahrsten Sinn des Wortes gegenseitig zu segnen, ein Kreuz auf die Stirn zu machen.

Gott begegnen

In den Gottesdiensten sind wir eingeladen, Gott zu begegnen. Seine Nähe soll erfahrbar und spürbar werden. Wenn wir miteinander Gottesdienst feiern, dann tun wir dies als ganze Menschen und deshalb auch mit allen unseren Sinnen:

Riechen:	Kerzenduft, Weihrauch
Fühlen:	Nähe zulassen, die Hand reichen
Schmecken:	Brot und Wein
Hören:	Wort Gottes, Texte, Musik, Gebete
Sehen:	Farben, Zeichen und Symbole, Licht

Es ist wichtig, dass Liturgie erfahren, gelebt und gefeiert wird – denn so kann man begreifen, was Liturgie für uns Menschen sein will: lebendige Begegnung mit Gott.

- **Grundanliegen und Eigensicht.** Stelle dir eine Liturgie vor, wie sie der Text »Gott begegnen« andeutet. Schildere deine Eindrücke und vergleiche sie mit Gottesdiensten in deiner Heimatgemeinde.

- **Gestaltung.** Formuliere die oben fehlenden Elemente »5., 6., 8., 9.« auf dem Hintergrund des Textes »Gott begegnen« so aus, dass diese in ihrer Bedeutung für uns Menschen sinnlich erfahrbar werden.

- **Jugendkirche und Liturgie.** Erörtert, ob der Ablauf des Jugendgottesdienstes mit der geschichtlichen Entwicklung der Liturgie vereinbar ist.

■ **Blitzlicht.** Schildere deine Eindrücke beim Betrachten des Plakates links.
Beschreibe eine Aktion, für die das Plakat werben könnte.

■ **Kreuz und Kinderkarre.** Beschreibe eine Situation, in der das Foto auf der rechten Seite entstanden sein könnte.

Misereor

Das Plakat, das du hier sehen kannst, macht auf eine Aktion aufmerksam, die das katholische Hilfswerk »Misereor« unterstützt.
Seit 1959 hat das Hilfswerk der deutschen Katholiken »Misereor« in über 100 Ländern mehr als 95.000 Projekte mit rund 5,5 Milliarden Euro unterstützt. Die Mittel stammen aus Spenden, kirchlichen Haushaltsmitteln und staatlichen Zuschüssen. Misereor leistet Hilfe zur Selbsthilfe, die vor allem auf die Bekämpfung der Ursachen von Armut und Unterentwicklung abzielt. Die wichtigsten Bereiche der Entwicklungszusammenarbeit sind Landwirtschaft und ländliche Entwicklung, Gesundheitswesen, Bildung und Ausbildung. Neben der Hilfe für die Armen in Afrika, Asien und Lateinamerika hat sich Misereor zum Ziel gesetzt, durch entwicklungspolitische Informations- und Bildungsarbeit in Deutschland das Bewusstsein für Not und Ungerechtigkeit in der Welt zu schärfen. Misereor führt jährlich in den Wochen vor Ostern eine bundesweite Fastenaktion durch, die ein aktuelles Thema der Entwicklungszusammenarbeit aufgreift, zur konkreten Solidarität mit den Armen aufruft und so »diakonisches Handeln« der Kirche in der Welt von heute praktiziert.
Das »Bischöfliche Hilfswerk Misereor e.V.« wurde 1958 bei der Vollversammlung der deutschen Bischöfe in Fulda als »Aktion gegen Hunger und Krankheit in der Welt« gegründet. Institution und Name gehen auf einen Vorschlag des Kölner Kardinals Joseph Frings zurück, der dabei an das Bibelwort »Mich erbarmt des Volkes« (»Misereor super turbam«, Mk 8,2) anknüpfte. Im Frühjahr 1959 wurde die erste Misereor-Fastenkollekte durchgeführt.

■ **Fastenaktion.** Erkundige dich über die Arbeitsweise und die vielgestaltigen Projekte des Hilfswerkes Misereor. Unter www.misereor.de findest du weitere Informationen.

■ **Eigeninitiative.** Die »Weltbessermacher« kümmern sich mit ihren Freundinnen und Freunden um Menschen, die Hilfe brauchen. Schaut euch um, wo ihr in eurer direkten Umgebung die Welt besser machen könnt. Plant in der Klasse ein Projekt und verteilt die Aufgaben.

Anpacken: hier ...

»Kirchenasyl« ist der Versuch, dem der begründeten Befürchtung nach zu Unrecht abgewiesenen Flüchtling zu *seinem* Recht zu verhelfen ... »Kirchenasyl« ist längerfristig kein geeignetes Mittel, um Mängel im geltenden Flüchtlingsrecht auszugleichen. Letztlich muss alles darangesetzt werden, politische und gesetzliche Lösungen zur Verbesserung des staatlichen Flüchtlingsschutzes anzustreben. Als »ultima ratio« stellt »Kirchenasyl« einen Akt der Nothilfe für Flüchtlinge dar.

Kirchenamt der EKD und Sekretariat der DBK, Hannover/Bonn 1998

■ **Konflikte.** Verteilt die folgenden Bibelstellen auf Kleingruppen und lest sie: Dtn 26,5; Lev 19,33-34; Mt 22,15-22; Mt 25,35.40; Apg 5,29; Röm 13,1; Hebr 13,2. Stellt euch gegenseitig die Inhalte vor und beurteilt, ob daraus eine Argumentation für das Kirchenasyl entwickelt werden kann. Stellt danach von oben stehendem Text ausgehend dar, welche Konflikte sich ergeben, wenn eine Gemeinde Kirchenasyl gewährt.

... und überall

»Ich habe gesehen, wie Menschen die Hände abgehackt wurden, wie ein zehn Jahre altes Mädchen vergewaltigt wurde und starb ... So viele Male habe ich in meinem Herzen geweint, weil ich mich nicht traute, laut aufzuschreien.«

Als Samuel elf Jahre alt war, erschossen Rebellen seine Eltern, entführten ihn und zwangen ihn, im Krieg zu kämpfen. Misereor und die Kirche in Liberia ermöglichen ehemaligen Kindersoldaten wie Samuel eine handwerkliche Ausbildung. Sie beteiligen sich am Wiederaufbau des zerstörten Landes. Mitarbeiter unterstützen die Jugendlichen bei der Bewältigung ihrer traumatischen Erfahrungen als Soldaten, Spione und Minensucher durch Rollenspiele, Gespräche und Sport.

■ **»Two for one world«.** Informiere dich ausgehend vom Text über das Thema »Kindersoldaten« und die Möglichkeiten, die ihnen geboten werden, ein neues Leben zu beginnen. Beurteile, ob die verschiedenen Aktionen politisches Engagement darstellen.

Die Kirche leitet ihr Selbstverständnis und ihre Grundvollzüge aus dem Leben Jesu ab. Neben der gottesdienstlichen Feier (»Liturgia«) und dem helfenden Handeln (»Diakonia«) kommt der »Martyria«, dem Glaubenszeugnis in Wort und Tat, eine zentrale Funktion zu. Jesus legte durch sein Leben und seine Verkündigung Zeugnis davon ab, dass Gott seine frei machende Herrschaft jetzt durchsetzen werde. Dieser Überzeugung blieb er treu bis zum Tod am Kreuz. Viele Christen mussten, weil sie Jesus vertrauten und an ihn glaubten, ebenfalls leiden und sterben. Das Blutzeugnis der Märtyrer (griech. *martys* = [Blut-] Zeuge) steht für ihre Überzeugung im Glauben, die sich nicht durch Todesdrohungen beirren ließ. Noch heute müssen Christinnen und Christen ihren vom Evangelium motivierten Einsatz für andere Menschen mit dem Leben bezahlen.

Ein Traum von Kirche

Unser Traum von Kirche ... soll die Frage beantworten helfen: Wenn es wirklich stimmt, dass Gott Anwalt unseres Lebens ist und in Jesus, seinem Christus, der Durchbruch geschafft wurde, wie wird dann für uns heute Erlösung als Befreiung erfahrbar und wirklich?
Hierauf sagen wir unverdrossen: in der Kirche, und meinen damit: bei uns. Dies sagen wir, weil wir Kirche als Lebensfeld inmitten der Gesellschaft begreifen, wo anders, »alternativ« gelebt wird – anders als in den wichtigen gesellschaftlichen Lebensfeldern. Anders vor allem, weil hier nicht Beziehungsarmut, Sinnlosigkeit und Hoffnungslosigkeit verdoppelt werden, sondern weil hier der Mensch in Richtung auf Beziehungsfähigkeit, Hoffnung und Leben in Bewegung kommt, umkehrt bzw. umgekehrt wird. Unser Traum von Kirche sagt also: Wenn ein Mensch in dieses Lebensfeld der Kirche gerät, mit ihm in Berührung kommt, in einen lebensbedeutsamen Austausch eintritt, dann begegnet er Menschen und in ihnen jener erlösend befreienden Lebenstradition, die von Jesus herkommt. Er erlebt hier einen anderen Geist, den die Bibel den »Geist Jesu« nennt. Und indem er mit diesen Menschen sein Leben teilt, gelangt er selbst »ins Leben«. Er lernt, seine Lebensgeschichte, also die »Schrift« seines Lebens, nach der für Christen einzigen Vorschrift zu schreiben, nämlich nach der Lebensgeschichte Jesu, nach seinem Leben, Leiden, Sterben und Auferstehen. Christ ist daher einer, so steht es ... im 1. Johannesbrief, der »in Christus ist und lebt wie er«.
Konkret heißt dies aber wieder: Der Christ ist nicht einer, der im Strom der Geschichte schwimmt und bestrebt ist, sich möglichst rasch an das Ufer der Ewigkeit zu retten, um womöglich von dort (schadenfroh) zuzusehen, wie andere untergehen. Ein Christ ist gleichsam ein »Rettungsschwimmer Gottes«. Er rettet sich selbst, indem er andere rettet. Er gelangt zum Leben, indem er anderen leben hilft. Und er tut dies, weil er in den Herrschaftsbereich des lebendigen Gottes Jesu eintritt, also glaubt und Gott liebt. Darin stellt er sich auf die Seite Gottes. So aber beginnt er, an der »Arbeit« Gottes für den Menschen teilzunehmen, welches Grundthema der ganzen Welt und Heilsgeschichte ist: nämlich dem Menschen leben zu helfen. Will doch Gott nicht den Tod des Sünders, sondern dass er sich bekehrt und lebt.
Kirche, von der wir hier träumen, erweist sich so im Auftrag Gottes als Anwalt des Lebens der Menschen. Noch mehr, Christen, die Erlösung zum Leben erfahren haben, gehen daran, die Lebensweise in den gesellschaftlichen Lebensfeldern mitzugestalten, damit die verordnete Lebensbehinderung und Lebenszerstörung eingedämmt wird.

Paul M. Zulehner

- **Traum von Kirche.** Erarbeite aus dem Text von Zulehner die Grundzüge einer »traumhaften Kirche«.
- **Standpunkt.** Beschreibe, wo du in dieser »traumhaften Kirche« vorkommst oder vorkommen kannst.
- **In der Welt.** Zeige an Beispielen auf, dass Zulehners Traum von Kirche den Ansprüchen der Martyria gerecht wird.

Doch meint der Begriff »Martyria« nicht ausschließlich das Zeugnis durch die Hingabe des eigenen Lebens, sondern kennzeichnet allgemein eine Lebensforderung an jeden einzelnen Christen und die Kirche, in ihrer jeweiligen Zeit Zeugnis dafür abzulegen, dass das Evangelium keine leere Vertröstung auf ein Danach, sondern Aufforderung zur konkreten Lebenspraxis und -gestaltung in der Gegenwart ist. Alle Christen sollen nach ihren Möglichkeiten dafür eintreten, dass das Reich Gottes Wirklichkeit werden kann: Dies muss sich individuell im Handeln an und für die Nächsten zeigen, aber auch sozial in der kritischen Auseinandersetzung mit den verschiedenen Strömungen der Gesellschaft. Somit beinhaltet die individuelle Gestaltung der »Martyria« auch eine politische Dimension.

Katharina Fritsch, 2000

- **Anschauung.** Betrachte das Bild und formuliere einen Bildtitel. Lass eine Figur auf die Frage antworten: Was ist dir wichtig im Leben?

- **Veränderung gestalten.** Entwirf ein Plakat, das darstellt, wie sich diese Tischrunde durch das Gespräch mit dir verändert hat. Begründe, inwieweit dieses Plakat ein Modell für die Kirche sein kann.

- **Dialog.** Stell dir vor, du kannst mit einem Museumsbesucher über dieses Kunstwerk diskutieren. Führe einen Dialog und halte fest, ob das Kunstwerk »Kirche« darstellt oder ob Kirche diesen Figuren ein tragfähiges Modell einer anderen Gesellschaft bietet.

Die Kirche bezieht Stellung

In der Zeit der nationalsozialistischen Herrschaft in Deutschland 1933-1945 erlebten viele Christinnen und Christen, dass sie aufgrund ihres Glaubensbekenntnisses benachteiligt und verfolgt wurden. Auch für die katholische Kirche als Institution stellte diese Zeit eine schwere Prüfung dar. Die nationalsozialistische Weltanschauung wurde von den deutschen Bischöfen zu Beginn sehr genau wahrgenommen und den Lehren des katholischen Glaubens gegenübergestellt, wie das folgende Dokument zeigt:

»... das Programm der NSDAP [enthält] Sätze, die sich mit katholischen Lehren und Grundsätzen nicht vereinigen lassen. Namentlich ist es der § 24 des Programms, den kein Katholik annehmen kann, ohne seinen Glauben in wichtigen Punkten zu verleugnen ... Wir fragen: Was ist Sittlichkeits- und Moralgefühl der germanischen Rasse? Wie verhält sich dieses ... zur christlichen Moral? Das christliche Sittengesetz gründet sich auf die Nächstenliebe. Die nationalsozialistischen Schriftsteller anerkennen dieses Gebot nicht in dem von Christus gelehrten Sinn; sie predigen Überschätzung der germanischen Rasse und Geringschätzung alles Fremdrassigen (s. Programm § 4ff.). Diese Geringschätzung, die bei vielen zu vollendetem Hass der fremden Rassen führt, ist unchristlich und unkatholisch. – Das christliche Sittengesetz ist ferner allgemein, es gilt für alle Zeiten und für alle Rassen ...
Vorstehende Ausführungen geben Antwort auf die Fragen: Kann ein Katholik eingeschriebenes Mitglied der Hitlerpartei sein? Kann ein katholischer Pfarrer gestatten, dass Mitglieder dieser Partei korporativ an kirchlichen Beerdigungen oder sonstigen Veranstaltungen teilnehmen? Kann ein Katholik, der sich zu den Grundsätzen dieser Partei bekennt, zu den hl. Sakramenten zugelassen werden? Wir müssen dies verneinen.«

Stellungnahme des Bischöflichen Ordinariates Mainz (30. September 1930)

■ **Kirche im Nationalsozialismus.** Erarbeite aus den beiden offiziellen kirchlichen Stellungnahmen die Haltung der Kirche zum Nationalsozialismus 1930 und 1933. Vergleiche die Argumentationsweisen.

Nach der Machtergreifung machte Adolf Hitler in seiner Regierungserklärung vom 23.3.1933 der Kirche Versprechungen: Ihre Rechte und Freiheiten sollten unangetastet bleiben, ihr Einfluss auf die Gesellschaft sichergestellt werden. Hitler bot der Kirche eine aufrichtige Zusammenarbeit mit dem Staat an und stellte seine Kooperation mit dem Vatikan in Aussicht. Kurz danach erschien folgende Erklärung der der deutschen Bischöfe:

»Die Oberhirten der Diözesen Deutschlands haben aus triftigen Gründen, die wiederholt dargelegt sind, ... in den letzten Jahren gegenüber der nationalsozialistischen Bewegung eine ablehnende Haltung durch Verbote und Warnungen eingenommen, die so lange und insoweit in Geltung bleiben sollten, wie diese Gründe fortbestehen.
Es ist nunmehr anzuerkennen, dass von dem höchsten Vertreter der Reichsregierung, der zugleich autoritärer Führer jener Bewegung ist, öffentlich und feierlich Erklärungen gegeben sind, durch die der Unverletzlichkeit der katholischen Glaubenslehre und den unveränderlichen Aufgaben und Rechten der Kirche Rechnung getragen, sowie die vollinhaltliche Geltung der von den einzelnen deutschen Ländern mit der Kirche abgeschlossenen Staatsverträge durch die Reichsregierung ausdrücklich zugesichert wird. Ohne die in unseren früheren Maßnahmen liegende Verurteilung bestimmter religiös-sittlicher Irrtümer aufzuheben, glaubt daher der Episkopat, das Vertrauen hegen zu können, dass die vorbezeichneten allgemeinen Verbote und Warnungen nicht mehr als notwendig betrachtet zu werden brauchen.
Für die katholischen Christen, denen die Stimme ihrer Kirche heilig ist, bedarf es auch im gegenwärtigen Zeitpunkte keiner besonderen Mahnung zur Treue gegenüber der rechtmäßigen Obrigkeit und zur gewissenhaften Erfüllung der staatsbürgerlichen Pflichten unter grundsätzlicher Ablehnung allen rechtswidrigen oder umstürzlerischen Verhaltens.
In Geltung bleibt die so oft in feierlicher Kundgebung an alle Katholiken ergangene Mahnung, stets wachsam und opferfreudig einzutreten für Frieden und soziale Wohlfahrt des Volkes, für Schutz der christlichen Religion und Sitte, für Freiheit und Rechte der katholischen Kirche und Schutz der konfessionellen Schule und katholischen Jugendorganisationen.«

Kundgebung der Fuldaer Bischofskonferenz (28. März 1933)

Unterzeichnung des Reichskonkordats am 20. Juli 1933
Zweiter v. l.: Vizekanzler Franz von Papen; in der Mitte: Eugenio Pacelli, später Papst Pius XII (1939-1958)

Das Reichskonkordat

Nach jahrzehntelangen ergebnislosen Verhandlungen um einen gegenseitigen Vertrag zwischen dem Vatikan und dem Staat gelang es Adolf Hitler bereits ein halbes Jahr nach seiner Machtergreifung, ein solches Konkordat abzuschließen. Dieses enthielt in Auszügen folgende Vereinbarungen:

ARTIKEL 1
Das Deutsche Reich gewährleistet die Freiheit des Bekenntnisses und der öffentlichen Ausübung der katholischen Religion. Es anerkennt das Recht der katholischen Kirche, innerhalb der Grenzen des für alle geltenden Gesetzes, ihre Angelegenheiten selbstständig ... zu ordnen und zu verwalten und im Rahmen ihrer Zuständigkeit für ihre Mitglieder bindende Gesetze und Anordnungen zu erlassen.

ARTIKEL 21
Der katholische Religionsunterricht in den Volksschulen, Berufsschulen, Mittelschulen und höheren Lehranstalten ist ordentliches Lehrfach und wird in Übereinstimmung mit den Grundsätzen der katholischen Kirche erteilt. Im Religionsunterricht wird die Erziehung zu vaterländischem, staatsbürgerlichem und sozialem Pflichtbewusstsein ... gepflegt werden ...

ARTIKEL 23
Die Beibehaltung und Neueinrichtung katholischer Bekenntnisschulen bleibt gewährleistet.

ARTIKEL 31
Diejenigen katholischen Organisationen und Verbände, die ausschließlich religiösen, rein kulturellen und karitativen Zwecken dienen und als solche der kirchlichen Behörde unterstellt sind, werden in ihren Einrichtungen und in ihrer Tätigkeit geschützt. Diejenigen katholischen Organisationen, die ... sozialen oder berufsständischen Aufgaben dienen, sollen ... den Schutz des Art. 31, Abs. 1 genießen, sofern sie Gewähr dafür bieten, ihre Tätigkeit außerhalb jeder politischen Partei zu entfalten.

ARTIKEL 32
Aufgrund der in Deutschland bestehenden besonderen Verhältnisse ... erlässt der Heilige Stuhl Bestimmungen, die für die Geistlichen und Ordensleute die Mitgliedschaft in politischen Parteien und die Tätigkeit für solche Parteien ausschließen.

- **Konkordat.** Stelle tabellarisch die Verpflichtungen von Kirche und Staat einander gegenüber, wie sie im Reichskonkordat von 1933 festgelegt wurden. Beurteile dieses Abkommen aus der Sicht der Kirche und aus der Sicht des NS-Staates.

- **Konsequenzen.** Erörtert die Konsequenzen des Konkordats für das Verhältnis von Kirche und Staat im Nationalsozialismus. Recherchiert, inwiefern das Konkordat formal von den Nationalsozialisten eingehalten wurde.

Hitler begrüßt beim Parteitag 1934 den evangelischen Reichsbischof Müller (re.), der für eine Synthese von Christentum und Nationalsozialismus eintrat, und den katholischen Abt Schachleiter (li.), der unter Missbilligung des Vatikans der NSDAP beigetreten war und in einem freundschaftlichen Verhältnis zu Hitler stand.

■ **Hitler begrüßt Kirchenvertreter.** Beschreibe die Bildwirkung dieser Fotografie. Welche Wirkung konnte dieses Foto im Jahr 1934 auf Christinnen und Christen in Deutschland haben?

Zum Geburtstag des Führers

»In fest gefügter Einheit steht der Katholik zusammen mit allen anderen deutschen Brüdern treu zu seinem Vaterland. In der freudigen Erfüllung eines göttlichen Gebotes nehmen wir katholische Deutsche darum auch warmen Anteil daran, dass in diesen Tagen das Oberhaupt des Reiches, unser Führer Adolf Hitler, sein 50. Lebensjahr vollendet. Wir beglückwünschen den Mehrer des Reiches ehrerbietig zu seinem Geburtstag und verbinden mit diesem Glückwunsch unseren aufrichtigen Dank dafür, dass der Führer in entscheidungsreicher Zeit die große Verantwortung für das ganze Reich der Deutschen trägt. Schon volle sechs Jahre hält Adolf Hitler das Schicksal unseres Vaterlandes mit unvergleichlicher Machtfülle in Händen. In dieser Zeit ist es ihm gelungen, durch entschlossenes Handeln das große Millionenheer der Arbeitslosen in den Kreis der Schaffenden zurückzuführen und dadurch zahlreiche Familien von lähmender Untätigkeit und Not zu befreien. Im stolzen Bewusstsein nationaler Selbstachtung hat er die Fesseln zerbrochen, die ein ungerechter Hassfriede von Versailles uns auferlegt hatte, hat damit die Verteidigung unserer Ehre und unseres Namens in unsere eigenen Hände gelegt ... Darum wollen wir anlässlich des 50. Geburtstagsfestes das inständige Gebet für Führer und Volk als unsere vornehmste Pflicht erkennen. Gottes heilige Vorsehung möge dem Führer auch fernerhin Licht und Kraft verleihen zur Erfüllung seiner Aufgabe.«

Passauer Bistumsblatt. Mitteilungsblatt des Bischöflichen Stuhles, 4. Jahrgang, Nr. 16, Passau, 16. April 1939

■ **Glückwünsche für den Führer.** Erarbeite das Bild von Hitler, wie es im kirchlichen Gratulationsschreiben Ausdruck findet. Finde Ursachen für diese Haltung gegenüber der Person Adolf Hitler und setze dich kritisch damit auseinander.

Hirtenbrief im Krieg

»In schwerster Zeit des Vaterlandes, das auf weiten Fronten einen Krieg von nie gekanntem Ausmaße zu führen hat, mahnen wir Euch zu treuer Pflichterfüllung, tapferem Ausharren, opferwilligem Arbeiten und Kämpfen im Dienste unseres Volkes. Wir senden einen Gruß dankbarer Liebe und innige Segenswünsche unseren Soldaten, ... die in heldenmütiger Tapferkeit unvergleichliche Leistungen vollführen ... möge die trostvolle Gewissheit Euch stärken, dass Ihr damit nicht bloß dem Vaterlande dient, sondern zugleich dem heiligen Willen Gottes folgt, der alles Geschehen ... in seiner weisen Vorsehung lenkt.«

Hirtenbrief des deutschen Episkopats vom 26. Juni 1941. Am 22. Juni hatte die Deutsche Wehrmacht mit ihrem Angriff auf die Sowjetunion begonnen.

■ **Hirtenbrief.** Beschreibe die damalige Einstellung der Kirche zum Zweiten Weltkrieg und verfasse eine persönliche Stellungnahme zu dieser Einstellung.

Persönliche Erinnerungen und Reflexionen

Von dem Theologen Heinrich Missalla (geboren 1926) erschien in Jahr 1999 das Buch »Für Gott, Führer und Vaterland. Die Verstrickung der katholischen Seelsorge in Hitlers Krieg.« Darin berichtet Missalla auch von seinen persönlichen Erfahrungen während des Krieges:

Als der Krieg begann, war ich ein 13-jähriger Junge, wenige Tage nach meiner Entlassung aus der Kriegsgefangenschaft wurde ich 20 Jahre alt. Ich gehöre also zu jener Generation, die belogen, betrogen, verführt und auf eine ungeheuerliche Weise missbraucht worden ist. Den ersten Toten sah ich als 16-Jähriger: Der Luftdruck einer Fliegerbombe hatte einem Klassenkameraden – Luftwaffenhelfer wie ich – die Lunge zerrissen. Ein Freund, mit dem ich mehrere Monate als Rekrut und auf der Erd- und Nahkampfschule zusammen gewesen war, wurde aufgrund eines simplen Abzählungsvorgangs an die Ostfront kommandiert – und fuhr direkt in den Tod; ich musste die deutsche Westgrenze »schützen« und habe überlebt.

Nach 1945 hat keiner meiner verehrten Lehrer und geliebten Seelsorger je wieder den Krieg thematisiert; ich kann mich auch nicht erinnern, dass während meiner Studien- und Ausbildungszeit oder später auf einer Priesterkonferenz oder -tagung jemals über den Krieg und unseren Einsatz im Krieg gesprochen worden wäre. Keiner meiner Lehrer, kein Personalchef und erst recht kein Bischof hat je danach gefragt, was ich im Krieg erlebt habe oder wie ich jene Jahre – und unser christlich motiviertes Engagement im Krieg! – im Nachhinein beurteile. Waren es Gleichgültigkeit oder Hilflosigkeit, Desinteresse oder Verdrängung, die keine Fragen über jene Jahre zuließen?

Ehrliches Gedenken der Opfer verlangt das Eingeständnis, dass auch unsere Kirchen in Hitlers Krieg verstrickt gewesen sind. Die damaligen Soldaten, die ihre Pflicht erfüllen wollten und die im Vertrauen auch auf ihre geistlichen Führer alle Schrecken durchlitten haben; die Toten, die Opfer eines gezüchteten Fehlglaubens geworden sind; nicht zuletzt diejenigen, die der deutschen Aggression auf dem ganzen Kontinent zum Opfer gefallen sind – sie und unzählige andere haben ein Anrecht auf das Bekenntnis unserer Kirche, dass auch Christen und kirchliche Amtsträger geirrt haben und für das Geschehen im Krieg mitverantwortlich sind.

Papst Johannes Paul II. hat »zur Vorbereitung auf das Jubeljahr 2000« u. a. geschrieben: ... Die Kirche »kann nicht die Schwelle des neuen Jahrtausends überschreiten, ohne ihre Kinder dazu anzuhalten, sich durch Reue von Irrungen, Treulosigkeiten, Inkonsequenzen und Verspätungen zu reinigen«.

Trotz dieser päpstlichen Mahnung scheint die Sorge nicht unbegründet, dass die Verantwortlichen in der Kirche auch heute wieder – 60 Jahre nach Beginn des Zweiten Weltkriegs – nur unverbindliche Worte finden werden. Doch selbst dann, wenn es zu einem ehrlichen Eingeständnis von Irrungen und Fehlern kommen sollte, muss damit gerechnet werden, dass die Menschen ein solches Bekenntnis nicht mehr wahr- und ernst nehmen. Zu oft sind Hoffnungen, die durch schön klingende kirchliche Dokumente und Erklärungen geweckt worden sind, nicht erfüllt worden. Die daraus resultierenden Enttäuschungen verbinden sich bei vielen mit der schmerzlichen Erinnerung daran, dass die katholische Kirche zweimal in unserem Jahrhundert dem Staat allzu bereitwillig Soldaten für seine Kriege zugeführt hat.

■ **Den ersten Toten sah ich als 16-jähriger.** Gib die Inhalte des Textes von Heinrich Missalla wieder und beschreibe die Haltung des Autors zum Umgang mit der nationalsozialistischen Vergangenheit.

■ **Belogen, betrogen, verführt, missbraucht.** Erläutere – auch mithilfe deines Wissens aus dem Geschichtsunterricht – wie Heinrich Missalla zu dieser Bilanz kommt.

■ **Nur unverbindliche Worte?** Informiere dich über die Inhalte des sogenannten »Mea Culpa«, das Papst Johannes Paul II. am 12.03.2000 ausgesprochen hat. Beurteile die Einschätzung Missallas bezüglich dieser kirchlichen Äußerungen.

Widerstand aus christlicher Überzeugung

Trotz der drohenden Lebensgefahr widersetzten sich Christinnen und Christen dem nationalsozialistischen Regime immer wieder und auf vielfältige Weise. Ein Beispiel für diesen Widerstand aus christlicher Überzeugung ist Maria Terwiel, die im Alter von 33 Jahren von den Nationalsozialisten zum Tod verurteilt und hingerichtet wurde.

Maria Terwiel wurde am 7. Juni 1910 in Boppard am Rhein geboren. Ihre Mutter war Jüdin und kurz vor ihrer Heirat zum Katholizismus übergetreten. Die Kindheit und Jugend von Maria Terwiel und ihren zwei Geschwistern war christlich geprägt. Nach dem Abitur 1931 begann Maria Terwiel ein Jurastudium in Freiburg und München, das sie aber 1935 abbrach: Durch die »Nürnberger Rassengesetze« vom September 1935 wurde die Studentin zur »Halbjüdin« erklärt und hätte keine Stelle als Referendarin erhalten. Unter diesen Umständen erschien es ihr sinnlos, die bereits fertiggestellte juristische Doktorarbeit an der Universität Freiburg einzureichen. Obwohl ihr die Rassengesetze auch verboten, ihren Freund Helmut Himpel zu heiraten, verlobten sich die beiden und zogen 1940 nach Berlin. Helmut Himpel eröffnete eine Zahnarztpraxis und Maria Terwiel arbeitete als Sekretärin in einem Textilunternehmen. Über einen Patienten ihres Verlobten bekamen sie Kontakt zur Widerstandsgruppe um Arvid Harnack und Harro Schulze-Boysen, die von den Nationalsozialisten die »Rote Kapelle« genannt wurde und in der etwa 100 Mitglieder unterschiedlicher Herkunft und Weltanschauung organisiert waren. Ihren Widerstand äußerten die Mitglieder über Flugschriften, die Maria Terwiel in unermüdlicher Arbeit auf ihrer Schreibmaschine mit jeweils mehreren Durchschlägen vervielfältigte. Außerdem half sie bei der Verbreitung der Abschriften an sämtliche in Berlin ansässige Auslandskorrespondenten, aber auch an führende Parteifunktionäre und viele evangelische und katholische Pfarrämter. Die Predigten des Münsteraner Bischofs Clemens August von Galen, in denen er die als Euthanasie bezeichnete gezielte Ermordung von geistig und körperlich behinderten Menschen anprangerte, wurden unter anderem durch den Einsatz von Maria Terwiel in vermutlich weit über tausend Exemplaren in Berlin verbreitet. Die von der Widerstandsgruppe verfasste Flugschrift »Die Sorge um Deutschlands Zukunft geht durch das Volk« wurde ebenfalls von Maria Terwiel abgetippt und verbreitet.

In den Jahren 1940-42 halfen sie und ihr Lebensgefährte jüdischen Mitbürgern, indem sie ihnen Lebensmittelmarken und Personalpapiere beschafften – und riskierten dabei ihre Verhaftung. Gegen die 1942 in Berlin stattfindende NS-Propagandaausstellung »Das Sowjetparadies« beteiligten sich Maria Terwiel und Helmut Himpel durch eine Aktion, bei der sie in der Nacht zum 18. Mai 1942 über 80 Klebezettel an Häuser und Bäume klebten.

Am 17. September 1942 wurden Maria Terwiel und Helmut Himpel von der Gestapo verhaftet. Helmut Himpel wurde am 13. Mai 1943, Maria Terwiel am 5. August 1943 in der Berliner Hinrichtungsstätte Plötzensee ermordet.

In ihrem Abschiedsbrief an ihre Geschwister, den sie drei Tage nach dem Todesurteil verfasste, schrieb Maria Terwiel:

»Ich habe absolut keine Angst vor dem Tode und schon gar nicht vor der göttlichen Gerechtigkeit, denn die brauchen wir jedenfalls nicht zu fürchten. Bleibt euren Grundsätzen treu und haltet immer und ewig zusammen ... das genialste, schönste u. ergreifendste Werk, das die Weltliteratur aufzuweisen hat, ist und bleibt allen Stürmen zum Trotz das Neue Testament ... Christine [ihre Mitgefangene Krystyna Wituska] hat mir täglich aus ihrem polnischen Exemplar übersetzt, das war die schönste Stunde am Tage!«

■ **Maria Terwiel.** Stelle Gründe zusammen, die für Maria Terwiel aus christlicher Überzeugung gegen die nationalsozialistische Weltanschauung sprechen mussten.

■ **Einspruch eines Bischofs.** Informiere dich über die Inhalte und Wirkung der sogenannten Euthanasiepredigten von Bischof Clemens August von Galen (1941), die u. a. von Maria Terwiel vervielfältigt wurden.

Mit brennender Sorge

Entgegen der im Konkordat von 1933 gemachten Zusicherungen für die Kirche richteten sich kurz darauf etliche Maßnahmen des NS-Regimes gegen das katholische Verbands- und Pressewesen und gegen die Konfessionsschulen. Durch diese Maßnahmen sollte die Kirche mehr und mehr aus dem öffentlichen Bereich gedrängt werden, um den Nationalsozialismus als weltanschauliches Monopol zu installieren. Nach erfolglosen Protesten seitens des Vatikans äußerte sich die katholische Kirche in dem päpstlichen Rundschreiben »Mit brennender Sorge« zu ihrer Situation. Diese Enzyklika wurde durch Kuriere übermittelt und in vertrauenswürdigen Druckereien vervielfältigt, sodass sie am 21.3.1937 in den Gottesdiensten verlesen werden konnte. Hitler und seine Regierung werteten das Papstwort nicht nur als Verstoß gegen das Konkordat, sondern als Akt des Hochverrats. Alle erreichbaren Exemplare der Schrift wurden sofort konfisziert und deren weitere Verbreitung verboten.

1. Mit brennender Sorge und steigendem Befremden beobachten Wir seit geraumer Zeit den Leidensweg der Kirche, die wachsende Bedrängnis der ihr in Gesinnung und Tat treu bleibenden Bekenner und Bekennerinnen inmitten des Landes und des Volkes, dem St. Bonifatius einst die Licht- und Frohbotschaft von Christus und dem Reiche Gottes gebracht hat …
3. Als Wir, Ehrwürdige Brüder, im Sommer 1933 die Uns von der Reichsregierung in Anknüpfung an einen Jahre alten früheren Entwurf angetragenen Konkordatsverhandlungen aufnahmen und zu Euer aller Befriedigung mit einer feierlichen Vereinbarung abschließen ließen, leitete Uns die pflichtgemäße Sorge um die Freiheit der kirchlichen Heilsmission in Deutschland und um das Heil der ihr anvertrauten Seelen – zugleich aber auch der aufrichtige Wunsch, der friedlichen Weiterentwicklung und Wohlfahrt des deutschen Volkes einen wesentlichen Dienst zu leisten.
4. Trotz mancher schwerer Bedenken haben Wir daher Uns damals den Entschluss abgerungen, Unsere Zustimmung nicht zu versagen. Wir wollten Unsern treuen Söhnen und Töchtern in Deutschland im Rahmen des Menschenmöglichen die Spannungen und Leiden ersparen, die andernfalls unter den damaligen Verhältnissen mit Gewissheit zu erwarten gewesen wären. Wir wollten allen durch die Tat beweisen, dass Wir, einzig Christus suchend und das, was Christi ist, niemandem die Friedenshand der Mutterkirche verweigern, der sie nicht selbst zurückstößt.
5. Wenn der von Uns in lauterer Absicht in die deutsche Erde gesenkte Friedensbaum nicht die Früchte gezeitigt hat, die Wir im Interesse Eures Volkes ersehnten, dann wird niemand in der weiten Welt, der Augen hat, zu sehen, und Ohren, zu hören, heute noch sagen können, die Schuld liege aufseiten der Kirche und ihres Oberhauptes. Der Anschauungsunterricht der vergangenen Jahre klärt die Verantwortlichkeiten … In die Furchen, in die Wir den Samen aufrichtigen Friedens zu pflanzen bemüht waren, streuten andere … die Unkrautkeime des Misstrauens, des Unfriedens, des Hasses, der Verunglimpfung, der heimlichen und offenen, aus tausend Quellen gespeisten und mit allen Mitteln arbeitenden grundsätzlichen Feindschaft gegen Christus und Seine Kirche. Ihnen, und nur ihnen, sowie ihren stillen und lauten Schildhaltern fällt die Verantwortung dafür zu, dass statt des Regenbogens des Friedens am Horizont Deutschlands die Wetterwolke zersetzender Religionskämpfe sichtbar ist …

Papst Pius XI.

12. Wer die Rasse, oder das Volk, oder den Staat, oder die Staatsform, die Träger der Staatsgewalt oder andere Grundwerte menschlicher Gemeinschaftsgestaltung – die innerhalb der irdischen Ordnung einen wesentlichen und ehrengebietenden Platz behaupten – aus dieser ihrer irdischen Wertskala herauslöst, sie zur höchsten Norm aller, auch der religiösen Werte macht und sie mit Götzenkult vergöttert, der verkehrt und fälscht die gottgeschaffene und gottbefohlene Ordnung der Dinge. Ein solcher ist weit von wahrem Gottesglauben und einer solchem Glauben entsprechenden Lebensauffassung entfernt.

Enzyklika von Papst Pius XI. (14. März 1937)

■ **Stellungnahme des Papstes.** Fasse die Inhalte der hier abgedruckten Auszüge aus der Enzyklika »Mit brennender Sorge« zusammen und nimm – auch unter Heranziehung deiner Erkenntnisse aus den voranstehenden Seiten – Stellung zum Auftreten der Kirche zur Zeit des Nationalsozialismus.

Kirche und Staat

Das Verhältnis von Religion bzw. Kirche und Staat ist so aktuell und umstritten wie schon lange nicht mehr. Die Meinungen dazu gehen weltweit stark auseinander. Unsere eigene europäische Sichtweise hat sich im Laufe der Geschichte herausgebildet. Daher ist es nicht verwunderlich, dass es in anderen Kulturen (z. B. in islamischen Ländern) auch andere Auffassungen dazu gibt.

Im mittelalterlichen Europa war die Beziehung zwischen Staat und Kirche sehr eng. Der Adel besetzte die geistlichen und weltlichen Ämter gleichermaßen. Bischöfe und Äbte waren in der Regel nicht nur geistliche Führer, sondern auch weltliche Herrscher. Der Kaiser verstand sich als Schutzherr der Kirche und nutzte die kirchlichen Strukturen ganz selbstverständlich für seine Zwecke. Im sogenannten Investiturstreit (11./12. Jh.) begann die Kirche, sich gegen diese Praxis zu wehren. Der Papst wurde in dieser Phase zum großen Gegenspieler des Kaisers. Er beanspruchte nun seinerseits die oberste weltliche Macht und betrachtete den Kaiser lediglich als ein Organ, welches den päpstlichen Willen auszuführen habe.

Die Mächte in Europa haben sehr lange gebraucht, um aus dieser Konfliktlinie herauszufinden. Die Reformation (Anfang 16. Jh.), der 30-jährige Krieg (1618-1648), die Aufklärung (18. Jh.) und die Französische Revolution (1789) sind wichtige Stationen auf diesem Weg. Man fand schließlich in der Neuzeit zu einer Trennung von Staat und Kirche. Diese Trennung wurde freilich oft wieder in Frage gestellt, so z. B. während der Zeit des Nationalsozialismus, in welcher der Staat versuchte, die Eigenständigkeit der christlichen Kirchen zu beschneiden.

Heute finden sich in Europa unterschiedliche Modelle eine Staat-Kirchen-Trennung, die sich in drei Grundmodelle unterteilen lassen: In manchen europäischen Ländern werden Staat und Kirche strikt voneinander getrennt. Hier ist die Kirche fast völlig auf den privaten Bereich verwiesen und ihre öffentliche Wirkung ist nicht erwünscht. In anderen Ländern gibt es eine Staatskirche. Hier wird eine bestimmte Religionsgemeinschaft privilegiert, d. h., sie genießt aufgrund der historischen Entwicklung gewisse Vorrechte gegenüber anderen Religionsgemeinschaften. Ein drittes Modell versucht, eine Mischung dieser beiden Ausprägungen zu verwirklichen. Hier handelt es sich um eine Kooperation von Staat und Kirche bei einer Trennung in der Wurzel. Kirchen bzw. Religionsgemeinschaften sind dabei prinzipiell gleichberechtigt. Sie unterstützen den Staat bei der Erfüllung unterschiedlicher Aufgaben und erhalten im Gegenzug dafür staatliche Zuwendungen.

Von der Vision zur Institution

Von der Ostererfahrung überrascht und motiviert durch den Geist Gottes beim Pfingstereignis (Apg 2) begannen die Jüngerinnen und Jünger Jesu, dessen Vision, seine Verheißung eines Lebens als Kinder Gottes, in ihrer Gemeinschaft weiterzuleben. Neue Fragen und Anforderungen stellten sich, auf die die Nachfolger im Sinne Jesu Antworten suchten. Und schließlich folgten Formen der Institutionalisierung. Dabei griffen die Christinnen und Christen auf die ihnen bekannten Möglichkeiten der Gemeinschaftsbildung zurück. Die Vorteile solcher Institutionen liegen auf der Hand. Strukturierte Gemeinschaften sind in der Lage, die Beziehungen der Menschen zu stabilisieren und entlasten außerdem von dem Druck, bestimmte Dinge ständig neu entscheiden zu müssen. Auf der anderen Seite können Institutionen, wenn sie sich nicht ausreichend dem Wandel der Lebensverhältnisse anpassen, lähmend wirken oder sich von der ursprünglichen Vision entfernen. Im schlimmsten Fall können Institutionen sogar zur Quelle von Unterdrückung und Fremdbestimmung werden.

- **Kooperation.** Sammle Bereiche, in denen Kirche und Staat in Deutschland miteinander kooperieren, und benenne Vor- und Nachteile dieser Kooperation.

- **Kirche und Staat.** Entwirf zu dem nebenstehenden Text ein Mindmap und recherchiere, wie z. B. unsere Nachbarstaaten oder andere europäische Länder das Verhältnis von Staat und Kirche heute verwirklichen.

- **Institution.** Zeige an geeigneten Beispielen auf, wo du die Institutionalisierung der Kirche positiv und wo du sie negativ erlebst.

- **Kunstwerk.** Beschreibe die Plastik von Walter Zacharias und deute sie im Blick auf die Problematik einer institutionalisierten Kirche. – Beziehe dich dabei auch auf die Überlegungen »Von der Vision zur Institution«.

- **Begegnen.** Besuche eine kirchliche Einrichtung in deiner Nähe und befrage Mitarbeiterinnen und Mitarbeiter nach ihrem Selbstverständnis als kirchliche Einrichtung (im Unterschied zu einer staatlichen Einrichtung).

Walter Zacharias, 1996

Ins Gespräch kommen

Wenn ein Interview gelingen soll, ist eine gute inhaltliche Vorbereitung wichtig. Dazu gehört u. a., einen Fragenkatalog aufzustellen, der jedoch nicht als starres Schema aufgefasst werden sollte.

Aufbau eines persönlichen Interviews:

- zu Beginn des Gesprächs dem/der Befragten die Möglichkeit der Anonymität anbieten;
- dem Gesprächspartner mit Respekt begegnen, mit lockeren, alltäglichen Fragen beginnen;
- langsam zu persönlicheren oder provokanteren Fragen steigern;
- dem/der Interviewten Raum für die eigene Sichtweise geben; mit dem eigenen Urteil zurückhaltend sein, es aber auch nicht verschweigen, sondern, wenn nötig, den Dissens höflich formulieren;
- bei persönlichen Interviews nicht stur an seinen Fragen festhalten, sondern auch Bereitschaft zeigen, auf neue Aspekte einzugehen, die sich während des Gesprächs ergeben.

Möglichkeiten der Dokumentation des Interviews:

- Videodokumentation (persönlichkeitsschützende Aufnahmen macht man von hinten oder gegen das Licht und durch Verwendung eines veränderten Namens);
- Verwendung eines Diktiergerätes;
- zu zweit interviewen (eine/r konzentriert sich auf das Gespräch und eine/r schreibt mit);
- bei sehr persönlichen Interviews ist es angemessen, sich auf sein Gedächtnis zu verlassen.

Stellt euch vor, ihr seid durch ein großes Kirchenportal getreten. Vor euch öffnet sich ein Raum. Der Anblick, der sich euch bietet, ist gleichsam vertraut und doch befremdend. Ihr geht durch das Kirchenschiff und sammelt Eindrücke, Altes mischt sich mit Neuem. Die Information und Personen, die ihr in den vergangenen Unterrichtsstunden kennengelernt

Einladung! Wir laden dich ein, deine Meinung darzulegen. Gestalte mit! Wähle eines der Themenkärtchen aus und suche zwei Gleichgesinnte, die mit dir das Thema bearbeiten. Stelle deine Ergebnisse in der Runde vor.

- **Begegnung.** Stellt euch eine Begegnung mit einer Person vor, die ein T-Shirt mit diesem Aufdruck trägt. Formuliert Fragen, die ihr gerne an diese Person richten würdet. Tauscht die Fragen in eurer Gruppe aus und versucht, aus der Perspektive der fiktiven Person die Fragen zu beantworten.

- **Perspektivwechsel.** Fertigt einen Entwurf für ein T-Shirt an, der zum Ausdruck bringt, was für euch an der Kirche wichtig ist. Bezieht dabei euer neu erworbenes Wissen zum Thema »Kirche« mit ein.

- **Alternativen.** Informiert euch mithilfe folgender Bibelstellen über Grundlagen christlichen Zusammenlebens: Mt 18,20-22; Mt 22,34-40; Mk 10,35-44; Lk 5,27-32; Apg 2,44-47; Kol 3,13-16. Diskutiert in der Gruppe, wie christliches Leben im Glauben aussehen müsste, wenn man der T-Shirt-Aufschrift zustimmt.

- **Meinungsbildung.** Wer ein T-Shirt mit diesem Aufdruck trägt, transportiert seine persönliche Meinung zur Kirche nach außen und beeinflusst damit seine Umgebung. Bedenkt, wie eure Meinung über »Kirche« zustande kommt. Notiert einzeln die verschiedenen Aspekte eurer Meinungsbildung auf jeweils einem Zettel.
Setzt euch in der Gruppe zusammen und ordnet eure Aspekte so an, dass deutlich wird, welche euch am wichtigsten sind und welche euch am zuverlässigsten erscheinen. Diskutiert darüber.

habt, begegnen euch. Schließlich bleibt ihr vor einem großen Plakat stehen. Euer Blick fällt zunächst auf die dort angehefteten Bilder, dann auf die einzelnen Textelemente. Ganz oben links befindet sich eine Einladung:

- **Kirche entsteht.** Die unten stehende Zeichnung entwirft ein Kirchenbild. Skizziert die Zeichnung und überlegt, welche Bedeutung die einzelnen Bildelemente und die Gestaltung insgesamt in Bezug auf Kirche haben können. Beschriftet sie entsprechend auf eurer Skizze.

- **Kirche begegnet.** Im Kirchenraum seid ihr auf Personen und Gruppen getroffen, über die ihr bereits Informationen erhalten habt. Stellt euch vor, ihr begegnet einer dieser Personen oder Gruppen in eurer »Kirche der Zukunft« wieder. Überlegt, welche Impulse sie euch für eine Information über eure »Kirche der Zukunft« geben könnte, und verfasst eine solche.

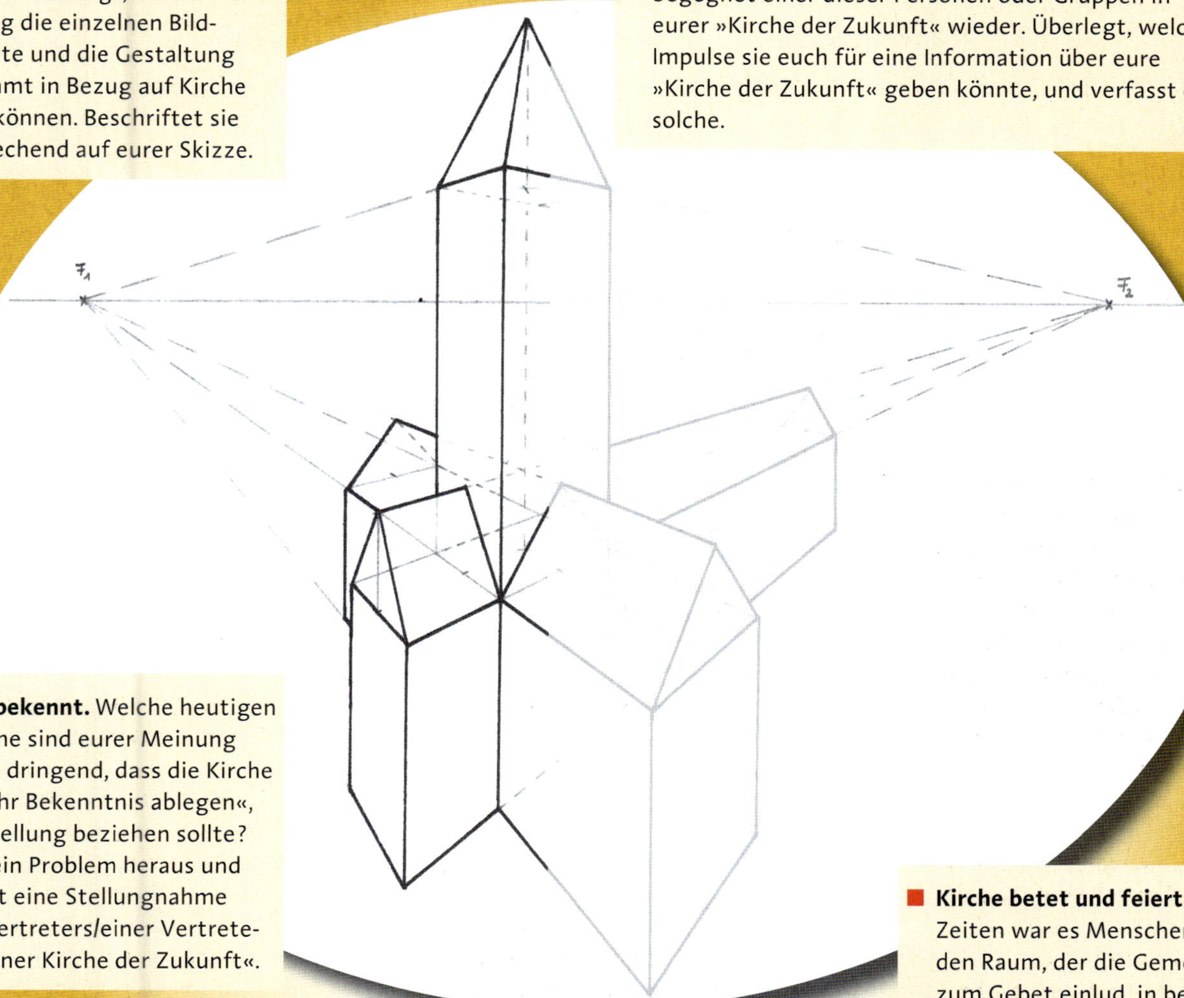

- **Kirche bekennt.** Welche heutigen Probleme sind eurer Meinung nach so dringend, dass die Kirche dazu »ihr Bekenntnis ablegen«, dazu Stellung beziehen sollte? Greift ein Problem heraus und schreibt eine Stellungnahme eines Vertreters/einer Vertreterin »deiner Kirche der Zukunft«.

- **Kirche bewegt.** Diskutiert gemeinsam, ob und wann euch Kirche bewegt und wie ihr euch gegebenenfalls dafür einsetzt, selbst etwas in der Kirche zu bewegen.

- **Kirche packt an und hilft.** Wo kommt in eurer »Kirche der Zukunft« die Verantwortung für die Schwachen und Bedürftigen vor? Entwerft ein diakonisches Projekt.

- **Kirche betet und feiert.** Zu allen Zeiten war es Menschen wichtig, den Raum, der die Gemeinde zum Gebet einlud, in besonderer Weise zu gestalten. Besucht Kirchenräume eurer Umgebung. Lasst sie auf euch wirken. Gestaltet einen Grundriss »eurer Kirche der Zukunft«. Überlegt, welche Räume ihr braucht und wie sie genutzt werden sollen.

- **Faszination Buddhismus.** Betrachte das Titelfoto dieser Lernlandschaft, das eine Unterweisung in einem tibetisch-buddhistischen Zentrum in Hamburg zeigt. Beschreibe, was du siehst, und tausche dich mit deinen Mitschülerinnen und Mitschülern über die Wirkung dieser Aufnahme aus.

- **Buddhismus vor Ort.** Recherchiere, ob es in deinem Wohnort oder in der näheren Umgebung Angebote im Zusammenhang mit dem Buddhismus gibt, und stelle diese zusammen. Überlege, warum Angebote zur buddhistischen Lehre und Praxis in den westlichen Ländern seit Jahren immer beliebter werden.

- **Themensammlung.** Sammelt eure Fragen zum Buddhismus, indem ihr eure Fragen möglichst konkret auf Karten notiert. Verwendet für jede Frage eine eigene Karte. Stellt anschließend die Fragen in der Lerngruppe vor und ordnet sie zu Themengebieten. Ihr könnt »Experten«-Gruppen bilden, die sich ausgehend von dieser Lernlandschaft ein Themengebiet erarbeiten und ihre Ergebnisse den anderen vorstellen.

- **Buddhismus in der Literatur.** Du kannst diese Lernlandschaft durch eine Lektüre begleiten, z. B. »Siddharta« von Hermann Hesse oder »Der leere Spiegel« von Janwillem van de Wetering.

FASZINATION

BUDDHISMUS

Ankommen in einem japanischen Zen-Kloster

Ich war allein, sechsundzwanzig Jahre alt, sauber angezogen, gewaschen und rasiert; ich wollte mich um eine Stelle als Mönch oder Laienbruder bewerben. Ich hatte meinen Koffer niedergestellt; er enthielt nichts als ein paar Kleidungsstücke, Bücher und Waschzeug. Das Taxi, das mich hergebracht hatte, war abgefahren. Um mich herum sah ich grauweiß getünchte Mauern, gedeckt mit Ziegeln aus grauem, gebranntem Ton. Jenseits der Mauern standen schön geformte Kiefern, sorgsam beschnitten von geübten Händen; dahinter ragte das Tempeldach auf, mit dichtem Balkenwerk und sacht abfallenden Seiten, die sich an den Kanten abrupt aufwärts bogen. Ich zog am Strang der riesigen grünspanbedeckten Kupferglocke, die im Gebälk des Tores hing. Später erfuhr ich, dass die Glocke heilig war und nur während bestimmter religiöser Zeremonien benutzt werden durfte. Besucher hatten ohne vorherige Ankündigung einzutreten.

Um diesen Augenblick zu erleben, hatte ich meine Reise unternommen, mein bisheriges Dasein aufgegeben. Dies war der Beginn eines neuen Lebens, eines Lebens, wie ich es mir kaum vorstellen konnte. Ein feierlicher Moment; da stand ich, neugeboren, ein unbeschriebenes Blatt. Fröhlich und nervös zugleich trat ich in den Tempelgarten und sah das Kloster, dessen unterer Teil nun nicht mehr von der schützenden Mauer verdeckt wurde, in seinem vollen Glanz. Es erschien kühl und abweisend, versunken in unantastbaren Frieden; es war, als wäre es der Erde entwachsen als Teil des Gartens, eines Gartens ohne Blumen, ausgelegt mit Steinen, Sträuchern, Bäumen und sauber geharkten Pfaden. Und überall Moos, vielerlei Sorten Moos, von zartgrau bis tiefgrün: ruhige, friedvolle Farben. Gar nicht friedvoll erschien mir der Mönch, der jetzt auf mich zukam. »Guten Tag«, sagte er auf Englisch. »Was wünschen Sie?«
»Ich möchte Ihren Meister sprechen«, sagte ich. »Ich möchte ihn fragen, ob ich hier leben darf.« Ich deutete auf meinen Koffer und dann auf den Tempel. Ein paar Sekunden sahen wir uns schweigend an; dann machte er eine Geste, ich solle ihm folgen. Wir kamen auf eine Veranda, und ich erblickte unter den japanischen Sandalen ein Paar große Schuhe westlicher Machart. Der Mönch hob die Tür beiseite und verschwand. Ich befand mich in einem Raum zusammen mit einem alten Japaner und einem jungen breitschultrigen Weißen, der mich aufmerksam betrachtete. »Setz dich«, sagte der Weiße in amerikanisch klingendem Englisch. »Ich heiße Peter«, sagte der Amerikaner, »und du

hast Glück, dass ich gerade in der Gegend war, denn hier spricht man nur japanisch. Der Meister möchte gern wissen, warum du deinen Koffer im Tempelvorraum abstellen willst.«

Der Meister sprach lange und mit Pausen, damit Peter dolmetschen konnte. Als er geendet hatte, dachte ich, nun sei eine gute Gelegenheit, ein paar Fragen zu stellen. Ich versuchte, einige intelligente Fragen zu formulieren, aber sie liefen alle auf dieselbe hinaus: Hat das Leben einen Sinn oder nicht? Der Meister schüttelte den Kopf. »Was du fragst, könnte ich wohl beantworten. Aber ich tue es nicht, denn du würdest mich nicht verstehen. Hör zu. Stell dir vor, ich habe eine Kanne Tee und du bist durstig. Du möchtest, dass ich dir Tee gebe. Ich kann dir Tee eingießen, aber dazu musst du mir eine Tasse hinhalten. Ich kann den Tee nicht in deine Hand gießen, sonst verbrennst du dich. Wenn ich ihn auf den Boden gieße, gibt es Flecken auf der Matte. Du musst eine Tasse haben. Diese Tasse formst du in dir selbst durch die Ausbildung, die du hier erhalten sollst.«
Der Gedanke ans Teetrinken musste ihn durstig gemacht haben; er sagte ein paar Worte zu Peter, der sich ehrerbietig verneigte und hinausging. Gleich darauf kam er zurück, in der Hand ein Tablett mit einer Kanne Tee, Tassen, einer Schale mit Gebäck, Zigaretten und einem Aschenbecher.

Janwillem van de Wetering

■ **Ich habe eine Kanne Tee und du bist durstig.** Stelle Beweggründe zusammen, weshalb sich der junge Europäer auf den Weg nach Japan in ein buddhistisches Zen-Kloster gemacht haben könnte. Deute den bildhaften Vergleich mit dem Teetrinken, den der Meister anstellt.

Achtsames Hören

Nimm dir für die folgende Übung 2 bis 5 Minuten Zeit.
Setze dich ruhig hin und schließe die Augen. Um dich auf die Übung einzustimmen und eventuell aufsteigenden Gedanken nachzuhängen, kannst du einige Atemzüge lang auf deinen Atem achten, z. B. auch durch das Atemzählen (siehe unten).
Nimm nun alle Geräusche wahr, die an deine Ohren dringen. Versuche, nur die akustischen Reize wahrzunehmen, ohne die mögliche Geräuschquelle zu benennen. Forme also nicht den Gedanken »Auto/Vogel/Schritte« in dir, sondern vergegenwärtige dir den Klang, die Art des Geräusches, nicht dessen Ursache. Versuche also nicht herauszufinden, was du hörst. Vermeide auch Bewertungen der Geräusche (»angenehm« oder »störend«). Wenn verschiedene Geräusche zu hören sind: Höre erst das eine, dann das andere. Dann höre alles gleichzeitig.
Dann atme ein paar Mal tief ein und aus und öffne die Augen wieder.

Dem Atem folgen

Die Methode, den Atem ruhig und gleichmäßig werden zu lassen, heißt: »Dem Atem folgen«. Wenn euch das anfangs zu schwer fällt, könnt ihr stattdessen die Methode »Die Atemzüge zählen« anwenden. Beim Einatmen zählt ihr im Geist eins und, wenn ihr ausatmet, wieder eins. Einatmen – zwei, Ausatmen – zwei. Zählt bis zehn und beginnt dann wieder von vorne. Das Zählen gleicht einer Linie, die die Achtsamkeit an den Atem bindet. Diese Übung ist der Anfangspunkt in dem Prozess, euch des Atems fortwährend bewusst zu sein. Ohne Achtsamkeit werdet ihr aber das Zählen schnell vergessen. Wenn ihr es vergessen habt, kehrt einfach wieder zur Eins zurück. Versucht es immer wieder, bis ihr das Zählen korrekt einhalten könnt. Wenn ihr eure Achtsamkeit wirklich auf das Zählen ausrichten könnt, habt ihr den Punkt erreicht, an dem ihr damit aufhören könnt. Jetzt fangt damit an, euch nur auf den Atem zu konzentrieren.
Wenn ihr aufgeregt und zerstreut seid und es schwierig findet, Achtsamkeit zu üben, kehrt zum Atem zurück: Sich des Atems bewusst zu werden, ist schon Achtsamkeit. Der Atem ist das Wundermittel, mit dem wir unser Bewusstsein sammeln können. Eine religiöse Gemeinschaft hat folgende Aussage in ihren Regeln: »Verliert euch nie in geistiger Zerstreutheit oder in der Umgebung. Lernt den Atem zu betrachten, um Körper und Geist zu beherrschen, Achtsamkeit zu üben und Konzentration und Weisheit zu entwickeln.«

Thich Nhat Hanh, buddhistischer Mönch aus Vietnam

- **Erleben.** Lass dich auf die Übung »Dem Atem folgen« oder »Achtsames Hören« ein. Tausche dich mit deinen Mitschülerinnen und Mitschülern über deine Erfahrungen aus.

- **Experimente.** Probiere im Sinne einer achtsamen Wahrnehmung weitere Übungen aus, z. B. bewusstes Sitzen, Stehen, Gehen, Riechen oder Sehen. Beschreibe jeweils, welche Wirkung diese Übung auf dich hat.

- **Rituale.** Sammle Erfahrung damit, wie diese Übungen auf dich wirken, wenn du sie über einen längeren Zeitraum in deinen Tagesablauf integrierst.
Ihr könnt euch auch in eurer Lerngruppe Zeit für ein gemeinsames Üben vornehmen, z. B. zu Beginn jeder Religionsstunde.

Siddharta Gautama – der Buddha

Die Lebensgeschichte des Siddharta Gautama, genannt der Buddha, ist im Pâli-Kanon, einer Sammlung früher buddhistischer Schriften aus dem 1. Jh. n. Chr., überliefert. Diese Überlieferung wurde im Laufe der Zeit immer weiter mit Legenden ausgeschmückt, in die auch die Vorstellungen nicht-buddhistischer Kulturen eingegangen sind (vgl. S. 52f., »Der Sangha«).
Geboren wurde Siddharta Gautama vermutlich 560 v. Chr., wobei auch frühere Datierungen nicht ganz auszuschließen sind. In seinem Geburtsort Lumbini im heutigen Nepal wuchs der junge Siddharta (»einer, der seine Aufgabe vollenden wird«) in der Familie Gautama auf, die zum Stamm der Khsatryia innerhalb der Kriegerkaste zählte.
Empfängnis und Geburt des Siddharta werden in Legenden so überliefert:
»Da ließ sich der Herr der drei Welten, der von allen Wesen verehrte Bodhisattva, nach genauer Prüfung, zur richtigen Zeit aus dem Tushita-Himmel herab. Es war am fünfzehnten Tage des Monats, und der Vollmond stand in Konjunktion mit dem Sternbild Pusya.
Klar und bei vollem Bewusstsein ging er, als ein junger weißer Elefant mit sechs Stoßzähnen, zur rechten Seite in den Leib seiner Mutter ein, als diese gerade Fasttage hielt ... Die Königin Maya war beseligt auf ihrem Lager eingeschlafen und träumte ...
Als zur Zeit des Mai-Vollmonds die Königin im Hain wandelte, fühlte sie sich plötzlich schwer werden. Und wie sie so dastand, sich an einem Ast festhaltend, kam der Bodhisattva zur Welt, ohne Wehen und Mühen der Mutter, in einem Augenblick. Ein Licht durchstrahlte die Welten, und die Erde erzitterte. Dann tat der Bodhisattva, der schon die Gestalt eines kleinen Kindes besaß, sieben sichere Schritte, blickte in alle vier Himmelsrichtungen und sprach: ›Ich bin der, der die Welt führen wird, dies ist meine letzte Geburt.‹ Zwei kleine Kaskaden, eine warm, eine kühl, ergossen sich aus der Luft auf das Haupt des Bodhisattva mit ihren reinen und linden Wassern. So vom Himmel gewaschen, wurde er nun auf Seidenbrokatdecken gelegt, und über seinem Kopf spannte man einen weißen Sonnenschirm auf.«

aus: Lalitavistara. Buddha-Biografie des Mahayana-Buddhismus, 2./3. Jh. n. Chr.

Die Geburt des Buddha, Schieferrelief, Gandhara, 2. Jh. n. Chr.

Die Jugend Siddhartas als Sohn eines adligen Großgrundbesitzers verlief vermutlich ohne größere materielle Sorgen. Um den späteren Verzicht auf das sorgenfreie Leben seiner Jugend als große Lebenswende zu verdeutlichen, macht die Legende einen reichen König aus Siddhartas Vater und ihn selbst zum verwöhnten Prinzen. Sicher ist jedoch nur, dass Siddharta eine sehr gute Ausbildung im Kriegswesen erhielt, wie es seiner Kaste und Familienzugehörigkeit entsprach, und dass er als 16-Jähriger mit Yasodhara (andere Quellen nennen sie Gopa) verheiratet wurde.

Wichtige Orte aus dem Leben Buddhas

Siddharta beschäftigte sich mit der Flüchtigkeit allen Glücks und es quälte ihn die Frage, wie man sich angesichts der eigenen Vergänglichkeit verhalten solle. Legendarisch werden die sogenannten »Vier Ausfahrten« des Buddhas überliefert, bei denen er menschlichem Leid, Altern, Krankheit, Tod und zuletzt einem Mönch begegnet sei. Tief beeindruckt formulierte er:

»Ein unwissender Mensch, der selber Alter, Krankheit, Tod unterworfen ist, ohne ihnen entrinnen zu können, ist bedrückt, entsetzt und ekelt sich, wenn er einen Alten, einen Kranken, einen Toten sieht; an sich selber denkt er dabei jedoch nicht. Aber auch ich bin Alter, Krankheit, Tod unterworfen und kann ihnen nicht entgehen. Würde ich, der ich Altern, Krankheit, Tod unterworfen bin und ihnen nicht entgehen kann, beim Anblick eines Alten, Kranken, Toten bedrückt sein, mich entsetzen und ekeln, wäre das nicht richtig. Indem ich das dachte, schwand mir der Rausch von Jugend, Gesundheit und Leben.«

Verehrung des liegenden Buddha in Kusinara, Nirvana Tempel

Da Siddharta in seinem Umfeld keine Antwort auf seine Fragen finden konnte, verließ er im Alter von 29 Jahren seine Frau und den gerade geborenen Sohn, den er Rahula (»Fessel«) nannte. Er schloss sich mindestens zwei namentlich überlieferten Predigern und Wanderasketen an und erlernte Praktiken der Meditation und des Yoga. Da er durch diese aber keine Antworten auf seine Fragen fand, unterwarf er sich strengster Askese. In dieser Zeit aß und trank er kaum etwas, setzte sich ungeschützt der Hitze aus, schlief auf Dornen und trieb die Atemübungen so weit, dass sie lebensgefährlich wurden. Seine schwindenden Lebenskräfte mahnten ihn, einen neuen Weg zu suchen, den er später als den »mittleren Weg« zwischen dem luxuriösen Leben seiner Jugend und der Zeit härtester Askese bezeichnete.

Siddharta als Asket, Schieferstatue Gandhara, 3. Jh. n. Chr.

Der Legende nach wurde Siddharta im Alter von 35 Jahren in einer Vollmondnacht unter dem Pappelfeigenbaum in Bodh-Gaya/Uruvela meditierend zum »Buddha«, was so viel bedeutet wie »der Erwachte«, »der Erleuchtete«.
Dabei widerstand er auch der lärmenden Ablenkung Maras (»des Bösen«) und dessen Angebot, ihn unverzüglich ins Nirvana eingehen zu lassen.

Der Buddha wollte stattdessen seine Erkenntnis an die Menschen weitergeben und begann zu predigen. Berühmt ist die erste Predigt von Benares, die er vor seinen ehemaligen Weggefährten hielt. In dieser Predigt formulierte der Buddha zum ersten Mal die sogenannten vier Edlen Wahrheiten (vgl. S. 50f., »Der Dharma«).
Die Lehre des Buddha fand schnelle Verbreitung und viele Anhänger. Im Alter von etwa 80 Jahren (ca. 480 v. Chr.) ging Buddha in das sogenannte Pari-Nirvana, das endgültige Nirvana, ein. An dieses Ereignis wird heute an der Statue des liegenden Buddhas in seinem Sterbeort Kusinara gedacht.

- **Siddharta Gautama.** Verfasse einen knappen Artikel über das Leben des Siddharta Gautama, wie er im Lexikonteil dieses Buches stehen könnte.

- **Legenden.** Beschreibe die Aussagen der Legenden über das Leben des Buddha. Finde geeignete Symbole, die zu dieser legendarischen Lebensbeschreibung passen.

- **Ursprung der Religionsstifter.** Vergleiche die Legende von der Empfängnis und Geburt des Siddharta mit der biblischen Überlieferung der Empfängnis und Geburt Jesu (Lk 1,26-38 und 2,1-20). Bestimme die Erzählabsichten dieser Texte.

Die religiöse Herkunft des Buddha

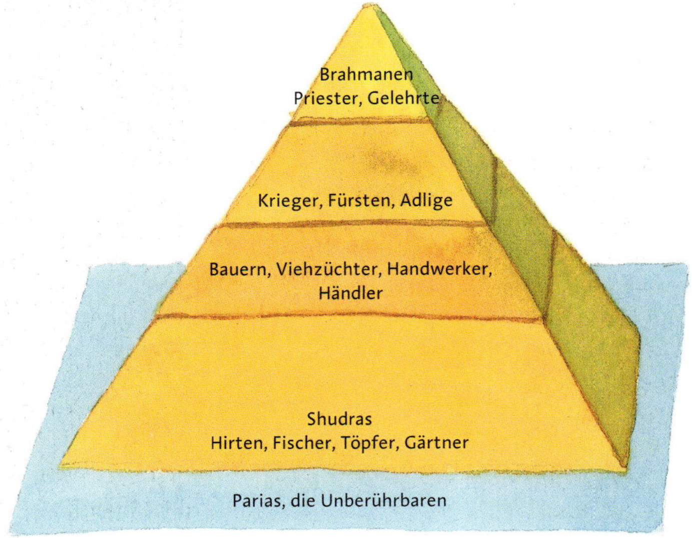

Der Vedismus – Siddharta Gautama suchte zunächst in den Glaubensvorstellungen seiner Zeit einen Weg, wobei er einige Grundannahmen übernommen und andere abgelehnt hat. Nach den ältesten indischen Schriften, den Veden, kann man diese Religion »Vedismus« oder nach den bestimmenden Priestern dieser Religion, den Brahmanen, auch »Brahmanismus« nennen. Erst vom 11. Jh. n. Chr. an wird die vielfältige Religion Indiens von den eindringenden Muslimen nach dem Fluss Indus »Hinduismus« genannt. Der heutige Hinduismus basiert auf dem Vedismus und gilt mit etwa 900 Millionen Anhängern (nach Christentum und Islam) als drittgrößte Religion der Erde.

Samsara – Das Wort Samsara (sansk. *sam* = herum; *sar* = gehen, sich bewegen, kreisen) meint den ewigen, nie zur Ruhe kommenden Kreislauf des Werdens und Vergehens. Diesem Kreislauf ist die Welt und jedes Lebewesen darin unterworfen, d. h., es gibt nach dem Leben eine Reinkarnation (Wiedergeburt). Dem Samsara unterworfen zu sein, gilt in dieser Weltanschauung als leidvoll.

Karma – In welche Existenzform jedes Lebewesen nach seinem Tod übergeht, bestimmt sein Karma. Karma (sansk. = Handlung) bezeichnet die Summe aller Taten, die im Leben getan werden. Zugleich bezeichnet Karma die Gesetzmäßigkeit, nach der das Selbst des Menschen (sansk. *atman*) nach dem Tod in eine neue Existenzform eingebunden wird, wobei die Ansammlung von gutem bzw. schlechtem Karma für die Stufe der folgenden Existenzform bestimmend ist.

Atman – Unter Atman versteht man das wahre Selbst, den Wesenskern des Menschen. Das Karma verbindet sich mit dem Atman und bedingt die Existenzform nach der Wiedergeburt. In den Upanishaden wird die Einheit von Atman und Brahman, der Quelle allen Seins, gelehrt.

Kastenwesen – Das Kastenwesen entwickelte sich historisch aus der Unterwerfung der dunkelhäutigen Ureinwohner durch die zwischen 2200 und 1200 v. Chr. von Norden her eingewanderten Indogermanen, die sogenannten »Arier«. Um die Herrschaft über die Ureinwohner und deren Nachkommen, die teilweise aus Ehen zwischen Einwanderern und Ureinwohnern stammten, zu sichern, ordnete man sie einer unteren Kaste zu. Über Kastengrenzen hinweg zu heiraten, war verboten. Das Kastensystem verband sich mit der Karma-Lehre und erhielt somit eine religiöse Legitimation. Aus den vier ursprünglichen Kasten sind im Lauf der Zeit 3000 verschiedene Kasten entstanden.

Moksha – Ziel des Daseins ist die Erlösung (sansk. *moksha*) aus dem ewigen Kreislauf des Leidens, Sterbens und der Wiedergeburt. Die Upanishaden stellen zum ersten Mal die Frage, wie eine Befreiung aus diesem ewigen Prozess möglich sei. In der indischen Tradition sind drei Wege zur Erlösung entfaltet worden: Erlösung durch Erkenntnis und Meditation, Erlösung durch Opfer und Rituale (Handeln) und Erlösung durch Hingabe und Gottesliebe. Der erste Erlösungsweg blieb den Brahmanen vorbehalten.

Gottheiten – Auch die vielen Gottheiten, die im Vedismus verehrt werden, sind dem Kreislauf des Werdens und Vergehens unterworfen. Für Hindus ist die ganze Welt von Gott und Göttern erfüllt – frühe vedische Gottheiten sind Indra, Wettergott und zugleich höchster vedischer Gott. Agni, der Feuergott, und Varuna, der höchste Herrscher. In späteren Jahrhunderten traten Vishnu, Krishna und Shiva in den Vordergrund. Heute sehen Hindus ihre Religion nicht als Vielgötterei (Polytheismus), sondern als Glauben an eine Gottheit, die sich in vielen Bildern ausdrückt.

- **Weltbild.** Skizziere mithilfe der zentralen Begriffe oben das Weltbild zu Buddhas Lebzeiten.

- **Stellungnahme.** Benenne ansprechende oder befremdende Aspekte der vedischen Welterklärung. Tausche dich mit einem Partner/einer Partnerin aus.

Die Reform des Buddha

Frauen verehren einen Fußabdruck als Symbol der Gegenwart des Buddha, Relieffragment des Stupas (= Grabdenkmals) von Amaravati, 2. Jh. n. Chr.

Siddharta Gautama wuchs in einer Zeit auf, in der die Brahmanen als Angehörige der höchsten Priesterklasse das religiöse Leben bestimmten: Nur die Brahmanen hatten Zugang zu den heiligen Schriften (sansk. *veda* = Wissen) und durften sie authentisch interpretieren. Die Brahmanen ordneten religiöse Rituale an und opferten Tiere, um den Beistand der Götter zu erhalten. Die Menschen begannen, an den Privilegien und den religiösen Praktiken der Brahmanen zu zweifeln, zumal diese den offensichtlichen Verfall der politischen und moralischen Ordnung nicht aufhalten konnten. Es entstanden Gruppierungen, die eine hedonistische, d. h. eine auf größten Genuss ausgerichtete Lebensweise pflegten. Andere gingen den entgegengesetzten Weg, indem sie ihre Familien verließen und sich als Mönche oder Asketen den religiösen Vorstellungen der Brahmanen entzogen.
Die überzeugendste Antwort auf die Fragen der Zeit gab Siddharta Gautama. Sein Lebensweg mündete in die Erkenntnis des mittleren Weges zwischen Hedonismus und Askese. Der Buddha übernahm weitgehend die vedische Lehre des Samsara und des Karma, richtete sich jedoch gegen die Vorstellung der vielen Gottheiten des Vedismus, gegen die Privilegien der Brahmanen und die von ihnen angeordneten Speisegebote und Tieropfer, gegen übertriebene Spekulationen über das Absolute (Brahman) und das Selbst (Atman) und gegen den Ausschluss der Kastenlosen aus der Religion.
Der Buddha entwarf ein neues Grundverständnis des Daseins und stellte vor allem eine neue Form von Erlösung in Aussicht, die weder durch einen bestimmten Götterglauben noch durch religiöse Praktiken zu erlangen ist: Wer der Lehre Buddhas folgt und die Erlösung erlangen will, muss sich selbst auf den Weg machen.

Auswirkungen der Reform

Große Bedeutung hatte der Buddha für die Achtung der Frau in Religion und Gesellschaft. Buddha spendete den Frauen wiederholt Lob für ihre charakterlichen Fähigkeiten, ihre hohe Erkenntnisfähigkeit, ihre Herzenswärme und Opferbereitschaft. Er äußerte sogar die Überzeugung, eine sittsame und kluge Frau, die ihre Schwiegermutter ehrt und ihrem Gatten treu ergeben ist, sei mehr wert als ein Mann. Entscheidend ist aber Buddhas Einsicht, dass Frauen ebenso mündig und zur Erlösung befähigt sind wie Männer.
Das Kastensystem wollte der Buddha nicht abschaffen. Er war weder sozialer Reformator noch hatte er die Absicht, gezielt in politische oder soziale Verhältnisse einzugreifen. Er nahm das Kastenwesen als gegeben hin, arbeitete jedoch der Vorstellung entgegen, die Kaste eines Menschen sage etwas über seine ethischen Fähigkeiten aus. Jeder Mensch, welcher Kaste er auch angehören mag, hat die gleiche Fähigkeit zur Erlösung.
So interpretierte er das Kastensystem zu einem ethischen System um: Brahmane ist man nicht durch seine Geburt, sondern man wird es durch sein Tun. Demnach ist in Buddhas Überzeugung nicht der ein Brahmane, welcher in der Brahmanenkaste geboren wurde, sondern wer ein gezügeltes Leben führt.

■ **Reform.** Stelle zusammen, was den Vedismus zur Zeit des Buddha für viele Anhänger unglaubwürdig gemacht haben könnte.

■ **Kastenwesen heute.** Recherchiere im Internet, welchen Beitrag Mahatma Gandhi und Bhimrao Ramji Ambedkar im 20. Jh. zur Emanzipation der »Unberührbaren« in Indien geleistet haben und welche Erscheinungsformen das Kastenwesen im heutigen Hinduismus hat.

Jokhang Tempel in Lhasa, Tibet

Das Rad der Lehre und die vier edlen Wahrheiten

Das Rad ist zum Symbol des Buddhismus geworden. Die Überlieferung sagt, dass der Buddha das Rad der Lehre, das Dharma, in Bewegung setzte, als unter den Hörern seiner Predigt Menschen waren, die seine Lehre verstanden. Die acht Speichen des Rades verweisen auf den »achtfachen Pfad«, die Ethik des Buddhismus. Der äußere Kreis des Rades soll an die Bewegung der Welt erinnern und der Mittelpunkt an die Ruhe, welche die Lehre Buddhas schenkt. Häufig wird das Rad von zwei Gazellen flankiert, die auf den Gazellenhain in Sarnath bei Benares hinweisen, in dem der Buddha zum ersten Mal predigte.
Nachdem der Buddha die Erleuchtung erlangt hatte, hielt er vor seinen ehemaligen Weggefährten die folgende Predigt: »Dies ist die *edle Wahrheit vom Leiden:* Geburt ist leidvoll, Altern ist leidvoll, Krankheit ist leidvoll, Sterben ist leidvoll. Mit Unlieben vereint zu sein, ist leidvoll, von Lieben getrennt zu sein, ist leidvoll, und wenn man etwas, das man sich wünscht, nicht erlangt, auch das ist leidvoll. Dies ist die *edle Wahrheit von der Entstehung des Leidens:* Es ist der Durst (die Gier), der die Wiedergeburt hervorruft, der von Freude und Leidenschaft begleitet ist, der hier und dort seine Freude findet, der Durst nach Sinnenlust, der Durst nach Werden, der Durst nach Entwerden. Dies ist die *edle Wahrheit von der Aufhebung des Leidens:* Es ist eben dieses Durstes Aufhebung durch völlige Leidenschaftslosigkeit, das Aufgeben, Sich-Entäußern, Sich-Loslösen, Sich-Befreien von ihm. Dies ist die *edle Wahrheit von dem zur Aufhebung des Leidens führenden Wege:* Es ist dieser edle achtgliedrige Pfad, nämlich: rechte Ansicht, rechtes Wollen, rechte Rede, rechtes Handeln, rechtes Leben, rechte Anstrengung, rechte Achtsamkeit und rechte Meditation.«

Samyutta Nikāya (Sammlung von Buddha-Texten)

Die Lehre vom Nicht-Ich

Die buddhistische Anthropologie (= Lehre vom Menschen) hält die Vorstellung eines Wesenskerns (Selbst) oder einer Seele letztlich für eine Illusion des Menschen. Die Illusion eines Ichs, das sich aus unterschiedlichen Komponenten (skandhas) zusammensetzt, muss erkannt und überwunden werden. Diese Lehre erklärte der Mönch Nagasena im 1. Jh. n. Chr. dem König Milinda anhand eines Gleichnisses:

Der Weise Nagasena sagte zum Griechenkönig Milinda, als dieser ihn fragte, wer er sei: »Ich bin als Nagasena bekannt. Das ist aber nur ein Name, eine Benennung, eine landläufige Bezeichnung, denn eine Person wird dadurch nicht erfasst.«
Darauf sagte der König: »Wenn es keine Person gibt, wer ist dann dieser Nagasena? Sind es seine Haare, sein Fleisch, sein Herz, sein Eingeweide, sein Blut, seine Galle, sein Gehirn?«
»Nein, o König!«
»Ist es seine Empfindung oder seine Wahrnehmung oder seine Willensregung oder sein Bewusstsein?« »Nein, o König!«
»Dann bilden wohl Körper, Empfindung, Wahrnehmung, Willensregung und Bewusstsein zusammen den Nagasena?«
»Nein, o König!«
»Soll Nagasena etwa außerhalb dieser Faktoren existieren?«
»Nein, o König!« »Soll denn das Wort ›Nagasena‹ schon Nagasena selber sein?« »Nein, o König!«
»Dann existiert Nagasena also gar nicht?« Da fragte Nagasena den König: »Bist du zu Fuß oder mit dem Wagen gekommen?«
»Mit dem Wagen.« »Dann erkläre mir, was ein Wagen ist. Seine Deichsel? Oder die Achse? Oder die Räder? Oder der Wagenkasten?«
Als der König alles verneint hatte, fragte Nagasena: »Soll etwa der Wagen außerhalb dieser Dinge existieren oder der Name ›Wagen‹ der Wagen selbst sein?« »Nicht doch, o Herr!«
»Nun, was ist denn dieser Wagen? Du sprichst die Unwahrheit. Der Wagen existiert ja gar nicht.« Da sprach der König zu Nagasena: »Ich lüge nicht. In Abhängigkeit von Deichsel, Achsel, Rädern usw. entsteht der Name, die Bezeichnung, das Wort ›Wagen‹.« »Ganz richtig, o König. Gerade so entsteht in Abhängigkeit von Körper, Empfindung, Wahrnehmung, Willensregungen und Bewusstsein der Begriff und das Wort ›Nagasena‹. Eine Person ist da aber nicht vorzufinden.«

- **Vier Edle Wahrheiten.** Fasse den Inhalt der vier edlen Wahrheiten in eigenen Worten zusammen. Ermesse die Konsequenzen, die diese Lehre für das Leben eines Buddhisten hat. Tauscht euch in Kleingruppen darüber aus.

- **Das Wagen-Gleichnis.** Vergleiche die buddhistische Anschauung des Nicht-Ichs mit der christlichen Vorstellung.

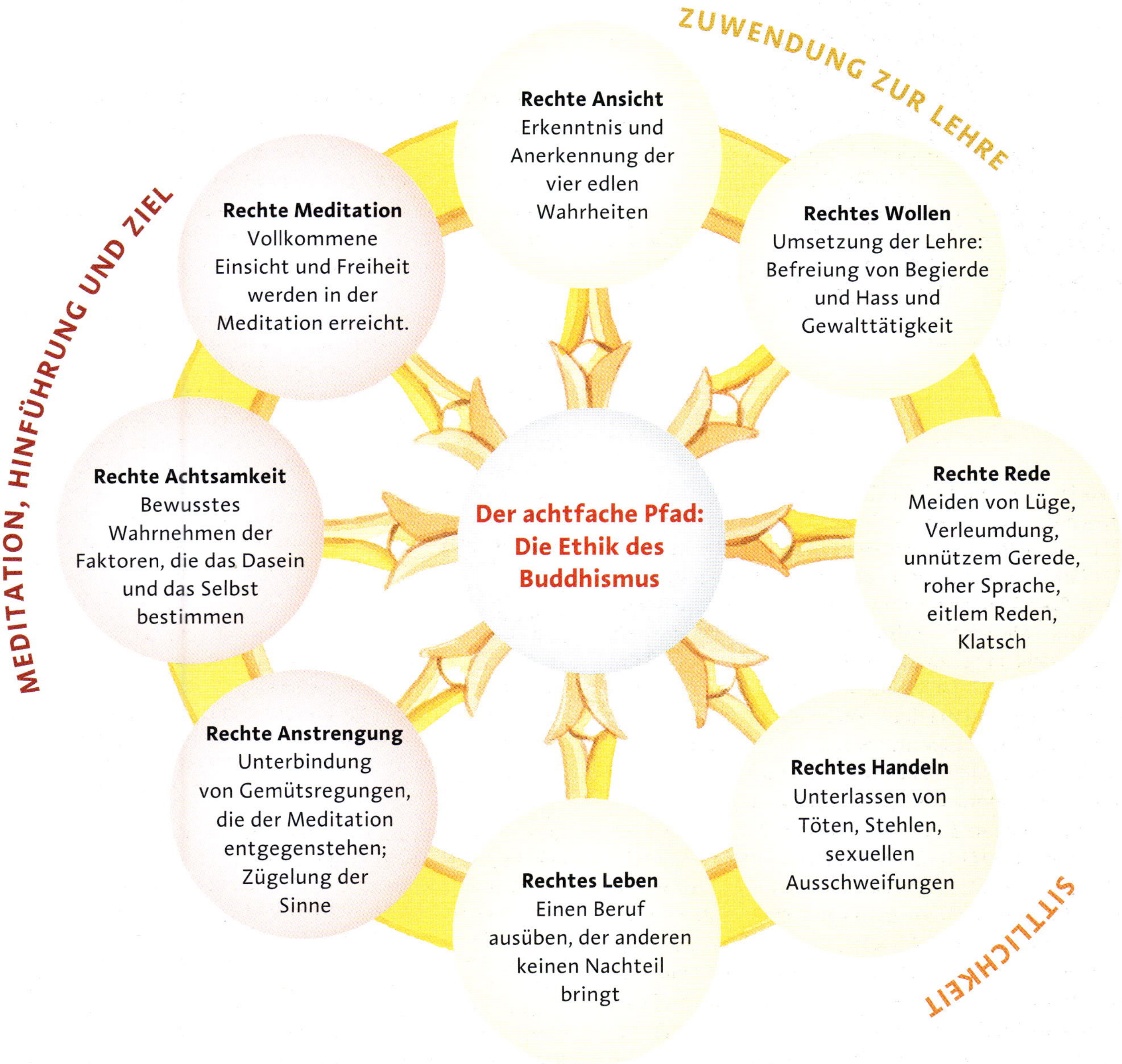

■ **Achtfacher Pfad.** Übertrage eine Skizze des achtfachen Pfades in dein Heft. Ergänze die Beschreibungen der Pfade mit Beispielen, die sich auch auf dein Leben beziehen.

■ **Christliche Ethik.** Stellt in Gruppen zusammen, welche zentralen Glaubensinhalte der Bibel für Christinnen und Christen gelten und welche Weisungen für ein christlich verstandenes Selbstverständnis und Zusammenleben der Menschen gegeben sind (vgl. S. 16f. u. S. 108ff.). Gestaltet ein Plakat, das eure Ergebnisse zur christlichen Ethik veranschaulicht. Stellt euere Ergebnisse einander vor und vergleicht sie mit der buddhistischen Ethik: Auf welche ethischen Grundsätze könnten sich Christentum und Buddhismus gleichermaßen verpflichten und wo bleiben Unterschiede bestehen?

Die drei »Fahrzeuge« des Buddhismus

Buddha hatte für seine Mönchsgemeinschaft (sansk. *sangha* = Versammlung) keinen Nachfolger bestimmt und auch keine Instanz geschaffen, die für die Einheitlichkeit seiner Lehre garantierte. Es entsprach seiner Überzeugung, dass die Befolgung seiner Lehre für jeden Menschen eine persönliche Entscheidung und keine reglementierte Anordnung von anderen sein kann. So zerfiel der Sangha rasch in mehrere Gruppen, die verschiedene Wege zur Überwindung des Leids einschlugen. Im Verlauf seiner mehr als 2400 Jahre umspannenden Geschichte lassen sich drei stark voneinander abweichende Formen des Buddhismus erkennen, die in der Übersetzung häufig als »Fahrzeuge« (sansk. *yana* = Fahren, Überfahrt, Vehikel) zum Heil bezeichnet werden: **Hinayana** (»Kleines Fahrzeug«, auch Theravada, »Lehre der Ältesten« oder »Mönchsbuddhismus«), **Mahayana** (»Großes Fahrzeug« oder »Volksbuddhismus«) und **Vajrayana** (»Diamant-Fahrzeug«).

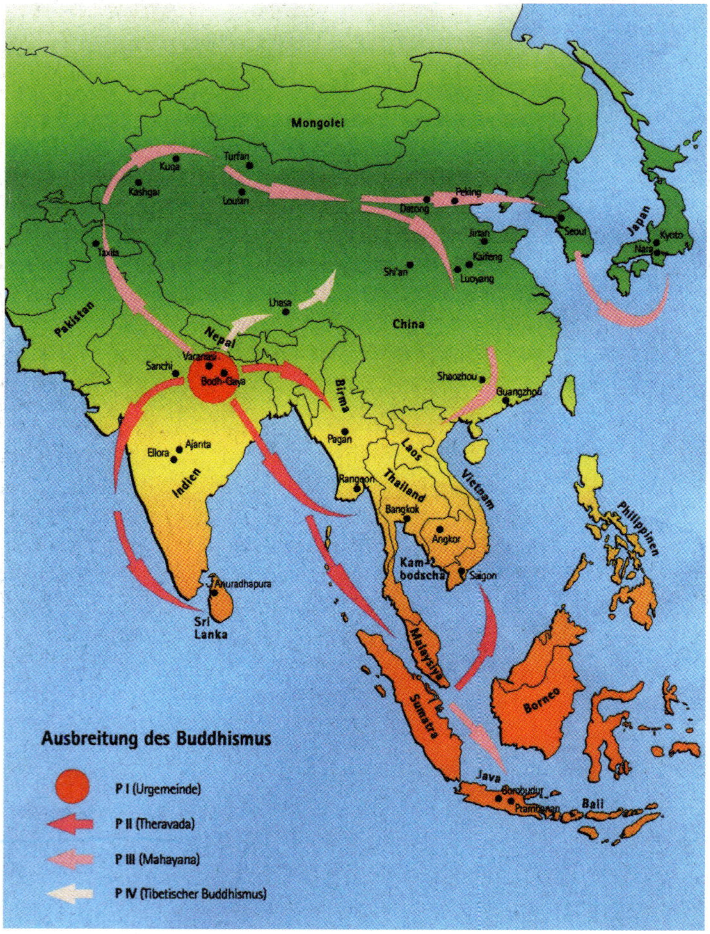

■ **Drei Fahrzeuge.** Stelle die »Fahrzeuge« des Buddhismus und ihre Kennzeichen in einer Skizze dar.

Schon vier Monate nach Buddhas Tod wurde eine Versammlung einberufen, auf der über die Regelungen des Ordenslebens verhandelt wurde. Bei der zweiten buddhistischen Versammlung etwa 100 Jahre nach Buddhas Tod führten die Fragen, ob nur Mönche das Nirvana erreichen könnten oder ob auch Laien in ihrem täglichen Leben dazu fähig sind, und Unstimmigkeiten der Mönche in Bezug auf das Annehmen von Geld, den Genuss von Alkohol und die Bestechlichkeit einiger Mönche zur Trennung in erste buddhistische Richtungen.

Die Gruppe des Hinayana hielt daran fest, dass nur Mönche ins Nirvana gelangen können und dies nur aus ihrer eigenen Kraft, wohingegen die Gruppe des Mahayana davon ausging, dass alle Menschen ins Nirvana gelangen können und Hilfe von sogenannten Bodhisattvas (sansk. = bereits Erlöste) erhalten. Besonders unter Kaiser Ashoka (268-236 v. Chr.) fand diese Laienethik weite Verbreitung.

Im 4. Jh. n. Chr. gelangten Hinayana- und Mahayana-Buddhismus nach China, wobei sich nur die Richtung des Mahayana aufgrund ihrer größeren Offenheit dauerhaft mit der chinesischen Kultur verbinden konnte.

Etwa im 7. Jh. n. Chr. gelangte der Buddhismus in das Gebiet des heutigen Tibet. Dort stieß er auf ein ganz urtümliches religiöses Leben, in dem Magie, Zauberei und Opferrituale praktiziert wurden: die »Bön«-Religion. Der Buddhismus verband sich hier mit einigen Elementen der alten Religion. Die farbenfrohen Feste, magischen Formeln (Mantras), geheimnisvollen Rituale und die priesterliche Hierarchie (Lamaismus) wurden übernommen, während die Opferpraxis aufgrund des buddhistischen Tötungsverbotes ganz abgelehnt wurde. Meist wird diese Form als »Vajrayana« bezeichnet. Vajra heißt ursprünglich Donnerkeil und bezeichnet den unbesiegbaren Blitzstrahl des vedischen Gottes Indra. Das Wort hat auch die Bedeutung »Diamant«, ein Symbol des Kostbaren und Unzerbrechlichen. Besonders durch die Popularität seines Oberhauptes, des XIV. Dalai Lama, ist der tibetische Buddhismus im Westen sehr bekannt geworden.

Ebenso bekannt ist die Richtung des Zen-Buddhismus, die sich seit dem 13. Jh. in Japan entwickelt hat. Kennzeichen des japanischen Zen ist eine ausgeprägte Meditationsschulung (vgl. S. 54).

Die Ausbreitung des Buddhismus

Tenzin Gyatso – der XIV. Dalai Lama

Im 17. Jh. verbanden sich in Tibet die geistliche und weltliche Herrschaft des Dalai Lama. Der Dalai Lama genießt seitdem ein Ansehen wie nur wenige religiöse Oberhäupter sonst in der Welt. Das tibetisch-mongolische Wort »Dalai Lama« heißt »Ozean-Meister« und bezeichnet einen Lehrer, dessen Weisheit so unermesslich wie der Ozean ist. Tenzin Gyatso wurde 1935 im Nordosten Tibets geboren. Er erkannte als Dreijähriger sofort die verkleideten Mönche der Suchkommission, die aufgrund gewisser Indizien in seinen abgelegenen Heimatort kamen. Ohne Zögern wählte Tenzin Gyatso die Gegenstände seines Vorgängers aus einer größeren Zahl ähnlicher Gegenstände aus und rief dabei: »Das gehört mir.« 1940 kam er als Reinkarnation seines Vorgängers nach Lhasa und erhielt dort seine Ausbildung. Mit 16 Jahren wurde er in sein Amt eingesetzt, nachdem die Chinesen unter Mao Tse Tung in Tibet einmarschiert waren. Seine Bemühungen gegen die chinesische Besetzung des Landes blieben erfolglos, sodass er 1959 aus Tibet fliehen musste. In Indien wurde er Oberhaupt der tibetischen Exilregierung. Der Dalai Lama hat auf seinen Reisen, in seinen Schriften und durch Vorträge den Buddhismus vor allem auch für die westliche Welt zugänglich gemacht. Für seinen prinzipiellen Verzicht auf Gewalt und seine Toleranz gegenüber anderen Religionen wurde er 1989 mit dem Friedensnobelpreis ausgezeichnet.

■ **Der Dalai Lama.** Beschreibe den Eindruck, den der geschilderte Lebenslauf und das Gespräch mit dem Dalai Lama auf dich machen.

Das Gespräch wurde 1998 vor einer Deutschlandreise des Dalai Lama geführt:

Zeit Magazin: *Zur Veranstaltung »Buddhas Weg zum Glück« ... werden Tausende von Menschen kommen. Was erwarten die Besucher wohl von Ihnen?*
Dalai Lama: Viele kennen die Grundlagen des Buddhismus und wollen mehr erfahren. Einige kommen aber auch mit unrealistischen Erwartungen. Also sage ich gleich am Anfang: Erwartet lieber nicht zu viel (lacht).
Was für unrealistische Erwartungen?
Sie hoffen auf Wunder. Das passiert überall, wo ich hinkomme. Kranke erwarten von mir, dass ich sie heile. Oder Menschen mit anderen Problemen glauben, ich kann sie einfach so davon befreien. Sie suchen schnelle Lösungen – Erlösung ohne Mühsal, ohne tiefe Meditation. Das nenne ich unrealistisch. Buddha selbst musste sechs Jahre lang fasten und meditieren.
Was kann der Buddhismus den Menschen geben, was das Christentum nicht zu bieten hat?
Schwer zu sagen. Vielen fehlt etwas in der heutigen, materiellen Zeit, das Spirituelle. Und die eigenen Religionen haben vielleicht nicht mehr den gewünschten Effekt. Einige glauben, im Buddhismus fündig zu werden. Christentum und Buddhismus befassen sich mit denselben Fragen – Vergänglichkeit, Tod, Erbarmen und Vergebung, aber einige Traditionen, wie bestimmte Meditationsarten, sind im Christentum nicht mehr lebendig. Da etwa können unsere christlichen Brüder und Schwestern buddhistische Methoden annehmen.
Sie raten allerdings allen, der eigenen Religion, den eigenen Traditionen treu zu bleiben?
Ja, das ist besser. Ich gehe niemals zu solchen Veranstaltungen, um die Leute zum Konvertieren zu bewegen. So ein Wechsel ist nicht einfach. Er kann später im Leben zu großer Verwirrung führen. Schließlich handelt es sich um Glauben, um Gefühle.
Wie meinen Sie das?
Ich habe das bei europäischen Freunden beobachtet. Zunächst haben sie großes Interesse am Buddhismus, aber später – kurz vor dem Tod – geraten sie deswegen in Verwirrung. Das ist schlecht.
Befürchten Eure Heiligkeit nicht, dass der Buddhismus im Westen zurzeit in Mode ist?
Das kann in Einzelfällen passieren. Deswegen rede ich meist über allgemeingültige Themen, der Bedeutung eines reinen Herzens, des Mitgefühls, der Fürsorge. Und erst später mehr über die buddhistische Lehre.

■ **Interview.** Füge dem Gespräch deine eigenen Fragen an den Dalai Lama hinzu und stelle durch eine Recherche mögliche Antworten zusammen.

Der Zen-Buddhismus

Der Zen-Buddhismus (jap. *zen* = Versenkung, Meditation, Konzentration) entwickelte sich im 4. Jh. n. Chr. aus dem chinesischen Mahayana-Buddhismus, in welchen Elemente des chinesischen Taoismus aufgenommen wurden. Zu Beginn des 13. Jh. wurde der Zen-Buddhismus in Japan eingeführt, wo verschiedene Künste und Wege (jap. *do*) ausgebildet wurden, die vom Geist des Zen getragen sind, z. B. der Weg des Tees (jap. *sado*), die Wege des Schwertes und des Bogenschießens (jap. *kendo* und *kyudo*) oder der Weg des Ringens (jap. *judo*). Im 20. Jh. wurde die Form des Zen-Buddhismus mit der besonderen Technik der Sitz-Meditation (jap. *zazen*) von Karlfried Graf Dürckheim (1896-1988) und dem Jesuiten und Zen-Meister Hugo Enomiya-Lassalle (1898-1990) im Westen bekannt gemacht.

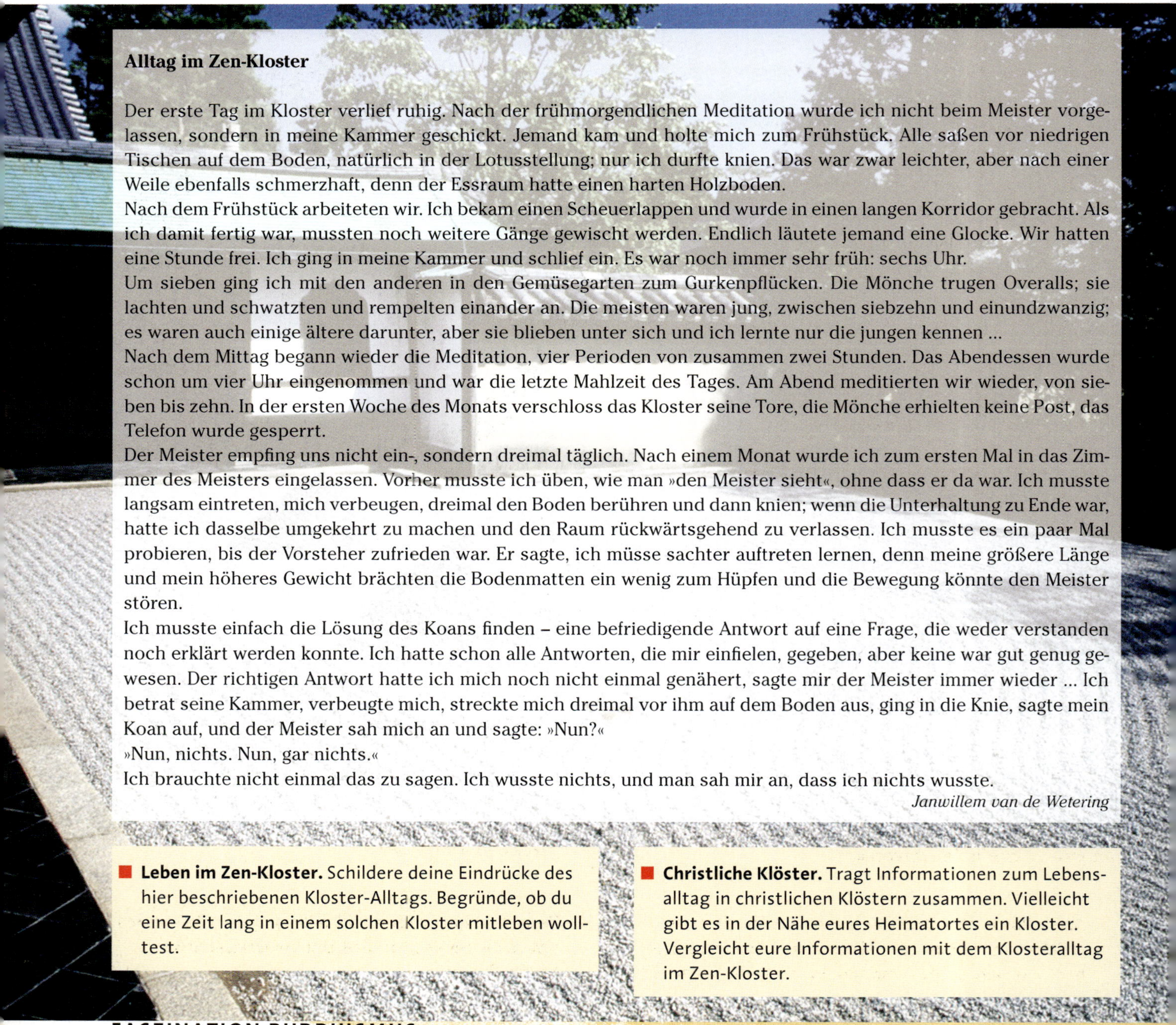

Alltag im Zen-Kloster

Der erste Tag im Kloster verlief ruhig. Nach der frühmorgendlichen Meditation wurde ich nicht beim Meister vorgelassen, sondern in meine Kammer geschickt. Jemand kam und holte mich zum Frühstück. Alle saßen vor niedrigen Tischen auf dem Boden, natürlich in der Lotusstellung; nur ich durfte knien. Das war zwar leichter, aber nach einer Weile ebenfalls schmerzhaft, denn der Essraum hatte einen harten Holzboden.

Nach dem Frühstück arbeiteten wir. Ich bekam einen Scheuerlappen und wurde in einen langen Korridor gebracht. Als ich damit fertig war, mussten noch weitere Gänge gewischt werden. Endlich läutete jemand eine Glocke. Wir hatten eine Stunde frei. Ich ging in meine Kammer und schlief ein. Es war noch immer sehr früh: sechs Uhr.

Um sieben ging ich mit den anderen in den Gemüsegarten zum Gurkenpflücken. Die Mönche trugen Overalls; sie lachten und schwatzten und rempelten einander an. Die meisten waren jung, zwischen siebzehn und einundzwanzig; es waren auch einige ältere darunter, aber sie blieben unter sich und ich lernte nur die jungen kennen ...

Nach dem Mittag begann wieder die Meditation, vier Perioden von zusammen zwei Stunden. Das Abendessen wurde schon um vier Uhr eingenommen und war die letzte Mahlzeit des Tages. Am Abend meditierten wir wieder, von sieben bis zehn. In der ersten Woche des Monats verschloss das Kloster seine Tore, die Mönche erhielten keine Post, das Telefon wurde gesperrt.

Der Meister empfing uns nicht ein-, sondern dreimal täglich. Nach einem Monat wurde ich zum ersten Mal in das Zimmer des Meisters eingelassen. Vorher musste ich üben, wie man »den Meister sieht«, ohne dass er da war. Ich musste langsam eintreten, mich verbeugen, dreimal den Boden berühren und dann knien; wenn die Unterhaltung zu Ende war, hatte ich dasselbe umgekehrt zu machen und den Raum rückwärtsgehend zu verlassen. Ich musste es ein paar Mal probieren, bis der Vorsteher zufrieden war. Er sagte, ich müsse sachter auftreten lernen, denn meine größere Länge und mein höheres Gewicht brächten die Bodenmatten ein wenig zum Hüpfen und die Bewegung könnte den Meister stören.

Ich musste einfach die Lösung des Koans finden – eine befriedigende Antwort auf eine Frage, die weder verstanden noch erklärt werden konnte. Ich hatte schon alle Antworten, die mir einfielen, gegeben, aber keine war gut genug gewesen. Der richtigen Antwort hatte ich mich noch nicht einmal genähert, sagte mir der Meister immer wieder ... Ich betrat seine Kammer, verbeugte mich, streckte mich dreimal vor ihm auf dem Boden aus, ging in die Knie, sagte mein Koan auf, und der Meister sah mich an und sagte: »Nun?«

»Nun, nichts. Nun, gar nichts.«

Ich brauchte nicht einmal das zu sagen. Ich wusste nichts, und man sah mir an, dass ich nichts wusste.

Janwillem van de Wetering

- **Leben im Zen-Kloster.** Schildere deine Eindrücke des hier beschriebenen Kloster-Alltags. Begründe, ob du eine Zeit lang in einem solchen Kloster mitleben wolltest.

- **Christliche Klöster.** Tragt Informationen zum Lebensalltag in christlichen Klöstern zusammen. Vielleicht gibt es in der Nähe eures Heimatortes ein Kloster. Vergleicht eure Informationen mit dem Klosteralltag im Zen-Kloster.

Kennzeichen für den Zen-Buddhismus sind die Bindung des Zen-Schülers an einen Meister oder Lehrer und eine ritualisierte Form des Meditierens, zu der auch das Lösen eines Koans gehört. Der äußeren Form nach handelt es sich bei einem Koan meist um einen knappen Text, häufig auch in Form eines Dialogs zwischen Meister und Schüler. Der Inhalt des Koans erscheint oft widersprüchlich und entzieht sich unseren logischen Denkmustern. Erst wem es gelingt, die vorhandenen Vorstellungen von Koan, Denken und »Ich« zu überwinden, kann in den Zustand der vollkommenen Leere gelangen, in dem auch das Koan nicht mehr existiert. Häufig wird dieser Zustand in Form eines Kreises dargestellt, dessen Mitte leer ist. Die vollkommene Leere ist in der Vorstellung des Zen-Buddhismus die Voraussetzung für ein Erleuchtungserlebnis.

Koan-Beispiele

Hakuin klatschte in die Hände,
dann erhob er die eine Hand und sagte:
Höre den Ton der einen Hand!

Gebrauche den Spaten,
den du in leeren Händen trägst.

Halte den Regen auf.

Zeig mir das Gesicht, das du hattest,
bevor deine Eltern geboren wurden;
zeig mir dein ursprüngliches Gesicht.

Einst fragte ein Schüler seinen Zenmeister:
»Was ist der Buddha?«
Dieser antwortete: »Drei Pfund Flachs.«

Eines Tages bat ein Mensch den Zenmeister,
er solle ihm etwas über Zen sagen. Dieser fragte ihn:
»Hast du schon gefrühstückt?«
»Ja, Meister, ich bin mit dem Frühstück fertig!«
»Dann geh und wasch deine Schüssel.«

Ein Mensch fragte den Meister:
»Sind Geld und Besitz erstrebenswert?«
Er antwortete: »Einigen gehört die ganze Welt,
anderen nur ein Teil davon.«

■ **Koan.** Wähle ein Koan für eine Mitschülerin oder einen Mitschüler aus und schreibe es schön für sie oder ihn ab.
Lasse das dir überreichte Koan einige Minuten auf dich wirken und tausche deine Gedanken in einer Kleingruppe aus. Erörtert auch den Nutzen eines Koans für die Meditation.

■ **Der vollkommene Kreis.** Versuche mit einem Pinselstrich einen möglichst vollkommenen Kreis zu zeichnen. Schildere deine Erfahrungen bei dieser Aufgabe.

■ **Die vollkommene Leere.** Schreibe auf, was die Vorstellung in dir auslöst, die Idee eines existierenden Ich ganz aufzugeben.

Nostra Aetate (lat. = »In unserer Zeit«) ist der Titel der Erklärung des 2. Vatikanischen Konzils (1962-1965) über die nicht christlichen Religionen. Der Text gilt als Grundlage für das 1986 von Papst Johannes Paul II. initiierte Weltgebetstreffen der Weltreligionen in Assisi, das 2002 zum zweiten Mal stattgefunden hat (siehe S. 128f.).

Erklärung über das Verhältnis der Kirche zu den nicht christlichen Religionen

1. In unserer Zeit, da sich das Menschengeschlecht von Tag zu Tag enger zusammenschließt und die Beziehungen unter den verschiedenen Völkern sich mehren, erwägt die Kirche mit umso größerer Aufmerksamkeit, in welchem Verhältnis sie zu den nicht christlichen Religionen steht. Gemäß ihrer Aufgabe, Einheit und Liebe unter den Menschen und damit auch unter den Völkern zu fördern, fasst sie vor allem das ins Auge, was den Menschen gemeinsam ist und sie zur Gemeinschaft untereinander führt.

Alle Völker sind ja eine einzige Gemeinschaft, sie haben denselben Ursprung, da Gott das ganze Menschengeschlecht auf dem gesamten Erdkreis wohnen ließ; auch haben sie Gott als ein und dasselbe letzte Ziel. Seine Vorsehung, die Bezeugung seiner Güte und seine Heilsratschlüsse erstrecken sich auf alle Menschen, bis die Erwählten vereint sein werden in der Heiligen Stadt, deren Licht die Herrlichkeit Gottes sein wird; werden doch alle Völker in seinem Lichte wandeln.

Die Menschen erwarten von den verschiedenen Religionen Antwort auf die ungelösten Rätsel des menschlichen Daseins, die heute wie von je die Herzen der Menschen im Tiefsten bewegen: Was ist der Mensch? Was ist Sinn und Ziel unseres Lebens? Was ist das Gute, was die Sünde? Woher kommt das Leid, und welchen Sinn hat es? Was ist der Weg zum wahren Glück? Was ist der Tod, das Gericht und die Vergeltung nach dem Tode? Und schließlich: Was ist jenes letzte und unsagbare Geheimnis unserer Existenz, aus dem wir kommen und wohin wir gehen?

2. Von den ältesten Zeiten bis zu unseren Tagen findet sich bei den verschiedenen Völkern eine gewisse Wahrnehmung jener verborgenen Macht, die dem Lauf der Welt und den Ereignissen des menschlichen Lebens gegenwärtig ist, und nicht selten findet sich auch die Anerkenntnis einer höchsten Gottheit oder sogar eines Vaters. Diese Wahrnehmung und Anerkenntnis durchtränkt ihr Leben mit einem tiefen religiösen Sinn.

Im Zusammenhang mit dem Fortschreiten der Kultur suchen die Religionen mit genaueren Begriffen und in einer mehr durchgebildeten Sprache Antwort auf die gleichen Fragen ... In den verschiedenen Formen des Buddhismus wird das radikale Ungenügen der veränderlichen Welt anerkannt und ein Weg gelehrt, auf dem die Menschen mit frommem und vertrauendem Sinn entweder den Zustand vollkommener Befreiung zu erreichen oder – sei es durch eigene Bemühung, sei es vermittels höherer Hilfe – zur höchsten Erleuchtung zu gelangen vermögen. So sind auch die übrigen in der ganzen Welt verbreiteten Religionen bemüht, der Unruhe des menschlichen Herzens auf verschiedene Weise zu begegnen, indem sie Wege weisen: Lehren und Lebensregeln sowie auch heilige Riten.

Die katholische Kirche lehnt nichts von alledem ab, was in diesen Religionen wahr und heilig ist. Mit aufrichtigem Ernst betrachtet sie jene Handlungs- und Lebensweisen, jene Vorschriften und Lehren, die zwar in manchem von dem abweichen, was sie selber für wahr hält und lehrt, doch nicht selten einen Strahl jener Wahrheit erkennen lassen, die alle Menschen erleuchtet.

Unablässig aber verkündet sie und muss sie verkündigen Christus, der ist »der Weg, die Wahrheit und das Leben« (Joh 14,6), in dem die Menschen die Fülle des religiösen Lebens finden, in dem Gott alles mit sich versöhnt hat.

Deshalb mahnt sie ihre Söhne, dass sie mit Klugheit und Liebe, durch Gespräch und Zusammenarbeit mit den Bekennern anderer Religionen sowie durch ihr Zeugnis des christlichen Glaubens und Lebens jene geistlichen und sittlichen Güter und auch die sozial-kulturellen Werte, die sich bei ihnen finden, anerkennen, wahren und fördern.

Nostra Aetate 1-2, 1965

■ **Nostra Aetate.** Stellt die Aussagen des Konzils zu den nicht christlichen Religionen und zum Buddhismus auf Kärtchen oder an der Tafel in eigenen Worten zusammen und bewertet diese Aussagen auch vor dem Hintergrund der im Text erwähnten Gemeinsamkeiten und Unterschiede zwischen Christentum und nicht christlichen Religionen.

Nam June Paik, 1974

- **Bildbetrachtung.** Beschreibe, was du auf der hier abgebildeten Installation des koreanischen Künstlers Nam June Paik siehst. Notiere den ersten Eindruck, den du von dieser Installation hast. Stelle dann den Zusammenhang zu folgenden Aspekten her:
  - Körperhaltung der dargestellten Person und geistige Haltung eines Buddhisten
  - Eigenschaften der aufgebauten Kamera und buddhistische Lehre und Meditationsform
  - Bild auf dem Monitor und buddhistische Vorstellung vom Selbst
  - Installation und das Koan im Zen-Buddhismus
  - Eingangsseite der Lernlandschaft und diese Installation

  Erläutere abschließend, welchen Schwerpunkt diese Installation zum Thema Buddhismus erkennen lässt.

Beim Thema »Liebe« werden oft Klischees, d. h. eingefahrene, aber verzerrte Vorstellungen, bedient, wie sich eine Frau oder ein Mann zu verhalten bzw. wie eine Partnerschaft auszusehen hat. Auf diese Klischees aufmerksam zu machen, sie zu erkennen und dahinter den je einmaligen Mensch zu sehen, dazu lädt diese Lernlandschaft ein. Es wird um Fragen gehen: Welche Wünsche und Ängste habe ich als junge Frau oder als junger Mann? Wer kann mir Vorbild sein? Welche schönen, aber auch dunklen Seiten bergen Partnerschaft; Familie, Sexualität? Wo finde ich Orientierung für eine gelungene Beziehung? Welche Wegweisung können mir Bibel und christliche Glaubenspraxis geben?

STÖRT DIE LIEBE

- **Momentaufnahme.** Diskutiert miteinander, ob die Symbolisierungen oberhalb der Figuren auf dieser Seite Klischees verkörpern oder Mann und Frau treffend zugeordnet sind.

- **Silhouetten.** Zeichnet die Konturen der nebenstehenden Personen auf je ein Plakat. Beschriftet die Umrisse mit Eigenschaften, die euch typisch für eine Frau bzw. typisch für einen Mann erscheinen. Legt die Konturen einander gegenüber und macht anhand von Symbolen (z. B.: ☺, ⚡) deutlich, wo Übereinstimmungen vorherrschen und wo Konflikte entstehen können.

- **Das Hohelied.** Notiere, welche Gedanken dir beim ersten Lesen des Satzes »Stört die Liebe nicht« durch den Kopf gehen. Der Titel dieser Lernlandschaft stammt aus dem Buch »Hoheslied« (s. Lexikon) im Alten Testament, das im Bild der Liebe zwischen Mann und Frau die Liebe Gottes zu seinem Volk besingt. Lies dann Hld 2,7 und vergleiche gemeinsam mit einem Mitschüler oder einer Mitschülerin eure Ideen mit dem Kontext, dem dieses Zitat entnommen ist.

NICHT

So was von bescheuert

Interview des Jugendmagazins provo *mit Melitta Walter, Erzieherin und eine der bekanntesten Fachfrauen in Deutschland zum Thema »Chancengleichheit der Geschlechter«. Dazu hat sie auch ein Buch veröffentlicht: »Jungen sind anders, Mädchen auch – Den Blick schärfen für eine geschlechtergerechte Erziehung«.*

provo: *Ich habe mit einigen jungen Leuten darüber gesprochen, was für sie »typisch Mädchen oder typisch Junge« ist. Demnach lieben Mädchen Klamotten, und Jungs spielen Fußball. Werden Geschlechterrollen heute noch so eng definiert?*

Melitta Walter: Jugendliche bestimmen selber eher eng, wie Jungen und Mädchen zu sein haben ... Es werden Bilder hochgehalten, die hinter dem wirklichen Leben zurückstehen.

Braucht man erst mal ein festes Bild, um sich als Junge oder Mädchen zu finden?

Ja, deshalb grenzen sich Mädchen und Jungs etwa zwischen acht und fünfzehn Jahren stark voneinander ab. Die Mädchen flüstern mit den anderen Mädchen, die Jungs bolzen auf dem Schulhof, gleichzeitig gibt es da eine große Spannung der Anziehung – wie wirke ich aufs andere Geschlecht? Wenn Mädchen sagen: »Alle Mädchen lieben Mode«, dann gehen sie von sich selber aus: So wie ich bin, bin ich »richtig«. Leider sagt niemand den Mädchen und Jungs, was für sie sonst noch alles möglich ist. Wir brauchen dringend eine Diskussion in Schule und Jugendfreizeiten um Lebensmodelle, Bilder und innere Erwartungshaltungen ans andere Geschlecht.

Also gibt es lauter Missverständnisse.

Die Jungs meinen immer noch, sie müssten den Macker herauskehren, blöde Witze reißen und sich prügeln, um auf sich aufmerksam zu machen. Die Mädchen sagen dann: »Die sind ja so was von bescheuert, die sind ja noch viel zu jung für mich.« Mädchen sind in der Pubertät in der Regel ein bis zwei Jahre weiter, was die Jungs so maßlos irritiert. Sie suchen sich ihre Freunde unter den zwei Jahre älteren Jungs. Die Gleichaltrigen bleiben dann auf der Strecke.

Die Jungs haben immer noch so ein Mackergehabe drauf, obwohl sie bei den Mädchen damit gerade nicht landen. Warum eigentlich?

Woher sollen die Jungs denn wissen, was Mädchen beeindruckt? Es wäre Aufgabe der Männer, den Söhnen zu vermitteln, wie sie bei Mädchen gut ankommen. Dieses Spiel der Geschlechter ist in unserer Kultur leider total verloren gegangen. Unsere Mädchen, die in der Schule gut und wesentlich selbstständiger sind, irritieren die Jungs. Ein Junge denkt dann: »Die ist so selbstbewusst, die braucht ja keine Hilfe.«

Gibt es denn keine Vorbilder, wie man anders miteinander umgehen kann?

Es gibt wenig Vorbilder dafür, wie junge Menschen sich jenseits von »Bolzerei gegen Zickentum« begegnen. Sie könnten ja auch eine Fahrradtour machen, zusammen ins Kino oder in ein Konzert gehen, gemeinsam ein Projekt planen wie Zeltlager etc., dann gibt es inhaltlichen Gesprächsstoff. Dann erleben sie sich als Gegenüber und können jemanden sympathisch finden, in die/den sie vielleicht nicht verliebt sind, der/die aber spannend ist. Leider zählt heute häufig nur die Frage: Könnte er/sie ein Partner oder eine Partnerin für ein Liebesverhältnis sein? Freundschaften zwischen Frauen und Männern, die nicht automatisch im Bett enden, tauchen im Kino oder Fernsehen kaum auf.

Heißt das, Jugendliche haben es heute noch schwer?

Dieses Alter ist ja so entsetzlich anstrengend! Jede Mädchengeneration hat in der Pubertät wieder die gleiche Angst, eine alte Jungfer zu werden: Wie müsste ich sein, damit ich einen abbekomme? Sie geben sich erwachsen und cool, können diese Haltung aber nicht durchhalten. Den Jungen bricht schon der Schweiß aus, wenn sie ein Mädchen nur ansprechen wollen. Zwischen den Geschlechtern stehen nur jede Menge Fragezeichen.

Mädchen wünschen sich als Partner einen liebevollen Jungen, mit dem sie reden können wie mit der besten Freundin. Ist diese Erwartung zu hoch?

Ja. Es gibt Themen, die können nur Frauen miteinander bereden, andere wiederum nur Männer untereinander. Erwartet nichts von den Jungs, was sie nicht erfüllen können, sage ich immer. Pflegt eure Beziehungen zu den besten Freundinnen, anstatt keine Zeit mehr für sie zu haben, sobald ein Junge auftaucht. Und natürlich auch umgekehrt.

Haben Jugendliche romantische Vorstellungen im Kopf, die sie zum Beispiel bei ihren Eltern gelernt haben?
Eltern reden wohl eher selten über Romantik mit ihren heranwachsenden Kindern. Sie sind ja schon lange im Alltag angekommen. Im wirklichen Leben entscheiden sich zwei füreinander und schauen dann, was passiert. Dann beginnt der Versuch der Annäherung, aber auch der Prozess des Erwachsenwerdens. Ich kann nicht erwarten, dass ständig ein Mann mit einer Rose in der Hand vor meiner Tür steht. Diese Bilder entsprechen Filmdrehbüchern, aber nicht der Realität.

Könnte das Imponiergehabe der Jungs durch etwas anderes ersetzt werden, was ihnen hilft »gute männliche Typen« zu werden?
Männlichkeit wird bei uns gleichgesetzt mit schnellen Autos, Schlägereien (im Film) und in der Politik mit extremem Durchsetzungsvermögen. Ein Mann wirkt immer noch erotisch durch ein dickes Bankkonto. Das sind Männlichkeitsmodelle, die den Jungs in den Medien vorgelebt werden. Neuerdings kommen Kosmetik- und Schönheitsoperationen auch für den Mann hinzu. Aber wie gesagt, der »harte Mann« ist immer noch gefragt.

Aber das stimmt doch gar nicht. Jungs dürfen doch heute weinen und Gefühle zeigen.
Theoretisch sagen viele Eltern, solange die Jungs klein sind: »Natürlich darf mein Sohn weinen.« Wenn er aber zwölf ist und heulend nach Hause kommt, dann sagen sie: »Na ja, du darfst ja traurig sein, aber musst du denn gleich so heulen?« Väter sagen dann: »Wehr dich, lass dir nicht alles gefallen!« Viele männliche Jugendliche werden solche Sätze kennen. Es gibt aber auch die anderen Beispiele. Jungs und Mädchen, Mütter und Väter, die sich trauen, anders zu sein.

Wann ist es denn einem Mädchen und einem Jungen möglich, ein bewusstes eigenes Wesen zu werden?
Die Pubertät ist immer die schwierigste Entwicklungszeit im Leben. Beide Geschlechter fühlen sich fremd im eigenen Körper. Wer dann Anfang 20 und durch den schwarzen Tunnel Pubertät, der oft auch traurige und depressive Anteile hat, hindurch ist, kann individueller werden. Heute sehen wir eine Generation von jungen Frauen und Männern, die wunderbar gleichwertig miteinander umgehen, die auch ihren gleichgeschlechtlichen Freundeskreis behalten. Die Mädchen sitzen nicht zu Hause und warten auf ihren Prinzen, sie werden selber aktiv. Das ist für beide Geschlechter eine große Chance, jedenfalls so lange, bis das erste Kind kommt. Dann fallen die Paare aufgrund der finanziellen Situation in die alte Rollenteilung zurück. Aber wir haben eine Spanne von Anfang 20 bis Mitte 30, wo beide Geschlechter so eigenständig sind wie nie zuvor.

Wie geht es Mädchen und Jungs, die anders sind, die ein eher »weibliches« Hobby haben?
Sie haben vielleicht das große Glück, auf Außenseiter des anderen Geschlechts zu treffen, die auch unangepasst sind. Sie machen im Grunde befriedigendere Erfahrungen mit dem anderen Geschlecht. Und vergessen werden darf nicht, dass es immer auch gleichgeschlechtliche Anziehung gibt, lesbische Mädchen und schwule Jungen – sie sind in diesem Alter oftmals sehr einsam, ohne Vorbilder.

In der Pubertät löst man sich von den Vorstellungen der Eltern ab. Woher beziehen junge Menschen eigene Ideen, wie sie sein wollen?
Das hängt davon ab, wie viele Erwachsene ihnen zur Verfügung stehen, die sich trauen, auch etwas Eigenes zu leben. An denen können Jugendliche sich orientieren. Grundsätzlich geht es Mädchen heute besser als Jungen, denn das Rollenbild Frau ist vielfältiger als das des Mannseins in unserer Kultur. Es lohnt sich allerdings, sich bewusster umzusehen. Manchmal steckt hinter einer unscheinbaren Person ein Feuerwerk an positiven Eigenschaften. Ich kann Jugendlichen also nur empfehlen, hinter die Kulissen zu blicken.

- Stelle die im Text genannten Merkmale der Rollenschmata »typisch männlich, typisch weiblich« zusammen und halte fest, welche Möglichkeiten die Expertin sieht, diese Muster zu überwinden.

- **Vorbild.** Wähle aus deinem Umfeld eine Person aus, die sich traut, »auch etwas Eigenes zu leben«. Formuliere aus ihrer Perspektive einen Leserbrief zum obigen Artikel.

Diese Seite ist nur für euch. Bearbeitet sie getrennt von den Jungen. An entsprechender Stelle solltet ihr eure Ergebnisse mit denen der Jungen austauschen und gegenseitig kommentieren.

Frauenbilder – Frauenleben

■ **Prägungen.** Auf der obigen Titelseite einer Zeitschrift für junge Frauen wird ein Bild von Frausein gezeigt. Stelle Merkmale dieses Bildes zusammen und sammle aus verschiedenen Lebensbereichen weitere Aspekte, die das heutige Frauenbild prägen.

■ **Selbst gemacht.** Entwerft gemeinsam eine Titelseite für ein von euch verantwortetes Frauenmagazin.

■ **In 15 Jahren.** Beschreibe, wie du dir dein Leben in 15 Jahren vorstellst (Beruf, Familiensituation, Freizeit, Wohnort ...). Tausche deine Sichtweisen mit einem Mitglied der Jungengruppe aus und stellt gemeinsam fest, wo es Konflikte zwischen euren Vorstellungen geben könnte.

Mutter Teresa: Die 1910 in Skopje geborene Agnes Gonxha Bojaxhiu wurde von deutschen Managern als Mensch mit dem größten Faszinationspotenzial bezeichnet. Ihre albanisch-katholische Familie war wohlhabend und konnte dem Mädchen eine gute materielle Lebensgrundlage bieten. Im Laufe ihrer Jugend wurde der Wunsch immer stärker, sich für ihren Glauben zu engagieren und in die Mission zu gehen. Agnes trat daher mit 18 Jahren in den Missionsorden »Schwestern der Jungfrau von Loreto« ein und nahm in Erinnerung an Thérèse von Lisieux den Ordensnamen Teresa an. Dieser Orden engagierte sich besonders in Indien beim Aufbau von Schulen. So kam Teresa 1929 nach Kalkutta, wurde zur Lehrerin ausgebildet und legte 1937 das Ordensgelübde ab. Wenig später war sie bereits Leiterin einer Schule, die unmittelbar an ein großes Armenviertel grenzte. Teresa entschloss sich 1947, in Zukunft ein Leben mit den und für die Ärmsten der Armen zu führen: »Wir können keine großen Taten vollbringen – nur kleine Taten mit großer Liebe.« Fortan lebte sie in den Slums von Kalkutta und gründete den Orden »Gemeinschaft der Missionarinnen der Nächstenliebe«. 1979 erhielt sie den Friedensnobelpreis. Ihre Ordensgemeinschaft erlangte dadurch großes Ansehen und wuchs immer mehr. 1997 starb Mutter Teresa, ihre Arbeit wird jedoch mit großem Erfolg in vielen Ländern durch »Häuser der Nächstenliebe« fortgesetzt. Schon sechs Jahre nach ihrem Tod, am 19. Oktober 2003, hat Papst Johannes Paul II. Mutter Teresa seliggesprochen.

■ **Frauenleben.** Ergänze die aufgeführten Frauenbiografien um eine weitere, die deutlich macht, was in deinem späteren Leben eine besondere Rolle spielen soll. Stelle diese in einer Kleingruppe vor. Vergleicht eure Biografien mit den hier genannten und mit den von den Medien transportierten Frauenbildern.

Ingrid Betancourt: Sie wusste um die Gefahr. Ingrid Betancourt hätte nicht nach San Vicente de Caguán (Kolumbien) fahren sollen, mitten ins Zentrum der gerade von den Militärs wieder eroberten Guerillazone. Doch sie fuhr, an einem Samstag, am 23. Februar 2002. Sie wollte dort an einer Kundgebung von Menschenrechtsorganisationen teilnehmen – aber sie kam nie an. Ihr Wagen geriet in einen Hinterhalt – Ingrid Betancourt wurde von Guerilleros der »Revolutionären Streitkräfte Kolumbiens« (Farc) entführt. Engagiert, energisch und mit hohem moralischem Anspruch kämpfte sie gegen Korruption im Land. 1995, gerade als 35-Jährige auf der Liste der Liberalen Partei ins Parlament gewählt, nannte sie vor Journalisten die Namen der fünf korruptesten Parlamentarier. Nur wenig später wies sie nach, dass der damalige Präsidentschaftswahlkampf mit Drogengeldern des Cali-Kartells finanziert worden war. Danach begannen die Drohungen gegen sie persönlich, und die Angst um ihre beiden Kinder nahm täglich zu. Als man sie im Dezember 1996 warnte, ihre Entführer seien bereits unterwegs, nahm sie ihre Kinder und floh nach Neuseeland. Sie selbst kehrte schon nach wenigen Wochen wieder zurück. 2002 ließ sie sich als Präsidentschaftskandidatin aufstellen und hatte gute Chancen zu gewinnen. Sie stammt aus einer gebildeten Familie, besuchte ein französisches Gymnasium, studierte in Paris Politologie – und ging doch zurück nach Kolumbien. Am 2. Juli 2008 wurde sie aus der Hand ihrer Entführer befreit. In ihrer Autobiografie »Die Wut in meinem Herzen«, die sie noch vor ihrer Entführung fertigstellen konnte, hat sie ihr Leben eindrucksvoll beschrieben und als Heldin gefeiert. Papst Benedikt XVI. lud sie am 1. September 2008 zu einer Audienz nach Rom ein. Erst Monate später, als Mitgefangene sie als selbstsüchtige, mitleidslose Frau beschrieben, erhielt das Bild von der aufrechten Kämpferin einen Riss. Was sich während der Gefangenschaft zwischenmenschlich abspielte, kann allerdings nicht mehr genau bestimmt werden.

Nena: Das große »Fräuleinwunder« der »Neuen Deutschen Welle«, Gabriele Susanne Kerner, kommt am 24. März 1960 in Hagen zur Welt. Der Künstlername »Nena« wird zwar später als Bandname verwendet, ist jedoch untrennbar mit Nena Kerner verbunden. Nachdem sie eine Goldschmiede-Lehre absolviert hat, beginnt sie ab 1979, Musik zu machen. Erst 1982 kommt der erhoffte Erfolg durch die Single »Nur geträumt«. Außerdem ist Nena im »Neue-Deutsche-Welle«-Film »Gib Gas, ich will Spaß« zu sehen. 1983 gibt Nena dann richtig Gas: Ihre zweite Single »99 Luftballons«, Vorzeigehit und Ohrwurm der »Neue-Deutsche-Welle«-Ära wird produziert und zum Übernachterfolg – dieser ist aber nicht von Dauer. Die Band »Nena« trennt sich 1985. In der Folgezeit hat Nena mit erheblichen Problemen zu kämpfen. 1989 verstirbt ihr behindert zur Welt gekommener Sohn. Diese sehr persönlichen Erfahrungen verarbeitet sie auf ihrer ersten Solo-Platte »Wunder gescheh'n«, ein Neuanfang für die Künstlerin Nena. Dass Kinder ihre Leidenschaft sind, zeigt sich auch darin, dass Nena immer wieder in den folgenden Jahren Platten für Kinder aufnimmt. Einen großen Auftritt als Sängerin hat Nena 2001 in Berlin bei der von Udo Lindenberg initiierten Groß-Veranstaltung »Rock Gegen Rechts«.

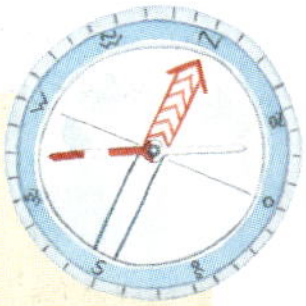

Kompass. Übertrage das Kompass-Symbol in dein Heft und überarbeite es zum Lebenskompass: Notiere bei der Nadelspitze alle Elemente aus den Biografien, die auch in deinem Leben eine Rolle spielen sollen.

Austausch. Stellt in Kleingruppen eure Ängste, Wünsche und Ideale hinsichtlich eurer Zukunft als Frau auf einem Plakat zusammen. Tauscht euer Plakat mit dem einer Jungengruppe aus, kommentiert es und gebt es wieder an die Jungengruppe zurück.

Diese Seite ist nur für euch. Bearbeitet sie getrennt von den Mädchen. An entsprechender Stelle solltet ihr eure Ergebnisse mit denen der Mädchen austauschen und gegenseitig kommentieren.

Männerbilder – Männerleben

Albert Schweitzer: Er wählte unter vielen Lebensmöglichkeiten das Dasein als Missionsarzt in Lambaréné (Gabun). Obwohl Albert Schweitzer, 1875 im damals deutschen Elsass geboren, bereits in jungen Jahren als Doktor der Theologie und als Musiker (Organist in Straßburg) erfolgreich war und ein gesichertes Auskommen hatte, beschloss er mit 30 Jahren, sein Leben den Menschen zu widmen: Er studierte Medizin mit dem Ziel, Missionsarzt zu werden. 1913 übersiedelte er mit seiner Frau Hélène Bresslau nach Lambaréné in Afrika. Seither stand für ihn die Sorge um die Kranken im Vordergrund. Er baute ein Krankenhaus, das er zunächst durch seinen persönlichen Besitz, später durch Spendengelder finanzierte. Trotz seines Engagements wurde er während des Ersten Weltkrieges als Kriegsgefangener in Frankreich festgesetzt, nachdem er in Afrika als feindliche Person interniert gewesen war. Von diesem Zeitpunkt an richtete sich Schweitzers Aufmerksamkeit auf die Weltpolitik. Mit ihr setzte er sich in Schriften auseinander, unter anderem in seiner »Kulturphilosophie«, in der er auf die Ehrfurcht vor dem Leben als Grundprinzip allen Handelns verweist: »Ich bin Leben, das leben will, inmitten von Leben, das leben will.« Diese Ehrfurcht machte er erneut zur Grundlage seines Handelns, als er 1924 nach Lambaréné zurückkehrte und dort erneut ein Krankenhaus baute, dem wenig später eine Siedlung für Leprakranke angeschlossen wurde. 1963 arbeiteten bereits 36 Personen in der Pflege der Eingeborenen und Leprakranken mit ihm zusammen. Neben der medizinischen Arbeit blieb er seinen Leidenschaften für Musik und Theologie treu und veröffentlichte zahlreiche weitere Schriften. 1952 wurde er mit dem Friedensnobelpreis für sein Lebenswerk ausgezeichnet.

- **In 15 Jahren.** Beschreibe, wie du dir dein Leben in 15 Jahren vorstellst (Beruf, Familiensituation, Freizeit, Wohnort ...). Tausche deine Sichtweisen mit einem Mitglied der Mädchengruppe aus und stellt gemeinsam fest, wo es Konflikte zwischen euren Vorstellungen geben könnte.

- **Selbst gemacht.** Entwerft gemeinsam eine Titelseite für ein von euch verantwortetes Männermagazin.

- **Prägungen.** Auf der obigen Titelseite einer Zeitschrift für Männer wird ein Bild von Mannsein gezeigt. Stelle Merkmale dieses Bildes zusammen und sammle aus verschiedenen Lebensbereichen weitere Aspekte, die das heutige Männerbild prägen.

Anselm Grün: 1945 im fränkischen Junkershausen geboren, wurde er bereits in seiner Jugend vor allem durch seinen Vater, Besitzer eines Elektrohandels, christlich geprägt, sodass in ihm schon früh der Wunsch erwachte, Priester zu werden. Dem Rat eines Onkels (selbst Benediktinermönch) folgend, besuchte Anselm Grün das Internat des Benediktinerordens in Münsterschwarzach bei Würzburg. Nach dem Abitur begann er sein Noviziat bei den Benediktinern und ein Studium der Theologie. Gerade als Student sah er sich gezwungen, sein naturwissenschaftliches Wissen mit seinen theologischen Studien in Einklang zu bringen. Die erste Zeit nach dem Erwerb des Doktortitels der Theologie widmete er als Mönch zunächst der Jugendarbeit. Er war Erzieher in einem Internat, bis er von seinem Abt gebeten wurde, Betriebswirtschaft zu studieren und Cellerar (wirtschaftlicher Leiter) des Klosters zu werden. Diese Tätigkeit übt er bis heute aus. Nebenbei widmete er sich weiterhin der Jugend- und Missionarsarbeit und begann eine rege und sehr erfolgreiche Tätigkeit als christlicher Autor. Darüber hinaus geht von Anselm Grün ein reichhaltiges Kursangebot aus, das von Meditation über Kurse für Manager bis zur Beratung von Geistlichen reicht. In seinem Buch »Mein Weg in die Weite« schreibt er auf die Frage, ob er nie von Glaubenszweifeln heimgesucht werde: »Wenn ich jedoch diese Zweifel zu Ende denke, durchflutet mich die innere Sicherheit, dass ich der Bibel und der geistlichen Tradition trauen darf. Meine Zweifel hindern mich daran, alles besser zu wissen, und fordern mich auf, immer aufs Neue zu fragen: Wer ist Gott?« Ebenso eindrücklich macht er klar, dass er die Erfüllung in seiner Arbeit gefunden hat, obwohl er in seiner Jugend auch die Liebe zu einer Frau kennenlernen durfte: »... immer, wenn ich mir vorstellte, ich würde heiraten, spürte ich, dass dann eine wesentliche Seite in mir nicht leben könnte. Und ich bekam Angst zu verbürgerlichen, satt zu werden, anstatt auf dem Weg zu bleiben.«

■ **Männerleben.** Ergänze die vorangestellten Männerbiografien um eine weitere, die deutlich macht, was in deinem späteren Leben eine besondere Rolle spielen soll. Stelle diese in einer Kleingruppe vor. Vergleicht eure Biografien mit den hier genannten und mit den von den Medien transportierten Männerbildern.

Sebastian Krumbiegel: 1966 in Leipzig geboren, ist er seit Jahren im deutschsprachigen Raum als Sänger und Mitglied der »Prinzen« bekannt. Aufgewachsen in einem Elternhaus, das ihm Geborgenheit und Liebe bot, wurde schon früh sein musikalisches Talent gefördert: Mit sieben Jahren wird er in den Leipziger Thomanerchor aufgenommen und erhält eine umfassende Gesangsausbildung, lernt Trompete, Klavier und Schlagzeug. Die erste Bandgründung 1987 mit Freunden blieb eher erfolglos. Mit dem neuen Namen »Die Prinzen« kam dann der Erfolg. Sebastian Krumbiegel schützt sein Privatleben. Seine Ehe hat über die Phasen der Distanz, die durch zahlreiche Tourneen unvermeidbar sind, Bestand und seine beiden Kinder werden für ihn neben der Musik zum Lebensmittelpunkt: »Ich gebe meinen Kindern jeden Tag und immer wieder das Gefühl, sie sind das Größte und Wichtigste für mich.« Auch zu seinen Eltern hat er ein enges Verhältnis. Sowohl seine privaten Erlebnisse als auch seine politische Überzeugung lässt er in seine Liedtexte mit einfließen. Er gestaltet verschiedene Projekte als Solomusiker und nutzt dabei seine Vielseitigkeit. Bei allem Erfolg vergisst er jedoch seine Verpflichtung gegenüber den Mitmenschen nicht. Er unterstützt u. a. die Arbeit für schwerstkranke Kinder und engagiert sich gegen den Einsatz von Landminen. Dazu schreibt er: »Für mich gilt da die einfache Grundregel: Nicht immer schimpfen, sondern anpacken. Jeder kann seinen Beitrag leisten.«

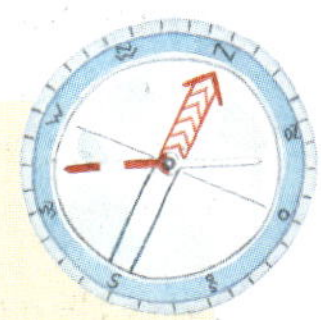

■ **Kompass.** Übertrage das Kompass-Symbol in dein Heft und überarbeite es zum Lebenskompass: Notiere bei der Nadelspitze alle Elemente aus den Biografien, die auch in deinem Leben eine Rolle spielen sollen.

■ **Austausch.** Stellt in Kleingruppen eure Ängste, Wünsche und Ideale hinsichtlich eurer Zukunft als Mann auf einem Plakat zusammen. Tauscht euer Plakat mit dem einer Mädchengruppe aus, kommentiert es und gebt es wieder an die Mädchengruppe zurück.

Ein Kompliment

Wenn man so will,
bist du das Ziel einer langen Reise,
die Perfektion der besten Art und Weise,
in stillen Momenten leise,
die Schaumkrone der Woge der Begeisterung,
bergauf mein Antrieb und Schwung.

Ich wollte dir nur mal eben sagen,
dass du das Größte für mich bist.
Und sichergeh'n,
ob du denn dasselbe für mich fühlst,
für mich fühlst.

Wenn man so will, bist du meine Chill-out-Area,
meine Feiertage in jedem Jahr,
meine Süßwarenabteilung im Supermarkt,
die Lösung, wenn es mal hakt,
so wertvoll, dass man es sich gerne aufspart,
und so schön, dass man nie darauf verzichten mag.

Ich wollte dir nur mal eben sagen,
dass du das Größte für mich bist.
Und sichergeh'n,
ob du denn dasselbe für mich fühlst,
für mich fühlst ...

Sportfreunde Stiller

■ **Zustand und Ausblick.** Beschreibe, in welcher Situation sich das »Ich« im Liedtext »Ein Kompliment« gerade befindet und was es von einer Partnerin oder einem Partner erwartet. Bei welchen dieser Zuschreibungen würdest du dich wohlfühlen, bei welchen nicht? Begründe deine Entscheidung.

■ **Bildhaft.** Wähle eine für dich wichtige Aussage aus einem der Lieder oben aus und setze sie in ein Bild um.

Nicht mit dir und nicht ohne dich

Das Fotoalbum zeigt ein turteltaubes Liebespaar
meilenweit entfernt von einem »Traurig-aber-wahr«
Vergangenheit, die mir hier
in Schwarz-weiß entgegenlacht
vertrauend, dass die Liebe trägt
und wunschlos glücklich macht
so schwer dich loszulassen, so schwer zu akzeptiern
dass uns're Liebenswege auseinanderführ'n

Ich kann nicht mit dir und nicht ohne dich
ich suche und ich meide dich
ersehne und verwünsche dich
und will dich nicht verlier'n
ich kann nicht mit dir und nicht ohne dich
ich hadere und wehre mich
sehne mich tagträumerisch
noch mit dir und nicht ohne dich

Du hattest in Gedanken schon den Koffer vor der Tür
zu viele Stolperdrähte zwischen dir und mir
ich hatte im Geheimen schon die Klinke in der Hand
zu viele Flötentöne, das Herz am Gängelband
so schwer die Last zu tragen,
so schwer einzugesteh'n
dass wir, bei aller Liebe, auseinandergeh'n

Ich kann nicht mit dir und nicht ohne dich ...

Bleiben oder gehen, beides scheint verkehrt
ein Achterbahngefühl, ein zweischneidiges Schwert

Ich kann nicht mit dir und nicht ohne dich ...

Pe Werner

■ **Bewahren?** Sammle Argumente, die dafür bzw. dagegen sprechen, eine solche Beziehung zu bewahren, wie sie im Lied »Nicht mit dir und nicht ohne dich« beschrieben wird. Wäge dann ab, ob diese Beziehung gerettet werden sollte.

Durch Märchen gemeinsam wachsen

Märchen kennen wir von Kindheit an, z. B. die volkstümlichen, die die Brüder Grimm gesammelt und aufgeschrieben haben. Aber von ihrem Ursprung her sind Märchen nicht speziell für Kinder aufgeschrieben worden, sondern sie bieten Anknüpfungspunkte für Menschen aller Altersstufen. Denn die Märchenfiguren sind symbolische Gestalten. Das heißt, sie selbst sind konkret und anschaulich, aber sie sind mehr als das, was an ihnen zunächst sinnlich wahrgenommen werden könnte: Die märchenhaften Gestalten verweisen mit ihrem Verhalten und Charakter auf grundsätzliche Situationen, die Menschen aller Kulturen und jeden Alters kennen. Sie spiegeln typische menschliche Schicksale und Situationen wider. Sie erzählen, was sich seit eh und je in der Psyche des Menschen abspielt. So möchten Märchen die Menschen durch ihr ganzes Leben hindurch begleiten. Sie bieten zum Beispiel Orientierung für den Übergang vom Kind zur heranwachsenden Persönlichkeit (z. B. »Der Froschkönig«) oder sie zeigen, welche Lebensperspektiven es im Alter gibt (z. B. »Die Bremer Stadtmusikanten«). Auf diese Weise liest auch der Paartherapeut Hans Jellouschek Märchen. Jellouschek sucht bei Märchen Hilfe, wenn ein Paar einen Konflikt miteinander durchzustehen hat, und nutzt die Botschaft der Märchen zur Konfliktlösung. Zur Stimmung in einer Beziehung, wie sie auch im Liedtext »Nicht mit dir und nicht ohne dich« angesprochen wird, findet man bei Jellouscheks Lesart des russischen Märchens »Zarin Frosch« überraschende Einsichten:

Ein junger Zarensohn, Iwan-Zarewitsch, wunderschön und scheinbar voller Energie, erhält ausgerechnet einen unscheinbaren Frosch zur Frau. Und so verwundert es kaum, dass das Märchen den Beginn ihrer Beziehung eher nüchtern darstellt: *»Also wurde die Brautkrone über Iwan-Zarewitsch und den Frosch gehalten, und so waren sie einstweilen verheiratet.«* Da ist nichts von dem zauberhaften Anfangszustand des Verliebtseins zu spüren, von dem Psychotherapeuten sagen, dass in diesem Erleben wieder die Ureinheit mit der Mutter zu Anfang des Lebens erfahren werde, wenn sich der Mensch als der geliebte Mittelpunkt der Welt erlebt. Deshalb ist das Verlieben eine so umwerfende Erfahrung.

Aber zurück zu unserem Märchen, zu Iwan-Zarewitsch mit Frau Frosch, dem ungleichen Paar, bei dem man fragt, wie die sich wohl gefunden haben. Hier fällt im Märchen auf, dass der Zarensohn nur nach außen hin so ein Strahlemann ist. Oft erkundigt sich seine Frosch-Frau, wenn das Paar allein ist: *»Warum bist du denn so traurig?«* Und sie bietet ihrem Iwan-Zarewitsch an: *»Sei nicht traurig, geh zu Bett. Der Morgen ist weiser denn der Abend.« Und sie brachte Iwan-Zarewitsch zu Bett. Als er eingeschlafen war, da warf sie ihre Froschhaut ab, und sie war Wassilissa, die Allweise,* und sie richtete für ihren Mann die Dinge, sodass er nicht länger traurig sein musste. *Am nächsten Morgen aber schlüpfte sie wieder in ihre Froschhaut.* In der Innensicht der Beziehung ist also sie die Starke und er der Schwache. Was die beiden zusammenhält, ist, dass sie einander brauchen. Sie lieben einander, weil sie sich brauchen.

Spannend bleibt, dass erst am Ende, nach vielen Wandlungen, sich die beiden als gleichwertige Partner begegnen. *»Und sie küsste ihn auf den Mund. Dann nahm sie Iwan-Zarewitsch bei der Hand und er zog mit Wassilissa, der Allweisen, in das Reich seines Vaters.«* – so endet das russische Märchen »Zarin Frosch«. Die beiden sind in der Beziehung gewachsen, in ihnen ist ein umwerfendes Gefühl, wie es den Anfangszustand des Verliebtseins kennzeichnet, erwacht. Bei ihnen aber tritt es erst nach langer Zeit der Beziehung auf. Als aneinander gereifte Persönlichkeiten können sie nun zueinander sagen: »Wir brauchen einander, weil wir einander lieben.«

- **Märchen als Leben.** Begründe mithilfe der oben stehenden Methodenkarte »Märchen«, warum die Sprachform des Märchens zugleich eine Lebensschule ist. Wenn du noch mehr Information zum Thema »Märchen« erhalten möchtest, kannst du das Lexikon unter dem Stichwort »Märchen« zurate ziehen.

- **Leben als Märchen.** Suche dir eine Erfahrung (z. B. Konflikt, beglückendes Erlebnis ...) aus, die du entweder mit einer Freundin oder einem Freund gemacht hast, und schreibe sie als Märchen auf. Stelle das Märchen einer vertrauten Person aus der Lerngruppe vor und überlegt gemeinsam, was der »springende Punkt« deines Märchens ist.

Wandel und neue Lebensformen

Alle Industrienationen, also auch Deutschland, unterliegen seit gut 20 Jahren tief greifenden politischen, ökonomischen und demografischen Veränderungen. Die Bedeutung dieses Wandels ist vielleicht vergleichbar mit dem Übergang von den Agrar- zu Industrienationen am Ende des 19. Jahrhunderts bis in die 20er-Jahre des 20. Jahrhunderts hinein. Dieser Wandel beeinflusst nicht nur die Arbeitswelt und die sozialen Sicherungssysteme, sondern auch das Zusammenleben in einer Industrienation. Dieses ist geprägt von einer Vielzahl verschiedener Möglichkeiten: Neben einem reichhaltigen Freizeitangebot kann jeder Mensch wählen, an was er glaubt, welche politische Meinung er bevorzugt und wie er mit den Traditionen seiner Familie umgehen möchte. Man spricht in diesem Zusammenhang von einer Pluralität der Möglichkeiten. Dabei ist jeder und jede persönlich gefordert, weil man selbst die eigene Entscheidung verantworten muss. Durch die Orientierung an eigenen Wünschen und Bedürfnissen entstehen ganz individuelle Lebensentwürfe: Lebten z. B. die Eltern früher an einem bestimmten Ort in der Großfamilie, wurde diese Lebensform in der Regel von den Kindern übernommen. Heute ist das schon gar nicht mehr möglich, weil gerade das Berufsleben eine hohe Mobilität erfordert. Was früher nur schwer möglich war, ist heute selbstverständlich: unter anderem schnelle Orts- und Meinungswechsel je nach Anforderung oder eigenem Bedarf. Pluralität, Mobilität und Individualisierung führen auch zu radikalen gesellschaftlichen Umformungen.

In Deutschland wohnt jeder und jede Dritte allein. Jede dritte Ehe wird geschieden, in manchen Großstädten ist es sogar jede zweite. Jedes vierte Kind wächst bereits ohne einen seiner beiden leiblichen Elternteile auf. Und ein Drittel der über 30-Jährigen hat noch überhaupt kein Kind. Früher wäre das undenkbar gewesen. Weil in der heutigen Gesellschaft verschiedenste Modelle des Zusammenlebens erprobt werden, wie unten stehende Skizze aufzeigt, ist die Familie im traditionellen Sinn nur noch ein mögliches Modell.

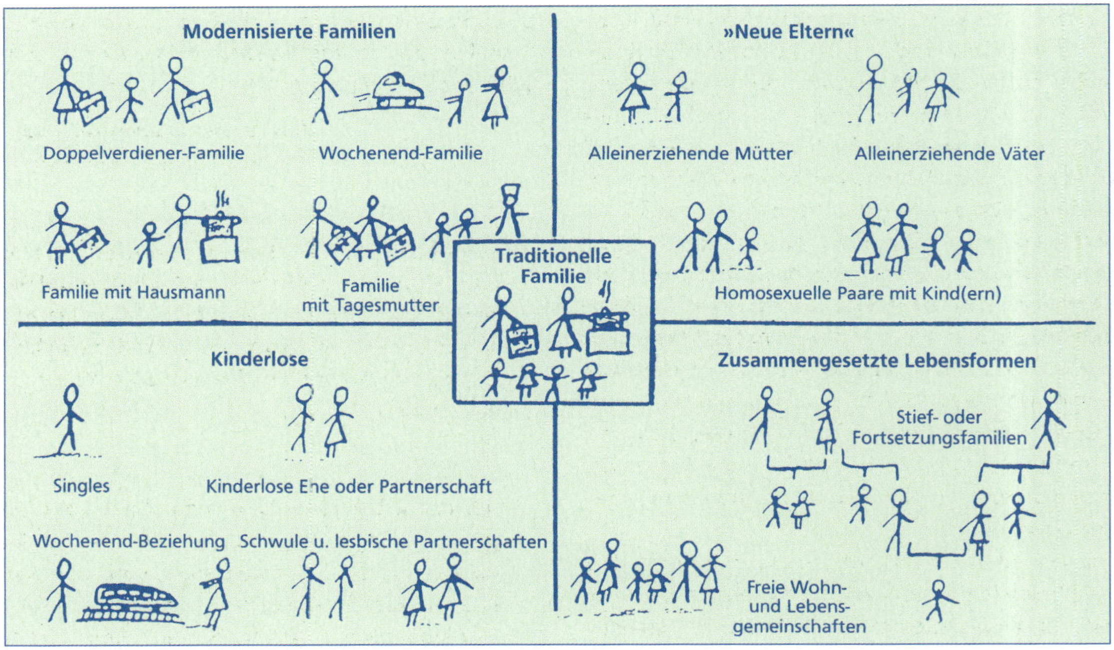

■ **Zusammenleben.** Tauscht euch darüber aus, in welcher Lebensform ihr lebt. Diskutiert miteinander das »Pro« und »Kontra« der aufgezeigten Lebensformen und berücksichtigt dabei die Stichworte »Mobilität«, »Individualität«, »Pluralität«.

■ **Stellungnahme.** In ihrem Familienbericht von 2006 lässt die deutsche Bundesregierung verlauten, dass die Familie die soziale Mitte unserer Gesellschaft ist und bleibt. Nimm Stellung zu diesem Anliegen der Bundesregierung, indem du einen kurzen Brief an das Bundesfamilienministerium verfasst.

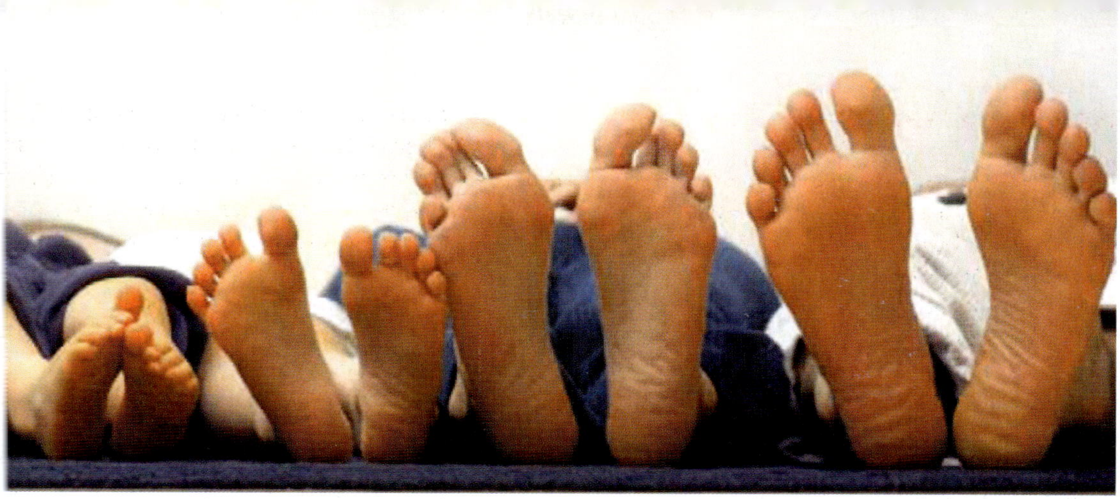

Ehe und Familie – in guter Gesellschaft ...

Wenn Mann und Frau einander als einmalige Personen annehmen, dann verlangt ihre Liebe nach einem festen Rahmen ..., in der ihr Wille zur Vorbehaltlosigkeit und Endgültigkeit einen verbindlichen Ausdruck findet. Weil das Verlangen nach Dauer jeder wirklichen Liebe eingeschrieben ist, braucht die Liebe zwischen Mann und Frau auch den rechtlichen Schutz und die institutionelle Bindung. Dadurch erfahren die Eheleute auch Entlastung und Unterstützung. Ebenso ist es für die Gesellschaft und die in ihr lebenden Menschen von großer Bedeutung zu wissen, auf welche Art sozialer Beziehungen angesichts leidvoller Erfahrungen in Unglück und Not, in Alter und Krankheit Verlass ist. Eben dies ist der Sinn einer rechtlichen Ordnung der Geschlechterbeziehung von Frau und Mann durch die Ehe: Die vor der gesellschaftlichen und kirchlichen Öffentlichkeit bekundete Bereitschaft, füreinander Verantwortung zu tragen, gründet das Verhältnis von Mann und Frau in neuer personaler Tiefe und stiftet so in ihrem gegenwärtigen Verhältnis wie auch gegenüber der Gesellschaft eine sichtbare Verlässlichkeit. Ein solches öffentliches Bekenntnis zueinander hat mehr Gewicht als nur ein privates mündliches Versprechen.
Die Angewiesenheit auf rechtlichen Schutz gilt in gleicher Weise für die Ehe wie für die Familie: Nur die verbindliche Bereitschaft, in allen Lebenslagen füreinander einzustehen, schafft einen angemessenen Rahmen für die Übernahme von Elternverantwortung. Die Familie stützt sich nach christlichem Verständnis auf die Ehe. Da das Zusammenleben mit Kindern nicht nur eine Privatangelegenheit der Eltern ist, muss die Ordnung ihres Zusammenlebens auch um der Kinder willen verlässlich, stabil und öffentlichem Schutz unterstellt sein. Kinder gehören ganz wesentlich zur ehelichen Lebensgemeinschaft von Mann und Frau, denn wahre Liebe will nicht für sich allein bleiben. Kinder sind eine »Gabe des Herrn« (Ps 127,3), ein Geschenk und ein Segen, sie sind die natürliche Frucht und Vollendung ehelicher Liebe. Eltern erfahren sich durch Kinder auf einzigartige Weise beschenkt und zugleich herausgefordert. Aber auch Ehepaare, deren Kinderwunsch unerfüllt bleibt, können aus der Erfahrung, dass wahre Liebe nicht für sich allein bleiben will, ihr Eheleben in der liebevollen Zuwendung zu anderen Menschen sinnvoll und schöpferisch gestalten.

Wort der deutschen Bischöfe zur Bedeutung von Ehe und Familie, Bonn 1999

- **Grundsätzlich.** Fasse thesenartig zusammen, mit welchen Argumenten die Deutsche Bischofskonferenz für Ehe und Familie eintritt. Überlege, welche Argumente dir einleuchten und welche nicht. Füge eigene Thesen zur Begründung oder Ablehnung von Ehe und Familie hinzu.

- **Initiative.** Mit oben stehendem Plakat und dem Slogan »Hier beginnt die Zukunft: Ehe und Familie« warb die Deutsche Bischofskonferenz von 2005 bis 2007 für Ehe und Familie. Gestaltet in Vierer-Gruppen ein Schreibgespräch, in dem ihr Stellung nehmt, was ihr von der Gestaltung des Plakates und der Wahl des Slogans haltet.

- **Selbst initiativ.** Entwickelt in verschiedenen Lerngruppen Plakate, mit denen ihr für die Institution von Ehe und Familie Initiative ergreifen würdet.

Let's talk about sex ...

So heißt ein Song der Gruppe »Salt'N'Pepa«. Er ist zugleich eine Aufforderung. Warum eigentlich? Dem Wort »Sex« begegnet man doch in unserer Gesellschaft beinahe überall. Warum überhaupt über Sex reden?

»Let's talk about you and me, let's talk about all the good things and the bad things that may be.«

Daraus lässt sich vielleicht eine Antwort auf diese Frage ablesen: Es geht um mich und um dich und darum, wie wir über Sexualität reden – ernsthaft. Was uns sonst begegnet, in den Medien beispielsweise, ist nur ein klischeehaftes Zerrbild, wie Sex zu sein habe.

»Now we talk about sex on the radio and video show. Many will know anything goes.«

Dabei wird vergessen, dass es um je individuelle Menschen, ihre Erfahrungen und Sehnsüchte geht.

»Let's tell it how it is, and how it could be. How it was, and of course, how it should be.«

■ **Why talk about?** Im Text findet sich eine Frage. Erhebt mithilfe des Textes und darüber hinaus Antworten. Führt eure Ergebnisse zusammen und erstellt ein Ranking über die Wichtigkeit der Antworten.

»Wir haben vor allem ein positives Anliegen: Sexualität soll menschlich gelebt werden. Wir sind nicht rückschrittlich, bloß weil wir für eine verantwortliche Sexualität eintreten, die sich in Ehe und Familie verwirklicht. Sex ist heute fast zu einer Ware, für viele ausschließlich zu einem Genussmittel geworden, losgelöst von Liebe. Eine solche Verwahrlosung macht mir Sorgen. Wir müssen mit Jugendlichen ganz neu über Sexualität sprechen. Wir scheuen uns nicht, Stachel im Fleisch der Gesellschaft zu sein.«

Erzbischof Robert Zollitsch, Vorsitzender der deutschen Bischofskonferenz

■ **Should be.** Im Zitat von Erzbischof Robert Zollitsch klingt an, wie Sexualität aussehen soll und welche Probleme damit zusammenhängen. Notiere das Zitat mit genügend Platz zwischen den Zeilen und kommentiere die Aussagen anschließend. Leite daraus Regeln für den Umgang mit einem Partner / einer Partnerin ab.

Ein Schritt zu viel

In dem Jugendroman »Ein Schritt zu viel« wird die Geschichte der 16-jährigen Jenny erzählt. Seit ihrer ersten sexuellen Erfahrung, die für sie deutlich einen Schritt zu weit ging, hat sie einen Schutzmantel angezogen. Dieser Schutzmantel zeigt sie als vermeintlich leicht zu habendes Mädchen, das immer gut drauf ist und seine Partner nach Belieben wechselt. Doch tatsächlich sieht es ganz anders in ihr aus:

Sie stößt Alex, dessen geschickt tastende Hände ihr langsam unangenehm werden, nicht einfach zurück. Sie ist keine Spielverderberin, sie hat eine Rolle. Und ihre ist die der leichten Jenny, easy going, in bestimmten Dingen unkompliziert. Alex zerrt an Jennys oberstem Hosenknopf, versucht, ihn zu öffnen. Übersät ihre Wange, ihren Hals mit eiligen Küssen. Die fühlen sich besser an als die fordernden Hände. Alex und Jenny – das ist erst eine kurze Zeitspanne. Da liegt noch viel drin. Hoffnung. Und Zerstörung. Nein! Jenny befreit sich mit einer heftigen Armbewegung. So weit würde sie es nicht mehr kommen lassen. Nicht so wie damals. Vor zwei Jahren ...
Jenny hatte gut verstanden ... Der Körper wusste genau, was ein Traummann war, hat es gewusst von der ersten Sekunde an, als ihr damals der Freund ihres Bruders bei der Party aufgefallen war. Als sie noch nicht ahnte, dass Träume weh tun können, wie Splitter in der Haut. Dass Träume Narben hinterlassen ...
Sie sehnt sich nach Vertrauen. Nach Armen, die sich um sie legen, weil sie Jenny ist, und nicht, weil sie einen tollen Körper hat, und doch braucht sie diese Nähe, ist hungrig nach Berührung, nach jenem Schauer, der sie erfasst und manchmal alles vergessen lässt. Dann ist sie Sternschnuppe. Erdriss. Meeresflut. Die Zeit durchbricht ihre Grenzen, der Himmel berührt die Erde und Jenny ist Licht und Atem ...
»Und wenn einer sagt, dass er einen liebt?« »Und es sich dann herausstellt, dass es doch nicht so ist? Er sein Ziel erreicht und seinen Spaß hatte?« Jenny schweigt.

Jenny bleibt die Antwort auf die obige Frage eines Freundes schuldig, obwohl darin ihre eigene schmerzhafte Erfahrung ausgesprochen wird. Am Ende findet sie einen Weg, wieder Vertrauen zu einem Menschen aufzubauen.

■ **Gesprächsbedarf.** Gestaltet zu zweit einen Dialog zwischen Jenny und einer Person eurer Wahl, welcher einer der folgenden Fragen nachgeht: Wie kommt es zwischen zwei Menschen zu einer sexuellen Erfahrung, die einen Schritt zu weit geht? Was hilft einer Person, mit einer solchen schmerzhaften Erfahrung konstruktiv umzugehen?

Auf den Leib geschrieben. Oben siehst du den Screenshot aus einem Videoprojekt. Beschreibe die Wirkung dieser Momentaufnahme. Bereitet in Gruppen eine Podiumsdiskussion vor, in der verschiedene Teilnehmende zum Thema »Das Verhältnis unserer Gesellschaft zur Sexualität« diskutieren. Verteilt folgende Rollen an die Kleingruppen und informiert euch über deren mögliche Ansichten zur Sexualität: ein/e Vertreter/in der Kirche, ein/e Jugendschutzbeauftragte/r, ein/e Medienvertreter/in, ein/e Internetuser/in, ein/e Jugendliche/r, ein/e Mediziner/in.

Was wäre wenn, ...

... jemand plötzlich vor der Frage stünde, ob er sich auf eine sexuelle Beziehung einlassen sollte?
... diese Beziehung zu einer Schwangerschaft führte?
... beide Partner minderjährig wären?
... ein Partner gerne heiraten würde?
... das Paar verheiratet wäre?
... der Mann die Frau verlassen würde?
... ein Partner das Kind allein großziehen müsste?
... die Eltern von der Schwangerschaft erführen?
... die Partner sich gegen das Kind entscheiden würden?
... man dazu gedrängt würde, das Kind nicht zu behalten?
... das alles mir passierte?

Baukasten. Überlegt, was sich verändert, wenn man verschiedene Sätze weglässt und die Sätze umsortiert. Entwerft aus den Sätzen eine Konfliktsituation, diskutiert, welche Fragen sich in dieser Situation stellen, und sucht gemeinsam eine Lösung für diese Fragen. Stellt euch gegenseitig die Ergebnisse eurer Diskussionen vor.

Schwanger unter 18. Recherchiere bei der Bundeszentrale für gesundheitliche Aufklärung (www.familienplanung.de), mit welchen Veränderungen der Lebensumstände sich minderjährige Schwangere auseinandersetzen müssen und welche Beratungs- und Unterstützungsangebote es gibt. Stelle deine Ergebnisse in einer Tabelle zusammen.

How to do it. Erarbeitet in Kleingruppen Regeln für einen verantwortungsbewussten Umgang mit Sexualität in der Partnerschaft und bezieht die Position von Erzbischof Zollitsch (S. 70) mit ein; gestaltet damit ein Plakat. Bewertet anschließend die Plakate der anderen Gruppen, indem ihr sie mit Fragen und Kommentaren verseht.

Wenn ich alle Sprachen dieser Welt

- **Musik.** Diese Lernlandschaft wird von verschiedenen Liedern zum Thema »Liebe« durchzogen. Präsentiere in der Lerngruppe ein Liebeslied, das dich besonders anspricht. Gemeinsam könnt ihr dann eure eigene Chartliste zusammenstellen. Eine zusätzliche Auswahl von Liedern zum Thema findest du bei den unten stehenden Liedtiteln.

- **Anknüpfungspunkt.** Besprecht miteinander, inwiefern Lieder eine geeignete Form bieten, sich mit dem Thema zu beschäftigen.

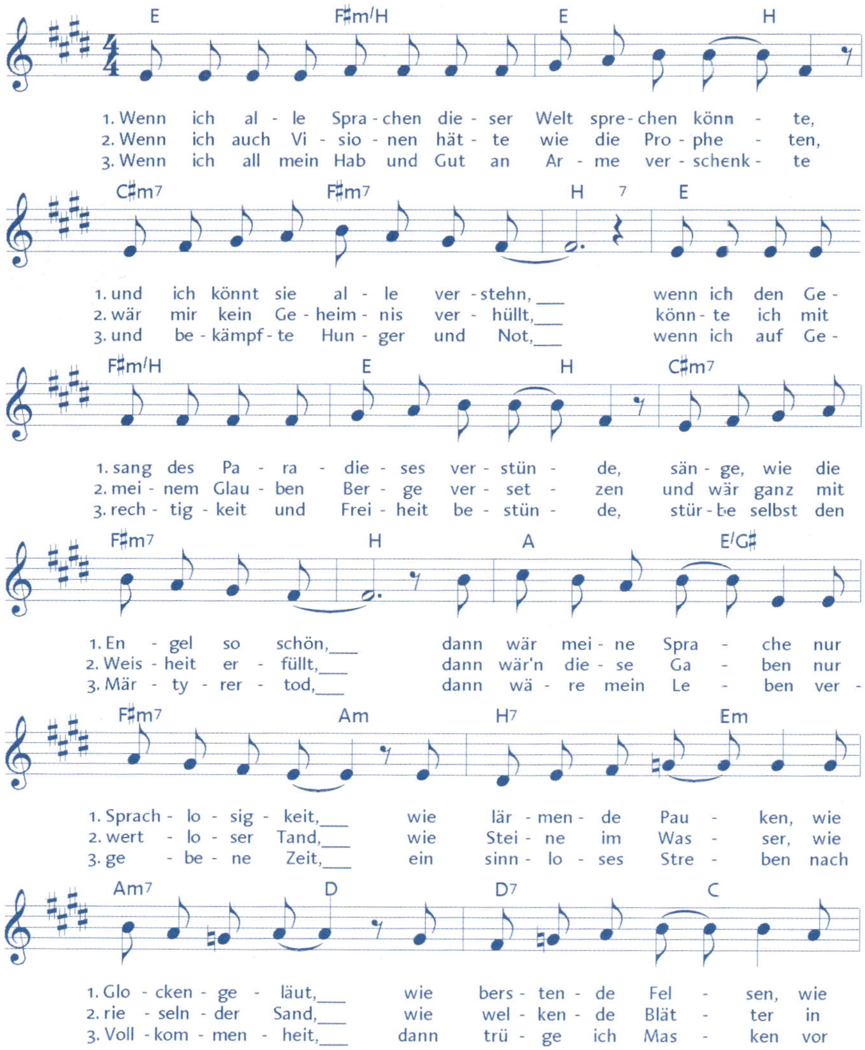

Die Toten Hosen: Alles aus Liebe

Jon Bon Jovi: Always

Udo Lindenberg: Ich lieb' dich überhaupt nicht mehr

- **Annäherung und Auseinadersetzung.** Vergleiche die Textversion des Liedes oben mit dem biblischen Original in 1 Kor 13.
  Diskutiert darüber, ob der biblische Text bzw. der Kehrvers des Liedes das Wesen der Liebe in deinen Augen zutreffend beschreibt.

T/M: Markus Pylik

■ **Zwei Seiten.** Der Künstler HAP Grieshaber hat sein Bild »Bedrohtes Paar« genannt. Auf der linken Seite siehst du die vom Künstler gestaltete Bedrohung, auf der rechten das Paar. Wähle eine der Seiten aus.
Gestalte entweder die Bedrohungen, denen das Paar ausgesetzt ist, oder die Kraft, welche die Liebe der Bedrohung entgegensetzt.

Beyoncé: Crazy in love

Rosenstolz: Liebe ist alles

Die Ärzte: Gib' mir Zeit

Pink: Walk away

HAP Grieshaber, 1949

■ **Logik der Liebe.** Lass dir den Text über die Liebe aus 1 Kor 13 vortragen. Achte darauf, bei welchen Worten des Textes du gedanklich verweilst, und male ein Bild dazu. Stellt euch eure Bilder gegenseitig vor.

Am meisten gedruckt, am meisten gekauft und in fast allen Sprachen der Welt gelesen: die Bibel. Doch trotz dieser Rekorde ist die Bibel ein schwieriges Buch, oftmals sperrig in ihren erzählten Erfahrungen; ein fremdes und rätselhaftes Werk, dessen Geschichten die Menschen zu allen Zeiten unterschiedlich berührten. In der Bibel fanden Menschen Modelle für ein gelingendes Leben, andere rechtfertigen unter Berufung auf sie ihre Verbrechen. Die Bibel – ein Buch, das verstanden werden will und gedeutet werden muss. In dieser Lernlandschaft wirst du verschiedene Formen der Annäherung an biblische Texte kennenlernen, um zu entdecken, was dieses Buch für dich persönlich bedeutet.

- **Schreibgespräch.** Lass den biblischen Text und die Gestaltung des Textes im Kunstwerk von Günther Uecker auf dich wirken. Tretet dann in ein Schreibgespräch ein, indem ihr euch in kleinen Gruppen um ein leeres Plakat setzt. Jede und jeder von euch beginnt in einer Ecke, seine oder ihre Gedanken zu diesem Kunstwerk aufzuschreiben. Dreht dann das Plakat und antwortet auf den Beitrag einer Mitschülerin oder eines Mitschülers. Sprecht über die Ergebnisse, wenn euer erster Beitrag mit Kommentierungen wieder vor euch liegt. Findet gemeinsam einen Titel für das Kunstwerk.

- **Inspiriert von der Bibel.** Der vom Künstler Günther Uecker gestaltete Text (Mt 5,43f.) ist ein Zitat aus der »Bergpredigt«, einem zentralen Text des Neuen Testaments. Finde deine eigenen Gestaltungsmittel für eine von dir ausgewählte Textstelle der »Bergpredigt« (Mt 5,1 – 7,29) und stelle dein Ergebnis der Klasse vor.

- **Ur-Kunde Bibel.** Tauscht euch über die Deutungsmöglichkeiten des Titels dieser Lernlandschaft aus.

UR-KUNDE BIBEL

43 Ihr habt gehört,
daß gesagt ist: Du
sollst deinen Nächsten
lieben (3 Mose
18)
und deinen Feind
hassen.
44 Ich aber sage euch:
Liebt eure Feinde
und bittet für die
die euch verfolgen.
2 Mose 23,4.5; Lk 6,27.28
Röm 12,14.20; Lk 23,34; Apg 7,60

Wissenschaftler bei der Rekonstruktion einer biblischen Handschrift aus kleinen Fundstücken

Aussagen zur Bibel

Bertolt Brecht, nach seinem Lieblingsbuch gefragt, antwortete: »Sie werden lachen – die Bibel!«

Bertolt Brecht (1998-1956), deutscher Schriftsteller

Ihr Christen habt in eurer Obhut ein Dokument mit genug Dynamit in sich, die gesamte Zivilisation in Stücke zu blasen, die Welt auf den Kopf zu stellen; dieser kriegszerrissenen Welt Frieden zu bringen. Aber ihr geht damit so um, als ob es bloß ein Stück guter Literatur ist, sonst weiter nichts.

Mahatma Gandhi (1869-1948), indischer Freiheitskämpfer, Verfechter des gewaltfreien Widerstandes

Wir müssen das Evangelium nicht lesen, wie ein Notar ein Testament liest, sondern wie es der Erbe liest.

Isaac Newton (1643-1723), englischer Physiker

Die Bibel legt das, was sie sagt, nicht fest. Sie versucht auf vielerlei Weise über Gott zu reden, nicht fixiert: »So und nicht anders ist er.« Die Bibel redet konkret, nicht abgehoben ... Sie geht immer von der konkreten Situation der Menschen aus.

Gabriele Miller (geb. 1923), Theologin und Autorin

Auf der Suche nach dem Urtext

Wer eine Stellungnahme zur Bibel abgibt, bewertet damit nicht das Buch eines einzelnen Schriftstellers, sondern bezieht dich auf eine Sammlung von insgesamt 73 Schriften, die in einem Zeitraum von etwa 1000 Jahren und in einer anderen Kultur entstanden sind. Dies erklärt auch die Fülle der darin enthaltenen Themen, Sprachformen, literarischen Gattungen und sprachlichen Bilder.
Für viele heutige Leserinnen und Leser der Bibel stellen die sprachlichen Bilder der Bibel und das durch sie vermittelte Weltbild eine erste Hürde des Verstehens dar – oft erscheint der Text zu weit entfernt von unserem heutigen Sprechen und Denken.
Wenn wir nach der Herkunft der biblischen Texte fragen, müssen wir uns zunächst bewusst machen, dass die Originaltexte in hebräischer und griechischer Sprache geschrieben sind und dass die deutsche Übersetzung die Sprach- und Bildwelt der Originalsprachen so nah wie möglich vermittelt.
Die Grundlage für eine genaue Übersetzung ist ein gesicherter Text, dessen Entstehung möglichst weit in die Zeit des sogenannten Urtextes zurückreicht. Im Bestreben, möglichst nahe an den Urtext heranzukommen, rekonstruieren Wissenschaftler in mühevoller Arbeit die zahlreichen archäologischen Funde von Abschriften dieses Urtextes. Von großer wissenschaftlicher Bedeutung sind die bisher ältesten Handschriften und Fragmente biblischer Texte, die man Mitte des vergangenen Jahrhunderts in den Höhlen von Qumran gefunden hat.

- **Textüberlieferung.** Recherchiere die Umstände der Entdeckung von Qumran und begründe, weshalb man in der Bibelforschung von einem einmaligen Fund spricht.

- **Standpunkte.** Setze dich mit den hier abgedruckten Aussagen auseinander und formuliere deine persönliche Einstellung zur Bibel. Beschreibe dabei auch, wodurch sich deine Meinung gebildet hat. Tausche dich mit einer Mitschülerin oder einem Mitschüler aus.

- **Standorte.** Legt eine Bibel in die Mitte einer kleineren Gruppe, die ihr gebildet habt. Jeder stellt sich der Reihe nach in der für sich angemessenen Entfernung und Körperhaltung zur Bibel auf. Die anderen beschreiben das Standbild. Tauscht euch über diese Übung aus.

Übersetzungen von Mt 7,7-11

Lutherbibel (1522 revidierte Fassung von 1984)

7 Bittet, so wird euch gegeben; suchet, so werdet ihr finden; klopfet an, so wird euch aufgetan.

8 Denn wer da bittet, der empfängt; und wer da sucht, der findet; und wer da anklopft, dem wird aufgetan.

9 Wer ist unter euch Menschen, der seinem Sohn, wenn er ihn bittet um Brot, einen Stein biete?

10 Oder, wenn er ihn bittet um einen Fisch, eine Schlange biete?

11 Wenn nun ihr, die ihr doch böse seid, dennoch euren Kindern gute Gaben geben könnt, wie viel mehr wird euer Vater im Himmel Gutes geben denen, die ihn bitten!

Einheitsübersetzung (1980)

7 Bittet, dann wird euch gegeben; sucht, dann werdet ihr finden; klopft an, dann wird euch geöffnet.

8 Denn wer bittet, der empfängt; wer sucht, der findet; und wer anklopft, dem wird geöffnet.

9 Oder ist einer unter euch, der seinem Sohn einen Stein gibt, wenn er um Brot bittet,

10 oder eine Schlange, wenn er um einen Fisch bittet?

11 Wenn nun schon ihr, die ihr böse seid, euren Kindern gebt, was gut ist, wie viel mehr wird euer Vater im Himmel denen Gutes geben, die ihn bitten.

Bibel in gerechter Sprache (2006)

7 Bittet, und Gott wird euch geben, sucht, und ihr werdet finden, klopft an, und ihr werdet eingelassen.

8 Alle, die bitten, empfangen, und die suchen, finden, und die klopfen, werden eingelassen.

9 Gibt ein Vater oder eine Mutter, die ihr Kind um Brot bittet, ihm etwa einen Stein?

10 Oder wenn es um einen Fisch bittet, geben sie ihm etwa eine Schlange?

11 Wenn schon ihr, die ihr ungerecht seid, euren Kindern gute Gaben geben könnt, um wie viel mehr wird Gott im Himmel, Vater und Mutter für euch, denen Gutes geben, die darum bitten.

Volxbibel (ab 2005, siehe unten)

7 Redet mit Gott und bittet ihn um Sachen, es funktioniert! Versucht alle Register zu ziehen, macht euch auf die Socken, dann wird sich eine Lösung ergeben!

8 Wenn einer Gott um etwas bittet, der wird es auch bekommen. Wenn jemand etwas sucht, dann wird er es auch finden. Und wenn jemand eine Frage hat, wird er auch seine Antwort bekommen.

9 Wenn ein Kind seinen Papa um ein Toastbrot bittet, wird er ihm dann ein Stück Blech geben?

10 ...

11 ...

■ **Übersetzungen.** Vergleiche die oben stehenden Übersetzungen der Verse aus dem Matthäusevangelium. Welche Wirkung erzielen die jeweiligen Übersetzungen?

■ **Aktualisierung.** Formuliere die Verse Mt 7,10-11 so, dass sie dich ansprechen und ihre zentrale Aussage behalten. Vergleiche deine Formulierung mit den Übertragungen deiner Mitschülerinnen und Mitschüler.

■ **Brot oder Toastbrot?** Ordne den beiden Begriffen Merkmale zu und vergleiche das Ergebnis.

Projekt »Die Volxbibel«

Martin Dreyer (geb. 1965), der Initiator des Projekts »Die Volxbibel«, wollte den Text des Neuen Testaments so übertragen, dass er vor allem junge Menschen erreicht.
Der Name »Volxbibel« entstand in Anlehnung an die Volx-Küche in Hamburg, in der kostenlos Essen »vom Volk fürs Volk« ausgeteilt wird. Analog soll auch diese Bibel-Übertragung »vom Volk fürs Volk« sein. Über ein Forum im Internet kann sich jeder anmelden und an der Übertragung beteiligen, damit diese immer aktuell bleibt.

■ **Volxbibel.** Von »Gotteslästerung« bis »gelungene Übersetzung« reichen die Einschätzungen zur sogenannten Volxbibel. Informiert euch im Internet (z. B. unter www.volxbibel.de oder www.wiki.volxbibel.com) über das Projekt und diskutiert darüber, ob ihr es für gelungen haltet.

Cover der 2. Auflage 2006

Was ist Wahrheit?

Wahrheit ist nicht gleich Faktizität, ist insbesondere nicht gleich historischer Wahrheit. Wie es verschiedene Weisen und Schichten der Wirklichkeit gibt, so gibt es verschiedene Weisen der Wahrheit: und oft in der einen und selben Erzählung verschiedene Schichten der Wahrheit. Man überlege: Kann mich nicht eine tatsächlich geschehene Geschichte völlig gleichgültig lassen? Und kann mich nicht umgekehrt eine nur fingierte (»fiktionale«) und historisch nicht geschehene Geschichte unter Umständen tief betroffen machen? Eine Zeitungsmeldung von einem auf dem Weg von Jerusalem nach Jericho überfallenen Reisenden wird mich unter Umständen völlig gleichgültig lassen: obwohl sie – leider – wahr, historisch wahr ist. Umgekehrt wird mich die erfundene Geschichte vom barmherzigen Samariter auf demselben Weg unmittelbar in Bewegung setzen: weil sie mehr Wahrheit enthält. Die erste Geschichte sagt mir eine Wahrheit, die mich nichts angeht oder zumindest nichts anzugehen scheint, die für mich nicht bedeutsam ist: ein pures Faktum, eine rein historische Wahrheit. Die andere Geschichte sagt mir eine Wahrheit, die, obwohl kein Faktum, mich zutiefst betrifft: eine für mich bedeutsame Wahrheit, eine für meine Existenz relevante (»existenziale«) Wahrheit. Gegenüber einer Geschichte wie der des barmherzigen Samariters oder des verlorenen Sohnes ist die Frage des Historikers, »wie es eigentlich gewesen ist«, fehl am Platz: Die Frage nach historisch Richtig oder Falsch ist inadäquat, ohne Interesse. Die Poesie, die Parabel, die Legende hat ihre eigene Vernunft. Sie unterstreicht, setzt Akzente, hebt heraus, konkretisiert: Sie kann relevantere Wahrheit künden als der historische Bericht. Die Bibel ist primär nicht an der historischen Wahrheit, sondern an der für unser Wohl, unser Heil relevanten Wahrheit, an der »Heilswahrheit« interessiert.

Gewiss stellt sich bei allen Berichten gerade über Jesus ... heute unausweichlich und schon für jedes Kind die historische Frage, ob denn das Berichtete (etwa das Wandeln über den See oder die Verklärung oder die Himmelfahrt) wie berichtet geschehen, also historisch sei. Und zwar stellt sich die Frage nicht nur in der wissenschaftlichen Theologie, sondern auch in einer zeitgemäßen Verkündigung. Umgekehrt ist jedoch bereits deutlich geworden: Auch die Jesusgeschichten wollen nicht nur, was eine historisch-kritische Theologie oft allein beschäftigt hat, nach Traditionen seziert und auf ihre Aussagen über historische Tatsachen befragt werden. Selbst dort, wo einfach berichtet wird, wollen sie mehr als nur eine Wahrheit aussprechen. Es geht in diesen Geschichten nie um reine Informationen, die den Hörer oder Leser unbeteiligt lassen sollen. Es geht um Botschaften, die eine Verheißung oder eine Bedrohung mit sich führen. Gerade bei den Weihnachts-, Wunder-, Oster- und Gerichtsgeschichten steht im Vordergrund des Interesses weniger, was sich da eigentlich ereignet hat oder ereignen wird, worüber wir oft wenig wissen, als vielmehr die praktische Frage, was das für uns bedeutet: worüber sich in jeder individuellen und gesellschaftlichen Situation wieder neu kritisch nachdenken lässt. Solche Geschichten geben oft mehr Aufschluss über die Wirkung eines bestimmten Geschehens auf die Menschen als über das Geschehen selbst. Dies gilt besonders, wenn zwischen dem Ereignis und dem überlieferten Text wie im Neuen Testament (etwa bezüglich der Geburt Jesu, der österlichen Berufungserfahrungen) Jahrzehnte, und im Alten Testament (etwa bezüglich des Auszugs aus Ägypten oder der Landnahme) Jahrhunderte liegen. Wissen wir dann auch vom historischen Faktum verhältnismäßig wenig, so doch verhältnismäßig viel, wie es gewirkt hat und wie Israel oder die christliche Gemeinde mit ihm umgegangen sind. Die Geschichten offenbaren dann den Weg, den Israel oder die Gemeinde mit ihren grundlegenden Geschichtserfahrungen durchschritten haben und der auch für den christlichen Weg heute von Bedeutung ist.

Hans Küng

■ **Wahrheit und Faktizität.** Erläutere die Aussagen des Theologen Hans Küng zur Wahrheit in der Bibel.

■ **Wandel über den See.** Lies die im Text oben angesprochene Erzählung vom »Seewandel« in Mt 14,22-33 nach. Formuliere die Aspekte existenzialer Wahrheit für diese Überlieferung.

Im Dialog. Beschreibe das Bild von Max Ernst. Stelle dir vor, du trittst zu den drei im Hintergrund abgebildeten Personen hinzu und tauscht dich mit ihnen über das durchs Fenster gesehene Geschehen aus. Schreibe dieses Gespräch auf.

Künstlerische Freiheit? Max Ernst nennt sein Bild »Die Jungfrau Maria züchtigt das Jesuskind vor drei Zeugen: André Breton, Paul Éluard und dem Künstler«. Diskutiert in Kleingruppen darüber, was dieser Titel aussagt und ob bzw. inwieweit es berechtigt ist, Szenen, die nicht in der Bibel überliefert sind, fiktional und künstlerisch darzustellen.

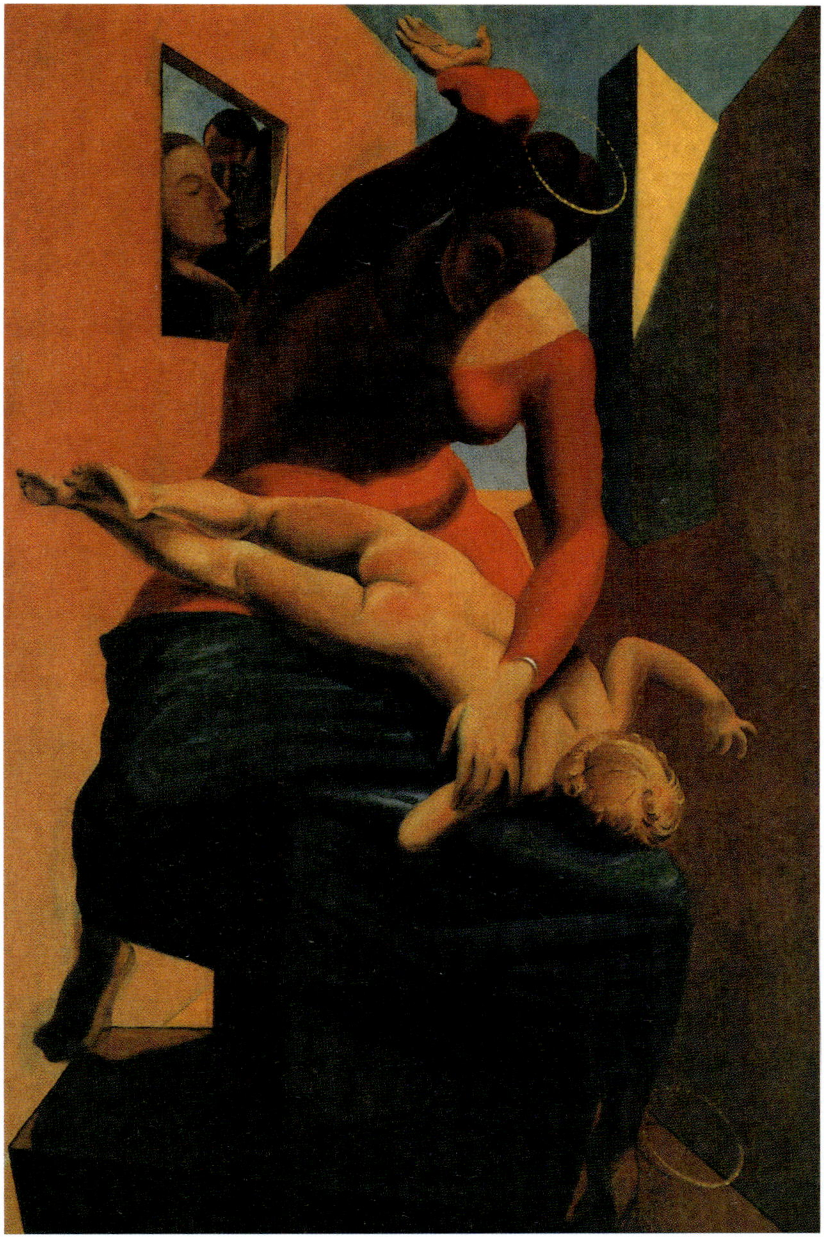

Max Ernst, 1926

Wahrheit in den Evangelien. Die Evangelisten verfassten ihre Texte nicht als direkte Augenzeugen des Geschehens. Sie stellten mündliche und schriftliche Quellen über Jesus von Nazareth zusammen und legten Zeugnis ab über die Wahrheit, die sie in und durch Jesus, den Christus, erkannten. Hierbei setzen die Evangelisten je eigene Akzente, was in einem Vergleich der Evangelienanfänge exemplarisch deutlich werden soll.
Bildet Gruppen für die vier Evangelien und lest den jeweiligen Anfang (Mt 1,1-13; Mk 1,1-13; Lk 1,1-4; Joh 1,1-18). Fasst den Inhalt des Textes zusammen und haltet eure Vermutungen fest, weshalb der Evangelist sein Evangelium gerade so begonnen hat. Die Vorstellung eurer Ergebnisse beginnt ihr mit einem wirkungsvollen Lesevortrag eures Evangelienanfangs.

»Da Gott in der Heiligen Schrift durch Menschen nach Menschenart gesprochen hat, muss der Schrifterklärer, um zu erfassen, was Gott uns mitteilen wollte, sorgfältig erforschen, was die heiligen Schriftsteller wirklich zu sagen beabsichtigten und was Gott uns mit ihren Worten kundtun wollte ...
Da die Heilige Schrift in dem Geist gelesen und ausgelegt werden muss, in dem sie geschrieben wurde, erfordert die rechte Ermittlung des Sinnes der heiligen Texte, dass man mit nicht geringerer Sorgfalt auf den Inhalt und die Einheit der ganzen Schrift achtet, unter Berücksichtigung der lebendigen Überlieferung der Gesamtkirche und der Analogie (= Übereinstimmung) des Glaubens. Aufgabe der Exegeten (= Experten der Schriftauslegung) ist es, nach diesen Regeln auf eine tiefere Erfassung und Auslegung des Sinnes der Heiligen Schrift hinzuarbeiten, damit so gleichsam aufgrund wissenschaftlicher Vorarbeit das Urteil der Kirche reift ...
In der Heiligen Schrift also offenbart sich, unbeschadet der Wahrheit und Heiligkeit Gottes, eine wunderbare Herablassung der ewigen Weisheit.«

Zweites Vatikanisches Konzil (1962-65), Dogmatische Konstitution über die göttliche Offenbarung (Dei verbum 12-13)

Die Bibel richtig verstehen

Die Aufgabe der wissenschaftlichen Erforschung der Bibel besteht darin, die historischen Ursprünge der jüdisch-christlichen Überlieferung mit wissenschaftlichen Methoden zu untersuchen. Ziel ist es, die Texte so auszulegen, dass tatsächlich das ausgesagt wird, was die biblischen Autoren sagen wollten, und dass dies gleichzeitig so formuliert wird, dass wir es heute richtig verstehen können.
In der Wissenschaft heißt die Lehre, die sich mit der Methode des Verstehens befasst, Hermeneutik (von griech. *hermeneuein* = deuten, auslegen, verstehen). Für die Auslegung biblischer Schriften hat sich die »historisch-kritische Exegese« hermeneutisch als grundlegend und fruchtbar erwiesen.
»Es ist eine historische Methode; nicht nur, weil sie sich auf alte Texte bezieht und deren historische Tragweite erforscht, sondern auch und vor allem, weil sie versucht, den historischen Prozess der Entstehung der biblischen Texte zu klären: dieser ... Prozess war oft kompliziert und von langer Dauer. In den verschiedenen Stadien ihrer Entstehung wandten sich die Bibeltexte an verschiedene Kategorien von Zuhörern oder Lesern, die sich in verschiedenen Situationen in Raum und Zeit befanden.
Es ist eine kritische (= unterscheidende) Methode, denn sie arbeitet in ihrem ganzen Vorgehen mithilfe wissenschaftlicher, möglichst objektiver Kriterien, um so dem heutigen Leser den Zugang zum Inhalt der biblischen Texte zu ermöglichen, deren Sinn oft schwer zu erfassen ist.
Als analytische Methode erforscht sie den biblischen Text auf die gleiche Art und Weise wie sie jeden anderen Text der Antike erforscht. Sie erläutert ihn als Erzeugnis der menschlichen Sprache.«

Die Interpretation der Bibel in der Kirche, 1993

■ **Wessen Wort.** Zeige auf, worin für das 2. Vatikanische Konzil die Aufgabe des Exegeten besteht.

Anliegen der historisch-kritischen Methode

Die historisch-kritische Exegese will den biblischen Text zunächst in seiner Zeit lassen und wirken lassen. Mit dem Beharren auf dem Ursprungssinn der Schriften will die historische Kritik den christlichen Ur-Kunden zu einem eigenständigen Recht verhelfen. Sie tut dies nicht, um die Schriften zu archivieren, sondern um den Text aus der Pionierzeit des Christentums als Gegenüber zur heutigen Praxis stark zu machen. Sie kann dabei heutigen Lesern einen heilsamen Schock verpassen: Vieles war am Anfang anders. Damit soll zugleich der Impuls vermittelt werden: Es könnte auch heute wieder anders werden.
Die historisch-kritische Exegese will im Text Entwicklungen festhalten und Brüche aufdecken. Die Literarkritik (siehe S. 81) untersucht, ob innerhalb eines Textes ein Vorgängertext aufzuspüren ist, der als Kernelement des späteren Textes stehen geblieben ist. Ziel dieser Vorgehensweise ist, deutlich zu machen, dass unsere heiligen Texte entstanden, gewachsen – und nicht einfach vom Himmel gefallen sind.

■ **Hermeneutik.** Begründe die Notwendigkeit, den biblischen Text mit wissenschaftlichen Methoden zu interpretieren.

Schritte der »historischen Kritik«

Die Textkritik eröffnet die Reihe der wissenschaftlichen Forschungsvorgänge. Indem sie sich auf das Zeugnis der ältesten und besten Manuskripte stützt, wie auch auf die Papyri, die alten Übersetzungen und die Überlieferungen der Kirchenväter, versucht sie, einen biblischen Text zu erstellen, der dem Originaltext so nahe wie möglich kommt ... Die Literarkritik bemüht sich dann, Anfang und Ende der großen und kleinen Texteinheiten zu bestimmen und die innere Stimmigkeit und Logik des Textes zu prüfen. Die Existenz von Wiederholungen und Doppelungen, unvereinbaren Gegensätzen und anderen Indizien lassen den zusammengesetzten Charakter gewisser Texte erkennen; man unterteilt sie in kleine Einheiten, um deren mögliche Zugehörigkeit zu verschiedenen Quellen zu ermitteln. Die Gattungskritik versucht, die literarischen Gattungen, ihr Ursprungsmilieu (»Sitz im Leben«), ihre spezifischen Merkmale und ihre Entwicklung zu bestimmen. Die Traditionskritik situiert die Texte in den Überlieferungsströmen, deren Entwicklung im Laufe der Geschichte sie zu präzisieren versucht. Die bisherigen Methodenschritte betrachten den Text unter einer Perspektive, die das Werden der Texte erklärt. Die Redaktionskritik schließlich untersucht die Veränderungen, die die Texte erfahren haben, bevor sie zu ihrer endgültigen Form gelangten. Dieser letzte Arbeitsschritt schließt mit einer Untersuchung ab: Man beleuchtet nun den Text als solchen und betrachtet ihn unter dem Gesichtspunkt einer Botschaft, die der Verfasser seinen Zeitgenossen vermitteln will.

Nach: *Die Interpretation der Bibel in der Kirche, 1993*

■ **Kampf am Jabbok.** Lies den Text Gen 32,23-33 sorgfältig durch und gliedere diese kurze Erzählung in Sinnabschnitte.

Erkenntnisse der historisch-kritischen Methode

Die Erforschung der Bibel mit der historisch-kritischen Methode brachte grundlegende Erkenntnisse hervor:

1. Die Bibel ist als zeitgeschichtliches Dokument zu lesen.
2. Sie ist in erster Line als Glaubenszeugnis von Menschen zu verstehen, die von ihrem Glauben ergriffen waren und diesen Glauben weitergeben wollten.
3. Die Auslegung der biblischen Texte darf nicht nach Belieben oder entsprechend bestimmter Interessen geschehen.

Um diesen Vorgaben zu genügen, bedient sich der historisch-kritische Ansatz verschiedener Methoden der Textanalyse, die den biblischen Text in seinem historischen Kontext und theologischen Anspruch verständlich machen.

■ **Historisch-kritische Exegese.** Beschreibe in eigenen Worten Ziel und Arbeitsweise der einzelnen Schritte der historisch-kritischen Exegese.

■ **Arbeit am biblischen Text.** Verfasse mithilfe der exegetischen Anmerkungen einen möglichen Abriss der Entstehung des Bibeltextes Gen 32,23-33. Zeige auf, welche Antwort der Text auf Jakobs individuelle Lebenssituation geben und was er für das Selbstverständnis Israels bedeuten kann.

Ergebnisse einer literarkritischen Analyse von Gen 32,23-33

Diese Bibelstelle ist als einheitliche Überlieferung anzusehen, weist aber mehrere Texterweiterungen auf. Ältester Bestandteil ist eine alte Ortssage von einen »Wassergeist« am Jabbok, einem Nebenfluss des Jordans (Vers 25b). Der Text weist eine Einleitung (V. 23-24) und einen dazugehörigen Schluss (V. 32a) auf, was sich am Ortswechsel und an der zeitlichen Abfolge zeigt. V. 25 stellt die Überleitung zur eigentlichen Handlung dar und verweist auf eine eigenständige Jakobsüberlieferung. V. 26b ist ein Nachtrag, da er grammatikalisch nicht mit dem Text verbunden ist. V. 27 schließt an V. 26a an. Die VV. 28 und 29 sind spätere Zusätze, da sie die Existenz des Volkes Israel voraussetzen. Auch ändert sich in diesen beiden Versen der Erzählstil. Mit der Ortsbezeichnung in V. 31a endet die Erzählung, wobei V. 31b ein Zusatz ist – achte auch hier auf den Erzählstil. V. 33 wurde später zugefügt, wohl in der Zeit nach dem babylonischen Exil, und hängt mit V. 26b zusammen.

Herbert Falken, 1984

■ **Jakobskampf.** Du kennst den Text Gen 32,23-33 (siehe S. 81). Beschreibe das Bild von Herbert Falken. Wo siehst du Jakob und wo seinen Gegner? Tausche dich mit einem Nachbarn/einer Nachbarin darüber aus, wie der Maler das Geschehen am Jabbok deutet.

Den biblischen Text im Heute verstehen

Die historisch-kritische Exegese deutet den Text in seiner Entstehungsgeschichte und ist gleichsam Anwältin für die »Fremdheit« der alten Texte. Ergänzende Deutungsansätze, die auf den Ergebnissen der historischen Kritik fußen, wollen diese Text für heutige Menschen nicht nur verstehbar, sondern auch bedeutsam machen.

Von zentraler Bedeutung ist dabei der *Kontext;* damit ist das »Umfeld« gemeint, welches den Leser/die Leserin prägt und in welchem der biblische Texte gelesen und verstanden wird. So lesen z. B. gewaltsam unterdrückte Menschen die Botschaft von der Befreiung anders als diejenigen, die von Unterdrückung und Gewalt profitieren. Dieser *soziologische (»befreiungstheologische«) Ansatz* berücksichtigt die jeweilige Verflochtenheit von Religion und Kirche mit den sozialen, ökonomischen und schichtenspezifischen Rahmenbedingungen und kommt nicht selten zu Erkenntnissen, die in konkrete politische Forderungen münden.

Frauen lesen und verstehen biblische Texte anders als Männer. Die *feministische Exegese* weist darauf hin, dass die Bibel weithin von einem dominierenden Männerbild geprägt ist, wie es in der Antike üblich war. Eines ihrer zentralen Anliegen ist der Einspruch gegen eine Traditionsgeschichte, die ursprünglich frauenfreundliche Elemente der Tradition patriarchalisch verfremdet hat. Deshalb erzählen nur wenige Texte direkt über Erfahrungen von Frauen mit Gott oder auch über weibliche Seiten Gottes (wie z. B. Jes 66,9.13). Umso wichtiger ist der Beitrag einer Bibellektüre aus Frauenperspektive, um zu einem umfassenderen Verständnis der heiligen Schriften zu gelangen.

Kein Text steht für sich allein. Die *intertextuelle Analyse* fragt danach, ob und auf welche Weise andere Vorlagen im zu interpretierenden Text verarbeitet worden sind oder welche Sinneffekte und Bezüge sich ergeben, wenn mehrere Texte nebeneinander gelesen werden. Hierbei spielt wiederum der Rezipient (Leser) eine wichtige Rolle *(Rezeptionsästhetik).* Er muss die verschiedenen Text- und Verständnisebenen (die Schreibweise des Autors und dessen Kontext; die eigene Verstehensweise und der eigenen Kontext) in Einklang und Zusammenhang bringen.

■ **Deutungsansätze.** Zeige auf, inwieweit es den beschriebenen Deutungsansätzen gelingen kann, den biblischen Text heutigen Menschen verstehbar zu machen.

Die *tiefenpsychologische Methode* der Schriftauslegung geht davon aus, dass Personen oder Handlungen in den biblischen Texten symbolisch zu verstehen sind und menschliche Grundsituationen widerspiegeln, z. B.: die Problematik der verschiedenen Lebensphasen, die verdeckten und offenen Konflikte der Generationen oder die Frage nach einem erfüllten Leben. Die tiefenpsychologische Interpretation setzt beim heutigen Leser der Bibel an und berücksichtigt unter anderem seine Ängste und Hoffnungen. Sie bringt in besondere Weise die Tiefenschichten des Menschen ins Spiel: sein Gemüt, sein Einfühlungsvermögen oder wechselnde Befindlichkeiten.

Ein Beispiel für eine tiefenpsychologische Interpretation

Der Jakob-Esau-Sagenkranz gibt das Leitmotiv für die Charakterisierung der Jakobsgestalt ab. Auf der erzählerischen Stufe heißt dieses Motiv: der Kampf der feindlichen Brüder und ihre schließliche Versöhnung; auf der tiefenpsychologischen Stufe kennzeichnet das Motiv die Doppelnatur von Jakobs Charakter, die helle und die dunkle Seite in ihm. Dabei ist die Gestalt des Jakob durchgehend einheitlich charakterisiert durch das Dominieren von Verstandesfähigkeiten und der ebenso stark ausgebildeten Durchsetzungsfähigkeit. Esau, der Zwillingsbruder Jakobs, ist eine Personalisierung der anderen Seite von Jakob. Als Schatten Jakobs verkörpert er das Animalische und ungesteuert Triebhafte in ihm, eine Urkraft, die sich eruptiv umsetzt in unkontrolliertem Tun. Seinen Schrecken kann das Rohe nur verlieren, wenn Jakob dieses Unbewusste in seinem Bewusstsein zuließe, wenn er es als zu ihm gehörig akzeptierte. Erst nach dem Kampf am Jabbok ist Jakob bereit, diese verdrängte Dimension seiner Person zuzulassen. »Der Mann«, mit dem Jakob kämpft, ist der ihm unbekannte Jakob, die dunkle Seite von ihm, Esau. Das Ergebnis des Kampfes ist Akzeptanz der Vielschichtigkeit der eigenen Person, die sowohl das Rationale als auch das Triebhafte umfasst. Nun muss sich Jakob nicht mehr vor sich selbst verstecken, sondern kann die durch Esau verkörperte dunkle Seite seines Lebens als der hellen Bewusstseinsseite gleichwertig annehmen: In der biblischen Geschichte versöhnt sich Jakob mit Esau, der helle Bruder verneigt sich sogar vor dem dunklen. In dieser tiefenpsychologischen Deutung bietet sich zugleich eine theologische Interpretation an: Das Ausweichen vor sich selbst, vor der auch fatalen Wahrheit des eigenen Lebens bedeutet zugleich ein Fernsein von Gott. Erfahren aber lässt sich Gott da, wo der Mensch in hartem Ringen durch die Annahme der abgewehrten dunklen Seite seiner selbst die sich widerstreitenden Lebenskräfte in Ausgleich zu bringen vermag. Das Einswerden mit sich selbst, die schmerzhafte Selbstannahme, die auch die abgelehnten Seiten der eigenen Person integriert, schafft die Möglichkeit einer Gotteserfahrung.

Nach Maria Kassel

- **Jakob und Esau.** Lies die folgenden Bibelstellen durch: Gen 25,19-34; 27,1-28,5 und 33,1-11. Vergleiche in einer Tabelle Jakob und Esau nach äußeren und charakterlichen Merkmalen und zeichne dann die Geschichte ihrer Geschwisterbeziehung nach.

- **Deutung des Kampfes am Jabbok.** Interpretiere den Kampf Jakobs am Jabbok nach dem tiefenpsychologischen Deutungsansatz.

- **Tiefenpsychologischer Ansatz.** Zeige auf, warum der Deutungsansatz von Maria Kassel dem heutigen Menschen ein Verständnis des biblischen Textes vermittelt. Worin siehst du die Grenzen dieses Ansatzes?

- **Bruderzwist.** Gestaltet in Vierergruppen die Beziehung zwischen Jakob und Esau, wobei jeweils zwei die Brüder in einem Standbild darstellen und die anderen beiden die entsprechende Bibelstelle verlesen.

Bibliolog – Dialog mit der Bibel

Der Bibliolog (griech. = die Bibel [weiter]sprechen) ist eine Methode der Bibelarbeit, die davon ausgeht, dass die Bibel auch heute noch lebendig zu uns spricht und uns etwas zu sagen hat. Im Dialog mit einem biblischen Text geht es darum, einen ganz persönlichen Zugang zum Text zu ermöglichen. Dazu identifizieren sich die Teilnehmenden mit den vom Text vorgegebenen Rollen. In diesen Rollen füllen sie die »Zwischenräume« der Texte, das »weiße Feuer«, mit eigenen Ideen und gewinnen dadurch einen lebendigen Zugang zu dem »schwarzen Feuer« der Buchstaben des Textes. Lebensgeschichte und biblische Geschichte verweben sich dabei miteinander und legen sich gegenseitig aus.

Phasen des Bibliologs

1. Die Leitung (L) des Bibliologs wählt eine Bibelstelle aus und informiert über die Besonderheiten ihrer Entstehungszeit und die beschriebenen Lebensumstände.
2. Der Text wird vorgelesen bis zu einer Stelle, an der »weißes Feuer« lodert, die also besonders zur Identifikation einlädt. Die L weist den Teilnehmenden (TN) die Rolle einer biblischen Gestalt zu und bittet sie, sich zu äußern.
3. Alle TN, die möchten, äußern sich aus der Sicht der zugewiesenen Rolle zu dem erzählten Geschehen. Alle Äußerungen gelten als gleichwertig. Die L wiederholt den Schwerpunkt der Äußerung noch einmal laut für die ganze Gruppe und kann auch noch einmal zurückfragen. Der Text wird weitergelesen bis zur nächsten Stelle mit »weißem Feuer«. Wieder nehmen die TN eine Rolle ein und äußern sich.
4. Zum Schluss bedankt sich die L bei allen TN, die durch ihre Äußerungen den biblischen Personen Stimmen gegeben haben. Die L erinnert daran, dass alle Anwesenden nun nicht mehr in einer bestimmten Rolle stehen, sondern als »sie selbst« den Text noch einmal als Ganzes hören sollen.

In Genesis 25,19 – 37,36 und 49,27 – 50,13 wird die Geschichte von Jakob, Isaaks Sohn, erzählt. Sie beginnt damit, dass sich Jakob von seinem Zwillingsbruder Esau für ein Linsengericht das Erstgeburtsrecht erkauft (Gen 25,27-34). Wenig später kommt es zum offenen Konflikt, weil sich Jakob mit Hilfe seiner Mutter durch eine List den Erstgeburtssegen erschleicht (Gen 27,1-40). Nach dem Betrug an Esau flieht Jakob zu seinem Onkel Laban und verliebt sich dort in dessen jüngere Tochter Rahel. In der Jakobsgeschichte spielen Frauen eine besondere Rolle. Rebekka protegiert ihren Sohn Jakob; und auch dessen beide Frauen, Lea und Rahel, werden zu Leitfiguren und »Müttern Israels«, weil ihre Söhne die Gründer und Anführer der zwölf Stämme Israels werden. Eine Möglichkeit, sich die Frauengestalten zu erschließen, bietet die feministische Exegese. Diese fragt danach, wie sich Erfahrungen von Frauen in einer von Männern bestimmten Gesellschaft auch in biblischen Texten niedergeschlagen haben. Denn die Bibel entstand in Zeiten mit patriarchalischen Verhältnissen und entsprechend sind ihre Texte aus Männerperspektive geschrieben. Gendergerechte Auslegung will die biblische Tradition von solchen Überlagerungen befreien und weibliche Elemente und Identifikationsfiguren auf- und entdecken, z. B. die weibliche Seite Gottes oder die Rolle von Frauen in der Geschichte Israels und des frühen Christentums.

- **Sich einem Bibeltext nähern.** Lies die Bibelstelle Gen 29,1-14 aufmerksam und beurteile Jakobs Verhalten am Brunnen.

- **Im Dialog mit der Bibel.** Informiere dich mithilfe der Methodenkarte über den »Bibliolog«. Bereite die Textstelle Gen 29,14c-30 so vor, dass du sie in deiner Klasse für einen Bibliolog verwenden kannst. Wählt aus eurer Klasse einen, der die Leitung des Bibliologs übernimmt, und führt einen Bibliolog durch.

- **Mutterliebe.** Skizziere in eigenen Worten die Rolle Rebekkas, wie sie in Gen 27,1 – 28,5 beschrieben wird. Begründe Rebekkas Verhalten und beurteile ihre Rolle für das Volk Israel.

- **Feministische Exegese.** Zeige anhand der Überlegungen von Dorothee Sölle (S. 85) auf, welche Impulse aus der Geschichte von Lea und Rahel für heutige Frauen und Männer ausgehen.

Große Frauen in der Bibel

Edvard Munch, 1894/95

Eine der schönsten Liebesgeschichten der Bibel spielt zwischen Jakob und Rahel, sie beginnt mit den Tränen, die Jakob weint, nachdem er Rahel geküsst hat (Gen 29,11), und endet mit Rahels frühem Tod ... Dazwischen liegen Schwesternstreit und die an eine andere Frau abgetretene Mutterschaft. Dazwischen liegt auch der böse Betrug an Jakob, der morgens nach der Hochzeitsnacht aufwacht und Lea an seiner Seite findet; statt der Frau, um derentwillen er sieben Jahre Frondienst leistete ... Alle Konflikte der Frauen kreisen um das Thema der Fruchtbarkeit, und die großen Frauen der Urzeit erscheinen besessen von der Angst, kinderlos zu sterben ... Rahel muss dem Kinderglück ihrer Schwester Lea zusehen und sich lange mit der Leihmutterschaft begnügen. Es ist, als habe Gott die Kinderlose vergessen, denn die erflehte Schwangerschaft wird mit dem biblischen Ausdruck angekündigt: »Nun gedachte Gott Rahels. Gott erhörte sie« (Gen 30,22). Gott erinnert sich, Gott gedenkt, und die Frau, die sich von Gott vergessen fühlte, abgeschnitten vom Geheimnis des Lebens, wird ihrer selbst wieder gewiss. Die Mutterschaft wird aber nicht idealisiert, sondern realistisch als eine Sache auf Tod und Leben wahrgenommen. Schließlich teilt Rahel das Schicksal von Millionen Frauen in der vorindustrialisierten Welt und der Mehrheit der Armen, die heute ohne Gesundheitsversorgung leben müssen. Sie stirbt bei der qualvollen Geburt ihres zweiten Kindes, des Benjamin. Nichts trennt uns vielleicht mehr von der Welt der Bibel als diese Obsession der damaligen Frauen mit dem Muttersein ... Kinder und weitergegebenes Leben spielten die entscheidende Rolle ... Das Leben selber wurde nicht als Besitz von einzelnen Individuen aufgefasst, aus dem man möglichst viel machen muss, sondern als eine Leihgabe Gottes, die uns mit denen vor uns und denen nach uns verbindet. Die Geschichte der beiden Frauen Jakobs dramatisiert diese Grundgegebenheit der damaligen Welt und zeigt die Konflikte und Schmerzen auf, die in ihr für Frauen angelegt sind. Auch Lea, die ältere Tochter Labans, wird Opfer des Betrugs, mit dem Jakob betrogen wurde. Sie, die Ungeliebte, versucht, durch ihre Söhne den Mann an sich zu binden; die Namen, die sie ihnen wohl nach mutterrechtlicher Tradition gibt, bezeugen das. Sie nennt sie »Jahwe hat mein Elend angesehen«, »Jahwe hat gehört«, dass ich zurückgesetzt wurde; »anhänglich« nennt sie einen Sohn und meint doch den Mann. Die Beziehung der beiden Schwestern zueinander bleibt von Eifersucht und Lebensneid geprägt. Es ist nicht Kummer um die im romantisch modernen Sinn als unteilbar angesehene Liebe des Mannes, sondern Neid der Rahel auf den Kinderreichtum der Schwester (Gen 30,1) und Bitterkeit der Lea ihr gegenüber (Gen 30,15) ... Wie es Lea nach Rahels Tod ging, erfahren wir nicht. Eine Versöhnung der beiden Schwestern findet nicht statt. Waren sie dazu weniger bereit als die tödlich verfeindeten Brüder? Oder schien es den Erzählern nicht wichtig genug, auch den Schwesternstreit zu schlichten? Vielleicht wäre diese Versöhnung der Frauen untereinander erst in einer Zeit nach dem Patriarchat möglich.

Dorothee Sölle

■ **Beziehungen.** Betrachte das Bild und beschreibe, in welcher Beziehung die drei Personen zueinander stehen. Übertrage dieses Beziehungsgeflecht auf Jakob, Lea und Rahel – begründe, wer welche Person verkörpern könnte.

um 850 (Hagia Sophia)

Rogier van der Weyden, 1435

■ **Marienbilder.** Nimm dir Zeit für die Betrachtung der Marienbilder auf dieser Doppelseite und wähle das dich ansprechende Bild aus.
Formuliere schriftlich die Gedanken Marias oder richte Fragen an den Künstler. Tausche deine Ergebnisse mit einer Mitschülerin oder einem Mitschüler aus.

Die Bibel erzählt über einen mehr als 1500 Jahre währenden Zeitraum Lebens- und Glaubensgeschichten von Menschen. Dabei zeigen die biblischen Texte ein breites Spektrum menschlicher Erfahrungen auf, wie beispielsweise Liebe, Sehnsucht und Hoffnung, Angst, Eifersucht und Zweifel. All diese Erfahrungen werden durch die Begegnung mit Gott im Glauben gedeutet. Von Anfang an haben die Menschen diese Erzählungen fasziniert, weil sie in ihnen ihre eigenen Hoffnungen und Befürchtungen und ihre Frage nach dem Sinn der menschlichen Existenz entdeckten. So sind die biblischen Schriften auch für

Biblische Bilder wirken weiter

Emil Nolde, 1912

Künstlerinnen und Künstler zu einer Inspirationsquelle geworden. Im kreativ-künstlerischen Schaffen wurden die biblischen Personen und Themen immer wieder neu dargestellt und interpretiert.
Eine Figur, die seit der frühen Zeit der christlichen Kunstgeschichte fasziniert hat und kontinuierlich bis heute zu künstlerischer Auseinandersetzung inspiriert, ist Maria. Obwohl die Person Marias im Neuen Testament nur an wenigen Stellen erwähnt wird, gibt es eine nahezu unüberschaubare Fülle von Kunstwerken, die sich mit Maria und ihrem Sohn befassen.

■ **Maria in der Bibel.** Teilt euch in Gruppen auf und stellt zusammen, was aus folgenden Bibeltexten über Maria zu erfahren ist: Mk 3,20f.; 3,31-35; 6,1-6a; Mt 1–2; Lk 1,38; 2,19.35.51; Joh 2,1-12; 19,25-27; Apg 1,14. Sprecht darüber, inwieweit die Kunstwerke dem biblischen Befund gerecht werden.
Stellt eure Ergebnisse zusammen und sprecht darüber, welchen Aspekt aus dem Leben Marias die hier dargestellten Kunstwerke hervorheben.

Todeserfahrung. Nimm dir einen Augenblick Zeit, um darüber nachzudenken, welche Erfahrungen mit dem Tod du bereits gemacht hast. – Schreibe auf ein DIN-A4-Blatt (im Querformat), welches der schwerste Verlust in deinem Leben war. Ihr könnt mit den Blättern eure eigene Klagemauer bilden oder die Blätter in eure Hefte kleben.

Hast du je einen Toten
Hast du Freunde
Bleiben Erinnerungen
Trauert jemand
Kreuze, Kerzen,
Achtest du den Tod mehr
Bist du
Fürchtest du
Wem wünschst du
Lohnt es sich, jemanden lieben zu
Hast du noch etwas zu sagen,
Willst du das Datum
Hast du Worte
Wo begegnet dir

■ **Internetfriedhöfe.** Seit einigen Jahren veröffentlichen Hinterbliebene Nachrufe für verstorbene Freunde oder Verwandte im Internet. Einer von vielen virtuellen Friedhöfen ist unter www.memoriam.de zu finden. Suche die Seiten einiger Internetfriedhöfe auf und erkunde, welcher Umgang mit Trauer und Tod dort festzustellen ist.

berührt?

unter den Toten?

an dich?

um dich?

Kränze …?

als das Leben?

vorbereitet?

■ **Treppenstufen.** Steige die hier abgebildete Treppe gedanklich Stufe für Stufe hinauf und beantworte für dich die dir dabei entgegenkommenden Fragen.

den Tod?

den Tod?

lernen, der in sechs Monaten stirbt?

bevor du stirbst?

deines Todes wissen?

für den Tod?

der Tod?

MEMENTO MORI

■ **Aussehen.** Betrachte die beiden Fotos von Isabell Zachert. Beschreibe, wie das veränderte Aussehen Isabells auf dich wirkt.

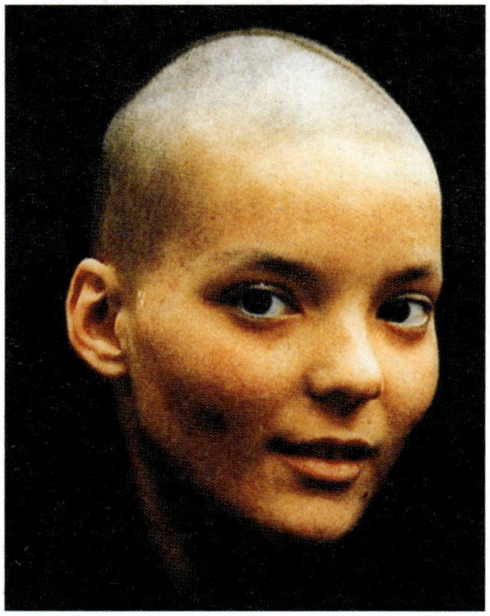

Isabell Zachert

■ **Auftauchen.** Stell dir vor, Isabell ist deine Mitschülerin. Du weißt von ihr, dass sie Krebs hat. Jetzt taucht sie plötzlich in der Klasse auf. – Schreibe auf, welche Gedanken und Gefühle dich in dieser Situation befallen. Benutze dabei die Ich-Form.

Isabell Zachert war gerade 15 Jahre alt, als ihr mitgeteilt wurde, dass sie Krebs habe. Chemotherapien wurden notwendig, um diese oft tödlich verlaufende Krankheit zu bekämpfen. Zwischen zwei Krankenhausaufenthalten besuchte Isabell ihre alte Klasse. Isabells Mutter Christel hat in einem Buch ihre Erfahrungen aus dieser Zeit dargelegt und jenen Besuch geschildert.

Bevor wir wieder nach Köln mussten, wolltest du unbedingt noch einmal in die Schule. Du hattest dich so darauf gefreut – und kamst so enttäuscht zurück! Du wolltest auf alle Fälle die Klasse überraschen, aber die Schüler und Lehrer waren nicht vorbereitet. Du hattest dich sehr schick gekleidet. Kess, mit einer Baskenmütze und Sonnenbrille, ein schickes Tuch um den Hals. Du machtest nicht den Eindruck eines schwer kranken Mädchens. Deine Mitschüler waren irritiert. Sie trauten sich nicht, dich anzugucken, um ja nicht auf die Perücke zu starren. Aber war das denn überhaupt eine Perücke? Du sahst doch so schick aus, anstarren wollte man dich ja nicht. Was sollte man mit dir reden? Tausend Fragen hatte jeder. »Stimmt es wirklich, dass du Krebs hast?«, fragte sich jeder, aber keiner traute sich, es auszusprechen. Musst du vielleicht sogar sterben? Tausend andere Fragen bohrten sicherlich auch. Aber jeder verschloss den Mund aus Angst, etwas Falsches zu sagen. Sollte man sich vielleicht mit dir über das Wetter und die letzte Klassenarbeit unterhalten? Solche Alltäglichkeiten verboten sich von selbst! So oder so ähnlich wird es gewesen sein. Und du hattest davon geträumt, dass sie auf dich zukommen, dich in die Arme nehmen, dir sagen, dass sie sich freuen, dass du wieder da bist, dass sie hoffen, dass du weiter so kraftvoll kämpfst, dass sie dich vielleicht bei der nächsten Therapie besuchen und dir von der Schule erzählen und dass sie es ganz toll finden, dass du so gut aussiehst. Aber …

Das letzte Jahr von Isabell Zachert

Isabells Mutter Christel hat in der Fernseh-Talkshow »Boulevard Bio« über die letzte Zeit mit ihrer Tochter berichtet:

Alfred Biolek: Sie sagten, sie hat sich unglaublich in diesem Jahr entwickelt, verändert – in welcher Weise?

Christel Zachert: Verändert will ich nicht sagen. Ich glaube nicht, dass in einem Menschen etwas wachsen kann, was nicht angelegt war, aber es ist in ihr zu einer Entwicklung und Entfaltung gekommen, zu der es vielleicht ohne diesen Bruch des Schicksals nicht gekommen wäre in so kurzer Zeit. Dann hätte sie wahrscheinlich Jahrzehnte dazu gebraucht, um diese Persönlichkeit zu einer reifen Frau zu entwickeln.

Michael, 16 Jahre

Talkshow-Gast: Sie hat intensiver gelebt.

Zachert: Sie hat viel intensiver gelebt. Sie wusste, dass ihr Leben endlich war. Das hatte sie körperlich empfunden, und das war ihr ganz, ganz klar.

Biolek: Das war ja die Chance, weil sie es nicht verdrängt hat.

Zachert: ... dadurch hat sie wirklich das Leben begriffen als ein Geschenk, und jede Stunde, in der sie schmerzfrei leben konnte und in der sie etwas geben konnte, entweder uns, den Krankenschwestern oder sich anvertrauen konnte ihren Freunden in Briefen – das hat sie genutzt! Sie hat diese Zeit nicht verdöst oder verjammert. Sie hat sie durchlitten und durchlebt und sie hat noch so viel Schönes erlebt! Wir haben mit ihr in ihren letzten Stunden noch gelacht, das kann man sich gar nicht vorstellen. Das war – phänomenal!

Biolek: Wie war das Verhältnis in diesem einen Jahr? Wie war da der Umgang mit den Geschwistern? Wie haben sie darauf reagiert, die ganze Familie – das ist ja fast eine Überforderung: Die ganze Aufmerksamkeit wird diesem Kranken gewidmet. – Ihre Kraft ist ja größtenteils da draufgegangen. Man fragt sich überhaupt, wie eine Mutter noch strahlend da reinkommt, ins Krankenzimmer – denn das muss man ja.

Zachert: Also wir haben selbst an uns erlebt, dass der Mensch so unwahrscheinliche Kräfte hat, wenn er will und wenn er muss. Man glaubt es gar nicht vorher, man kann sich das nicht vorstellen – wir hätten es selbst auch nicht gedacht. Und das prägt einen hinterher auch und das bleibt als Erfahrung und als Schatz auch hinterher übrig.

Biolek: Das bleibt auch nach dem Tod.

Zachert: Auch nach dem Tod ... Aber die Familie hat eben auch in diesem Jahr ganz eng zusammengehalten. Und wir alle haben versucht, Isabell das Gefühl zu geben, dass wir mit ihr hoffen und mit ihr kämpfen.

- **Verändern.** Beschreibe, wie sich Isabells Einstellung dem Leben gegenüber in ihrem letzten Lebensjahr verändert hat.

- **Kämpfen.** Überlege, worin der Unterschied zwischen »gegen den Tod kämpfen« und »den Tod verdrängen« bestehen könnte, und tausche dich mit einem Nachbarn/einer Nachbarin aus.

- **Beziehen.** Interpretiere die Zeichnung des 16-jährigen Michael, indem du eine zu Michaels Bild passende Familiensituation schilderst. Suche auch nach Bezugspunkten zur Situation in Isabells Familie.

Edvard Munch, 1897/99

Memento

Vor meinem eignen Tod ist mir nicht bang,
Nur vor dem Tod derer, die mir nah sind.
Wie soll ich leben, wenn sie nicht mehr da sind?

Allein im Nebel tast ich todentlang
Und lass mich willig in das Dunkel treiben.
Das Gehen schmerzt nicht halb so wie das Bleiben.

Der weiß es wohl, dem Gleiches widerfuhr;
– Und die es trugen, mögen mir vergeben.
Bedenkt: Den eignen Tod, den stirbt man nur,
Doch mit dem Tod der andern muss man leben.

Mascha Kaléko

- **Gedicht.** Setze dich mit den Aussagen des Gedichtes auseinander, indem du in einem Brief oder einem Gedicht eine Antwort an Mascha Kaléko formulierst.

- **Kunstwerk.** Betrachte das Bild in Ruhe und für dich alleine. – Suche dir eine Person auf dem Bild und schreibe einen inneren Monolog aus der Sicht dieser Person.

- **Vergleich.** Vergleiche Bild und Text hinsichtlich ihrer inhaltlichen Aussage miteinander. Tausche dich anschließend mit einer Mitschülerin oder einem Mitschüler aus.

Überall in der Natur begegnet uns Menschen der Tod. Leben und Tod gehören zusammen wie Licht und Schatten. Das eine existiert nicht ohne das andere. So ist das Sterbenmüssen ein unauslöschlicher Bestandteil des menschlichen Lebens. Der Tod begleitet, ja bedroht das menschliche Leben auf Schritt und Tritt. Er kann als natürlich empfunden werden, wenn ein alter Mensch nach einem erfüllten Leben stirbt; er kann grausam erscheinen, wenn er einen Menschen in der Blüte seiner Verantwortung oder gar ein Kind mit sich reißt; er kann aber auch erlösend wirken, wenn Krankheit und Leid die Widerstandskräfte eines Menschen längst überstiegen haben.
Aus diesen Gründen ist es nicht verwunderlich, dass sich Menschen immer schon mit dem Tod auseinandersetzten. In der bildenden Kunst oder der Literatur hat man häufig versucht, den Erfahrungen mit dem Tod Ausdruck zu verleihen.

Schlussstück

Der Tod ist groß.
Wir sind die Seinen
lachenden Munds.
Wenn wir uns mitten im Leben meinen,
wagt er zu weinen
mitten in uns.

Rainer Maria Rilke

- **Rilke.** Setzt das Gedicht in einem Standbild um.

- **Wort und Bild.** Setzt das Gedicht mit den Aussagen des abgebildeten Totentanzes in Beziehung.

- **Totentanz.** Informiere dich im Lexikon, was man unter einem Totentanz versteht.

- **Gestaltung.** Überlegt euch Situationen, in denen der Tod ins Leben tritt. Gestaltet einen eigenen Totentanz.

Vier Szenen aus einem Totentanz in der Kapelle St. Michael, Alter Friedhof, Freiburg i. Br.

Der Tod gehört von Anfang an zum Leben

Der Philosoph Martin Heidegger (1889-1976) hat das Leben des Menschen als ein »Sein zum Tode« bezeichnet. Der Tod gehört für ihn unausweichlich zum Leben dazu, wenngleich wir im Alltag diese Grundtatsache unserer Existenz immer wieder zu verdrängen versuchen. Wenn wir etwas nicht mit uns persönlich in Verbindung bringen möchten, sondern uns lieber hinter einem Allgemeinen verstecken, dann benutzen wir häufig das Wörtchen »man«: Man sagt ...; da hat man wieder einmal gesehen ... usw. Für Heidegger wird dieses Wörtchen »man« zum Signalwort dafür, dass wir nicht wirklich bei uns selbst, sondern in einem unpersönlichen Allgemeinen gefangen sind.

Der folgende Text lehnt sich an einige Passagen aus seinem frühen Hauptwerk »Sein und Zeit« (1927, [19]2006) an.

Man sagt, der Tod kommt gewiss, aber vorläufig noch nicht. Mit diesem »aber ...« spricht das Man dem Tod die Gewissheit ab, es verdrängt den Tod dadurch aus unserem alltäglichen Bewusstsein. Der Mensch verweist sich mit dieser Aussage zunächst an das, was wir an unserem Dasein regeln können, was für uns besorgbar, machbar ist. Damit drängt sich die Alltäglichkeit in ihrer Dringlichkeit nach vorne. Das rastlose Besorgen im Alltag verdrängt das ruhige und tatenlose Denken an den Tod. Der Tod wird hinausgeschoben auf ein »später einmal«. So verdeckt das Man die Gewissheit des Todes, die darin besteht, dass er jeden Augenblick möglich ist.

So gewiss der Tod im Leben des Menschen auch ist, so unbestimmt ist andererseits der Zeitpunkt seines Eintreffens. Aber auch dieser Unbestimmtheit weicht der Mensch in seinem alltäglichen Bewusstsein aus. Anders ausgedrückt: Das Man spricht dem Tod seine Unbestimmtheit ab. Dies geschieht nicht dadurch, dass der Zeitpunkt des Todes berechnet oder im Vorhinein festgelegt würde, sondern indem das Man in seinem alltäglichen Besorgen die Dringlichkeiten und Möglichkeiten des Alltags vor die Unbestimmtheit des Todes schiebt und diese damit überspielt.

Eine solche Verdeckung der Unbestimmtheit des Todes verschleiert gleichzeitig seine Gewissheit. Und somit ist für das Man der Charakter des Todes überhaupt verdeckt, der darin besteht, dass er gewiss und unbestimmt, d. h. jeden Augenblick möglich ist.

Denn eigentlich ist der Tod als das Ende des Daseins die eigenste, gewisse und als solche unbestimmte und unüberholbare Möglichkeit des Daseins.

- **Man.** Überlege dir Beispiele aus deinem Alltag, in denen du dein eigenes Handeln nicht mit dem Pronomen »ich«, sondern mit »man« umschreibst.

- **Umgang mit dem Tod.** Bestimme, wie der Mensch nach Heidegger in seinem alltäglichen Dasein mit dem Faktum des Todes umgeht.

- **Die Rolle des Todes.** Erläutere Heideggers Sicht auf die Rolle des Todes für das menschliche Dasein. Formuliere anschließend Anfragen an Heideggers Sichtweise aus der Perspektive, wie sie sich aus Isabell Zacherts Umgang mit dem Tod (S. 90f.) ergibt. Du kannst auch Beispiele aus der christlichen Tradition benennen, die einen anderen Umgang mit dem Tod belegen.

- **Tod im Alltag.** Sprich Menschen in deinem engeren Umfeld auf den Tod an. Wie gehen sie mit der Tatsache ihrer Endlichkeit um? Vergleiche deine Erkenntnisse mit M. Heideggers Aussagen zum alltäglichen Umgang des Menschen mit dem Tod.

- **Bildbetrachtung.** Betrachte das Bild für dich und in aller Ruhe. Vielleicht könnt ihr ruhige Musik dazu laufen lassen. – Setzt euch in Gruppen von vier bis fünf Personen zusammen und beginnt eine Schreibmeditation zu dem Bild. Der erste Satz lautet: »Mein Leben hat viele Dimensionen, die sich berühren und auf einen Punkt hin verdichten können.« Ergänzt den Satz um eine eigene Bemerkung und gebt das Blatt anschließend an euren linken Nachbarn weiter. Achtet darauf, dass ihr in der Ich-Form schreibt.

Raimund Wäschle, 1996

Streitgespräch

Der Philosoph Robert Spaemann zählt zu den bedeutendsten deutschsprachigen Philosophen der Gegenwart, er vergleicht die Sterbehilfe mit der NS-Euthanasie. Der Journalist Bartholomäus Grill hat seinen Bruder in den Freitod begleitet und über seine Erfahrungen in der Wochenzeitschrift DIE ZEIT *berichtet. In einem Gespräch, das in der Zeitschrift* Stern *abgedruckt wurde, versuchen beide, ihre Positionen verständlich zu machen.*

Robert Spaemann, 79, und Bartholomäus Grill, 52, Anfang November 2006 in Spaemanns Haus in Stuttgart

Grill: Die letzte Reise meines krebskranken Bruders zu den Sterbehelfern von »Dignitas« nach Zürich muss für Sie eigentlich in höchstem Maße verwerflich sein.

Spaemann: Über die Entscheidung eines einzelnen Menschen urteile ich nicht, ich werde sie auch nicht verwerfen. Ich bin nicht betroffen von einer solchen Situation. Mein Interesse beginnt dort, wo die Dinge verallgemeinert werden, wo also nicht die Frage gestellt wird: »Hat Ihr Bruder recht oder unrecht getan?«, sondern: »Sollte es solche Einrichtungen geben?« Einem Menschen, der in Not ist, kann man diesen Ausweg nicht vorwerfen, selbst dann nicht, wenn man einen solchen Ausweg in generalisierter Form falsch findet ...

Grill: In Ihren Veröffentlichungen gehen Sie stets davon aus, dass alle Menschen eine fundamentale Solidarität verbindet ... Ich finde, wir haben die schwierigste Solidarität überhaupt geleistet [als wir unseren Bruder zu den Sterbehelfern von »Dignitas« begleitet haben]. Wir sind unserem Bruder beigestanden. Er war sich sehr wohl bewusst, welche Zumutung er uns da aufbürdet. Aus unserer Sicht war es nicht ein Akt der Barbarei, sondern der Barmherzigkeit.

Spaemann: Ich nehme an, dass in Ihrem Fall das tatsächlich so ist, aber ich würde nicht so einen krassen Gegensatz zwischen Barbarei und Mitleid machen. Mitleid ist eine zweideutige Sache. Mitleidstötungen, die man ja immer wieder erlebt, auch in Altenheimen, geschehen oft aus »Mitleid«, weil man sich nämlich selbst das Mitleiden ersparen will. Und so meine ich, dass sich auch eine Begleitung des eigenen Angehörigen auf diesem Weg mit einer klaren Missbilligung dessen, was er tut, verbinden kann ... Denn man kann jemanden auch begleiten auf einem falschen Weg. Aber ich kann nicht sagen: »Es soll dich nicht mehr geben.« Neuere Untersuchungen zeigen, dass in der weitaus größten Zahl der Fälle der Suizid-Wunsch verschwindet, wenn der Patient erlebt: Es gibt jemanden, dem daran liegt, dass ich noch lebe ...
Die Entsolidarisierung fängt meines Erachtens da an, wo jemand die Selbsttötung akzeptiert, weil er sagt, das erspart mir die Aufwendungen, die auf mich zukommen, wenn der Kranke am Leben bleibt.

Grill: Sie meinen die explodierenden Kosten im Krankenhaus, wenn das Leben künstlich verlängert wird ... Sie befürchten also, dass aktive Sterbehilfe, wie sie zum Beispiel in den Niederlanden oder Belgien erlaubt ist, zu einem rein nutzbringenden Handeln führt, das nur noch von Zweckmäßigkeit geleitet wird?

Spaemann: Ja, und zwar ist das nicht nur eine vage Sorge, sondern eine Prognose, die man mit ziemlicher Sicherheit stellen kann, weil die Menschen nun einmal so sind, wie sie sind. Man sieht doch, dass die Tötung ohne Verlangen – also genau das, was die Nazis machten – die Beurteilung eines Lebens als nicht lebenswert voraussetzt. Menschen werden, ohne je danach verlangt zu haben, getötet, und zwar in einer jährlich wachsenden Zahl. Es gibt in den Niederlanden Fälle, in denen der Arzt sagt: »Ich musste das schnell machen, weil ich die Betten brauchte.« Das ist die Realität. Und über die kann man gar nicht hart genug sprechen.

Grill: Sie erinnern in Ihren Beiträgen zur Debatte immer wieder an die NS-Zeit ... Auch ich halte die Praxis der aktiven Sterbehilfe in den Niederlanden für höchst problematisch. [Aber] man kann die Barbarei der Nazis doch nicht ernsthaft mit der umstrittenen Praxis in Holland verknüpfen. Es ist ein fundamentaler Gegensatz, ob viele Menschen von einer Vernichtungsmaschinerie gegen ihren Willen systematisch ermordet werden oder ob ein Individuum die schwere Entscheidung trifft, freiwillig seine Qualen zu beenden.

Spaemann: Das ist ein großer Unterschied. Aber in den Niederlanden werden Menschen auch ohne ihren Willen getötet. Ich kann es ja auch nicht für Zufall halten, dass der Ruf nach Legalisierung der Euthanasie in einem Augenblick laut wird, wo wir uns auf eine enorme Überalterung der Gesellschaft hinbewegen. Freunde weisen es entrüstet von sich, wenn ich sage: »Es wird hier vielleicht nicht planmäßig, aber tatsächlich ein Ausweg vorbereitet für die Lösung eines Problems.« Laut Umfragen sind zwei Drittel in Deutschland für die aktive Sterbehilfe. Aber wenn sie in den Altenheimen nachfragen, sind 90 Prozent der Leute dagegen, weil sie Angst haben.

Grill: Sie halten also eine Perversion, wie wir sie in unserer Geschichte hatten, durchaus wieder für möglich?

Spaemann: Ja ... Wenn ich ein Recht habe und es nicht in Anspruch nehme, dann habe ich normalerweise die Folgen dafür zu tragen, dass ich es nicht tue. Das ist dann meine freie Entscheidung. In der gegenwärtigen Rechtslage ist es so, dass Angehörige all die Mühen, das Geld und die Opfer für Pflegefälle aufbringen müssen, weil sie sich in der Solidargemeinschaft befinden. Das ist hart und bedrückend für den Schwerkranken – aber es lässt sich nicht ändern. In dem Augenblick, wo ich das Recht habe, meine Tötung zu verlangen, kehrt sich die Sache um. Da kann jeder zu mir sagen: Du lädst den anderen all diese Lasten auf, du könntest sie ganz leicht davon befreien. In dem Augenblick wird die Verantwortungslast auf ihn abgewälzt, er ist jetzt schuld. Ich sehe nicht, wie sich das vermeiden ließe ... Es sind gar nicht die böswilligen Angehörigen. Aber der Kranke muss das Gefühl haben: Alles, was sie für mich tun, könnte ich ihnen ersparen, und zwar auf legale Weise. Wenn ich es nicht tue, dann belädt es mich mit einer großen Verantwortung. Und dann kann ich mir vorstellen, dass mancher wirklich nicht mehr gerne leben möchte.

Grill: Aber es gibt doch die ausweglose Situation, in der ein unheilbar kranker, schwer leidender Mensch einfach nur seine Qualen beenden will. Er muss sagen können: Da ist keine Hoffnung mehr, ich möchte sterben. Es muss die Möglichkeit geben, dass er von seiner letzten Freiheit Gebrauch macht, die ihm noch geblieben ist: Ich scheide aus freien Stücken aus dem Leben.

Spaemann: Gewiss, das ist ein anderer Fall. Hier muss man aber unterscheiden zwischen dem Gebrauch der eigenen Freiheit und der Inanspruchnahme anderer. Wenn ein Mensch einen anderen Menschen in Anspruch nimmt, um sich töten zu lassen, tritt das Gesetz der menschlichen Solidargemeinschaft, von der wir sprachen, in Kraft.

Wir wenden uns gegen alle Aussagen, die das Leben von Menschen als »nicht mehr lohnend« oder »nicht mehr lebenswert« abqualifizieren. Wir verweisen demgegenüber auf die Kostbarkeit jedes einzelnen Menschen und die unabdingbare Würde jeder einzelnen Person ..., die in der Gottebenbildlichkeit des Menschen gründet.

Kardinal Karl Lehmann (DBK) und Manfred Kock (EKD), Bonn/Hannover 2003

- **Begriffe.** Kläre mithilfe des Lexikons die Begriffe »aktive« und »passive Sterbehilfe«.

- **Argumente.** Sammle und veranschauliche die Argumente, die für die unterschiedlichen Positionen zur Sterbehilfe angeführt werden. Beziehe dazu auch die Textsammlung kirchlicher Erklärungen »Sterbebegleitung statt aktiver Sterbehilfe« mit ein, die du auf der Homepage der Deutschen Bischofskonferenz (www.dbk.de) findest.

- **Euthanasie.** Informiere dich über den Begriff »Euthanasie« und begründe, warum er in Deutschland besonders problembeladen ist.

- **Hospiz.** Recherchiere im Internet über Hospizeinrichtungen – auch in deiner Umgebung. Beschreibe Ziele und Arbeitsweise der Hospizeinrichtungen.

- **Um Rat gefragt.** Du bist Mitarbeiter in einer Hospizeinrichtung. Ein Verwandter eines Todkranken, der die Hilfe von »Dignitas« in Anspruch nehmen möchte, fragt dich um Rat. Formuliere einen Brief.

In ihren Passionserzählungen thematisieren die Evangelisten die Frage nach der Nähe oder Ferne Gottes angesichts des unausweichlichen Todesschicksals Jesu. Die Synoptiker zeigen das Leiden des Mannes aus Nazaret beim nächtlichen Gebet in Gethsemani als existenzielle Krise, die sich in einen Gott anfragenden Schrei Jesu bei seinem Sterben steigert: Jesus zitiert bei den Evangelisten Matthäus und Markus Worte aus Psalm 22, den der Schriftsteller Arnold Stadler frei und manchmal eigenwillig aus dem Hebräischen übersetzt hat:

2 Mein Gott, mein Gott,
warum hast du mich verlassen!
Warum bist du fern
meinem Schreien und Klagen, meinem Aufschrein,
meiner Sprachlosigkeit!
Mein Gott!

3 Ich schreie! wenn es hell ist, und du hörst mich nicht,
wenn es dunkel ist, und du antwortest mir nicht.

4 Und doch bist du *der Heilige,* der Lebendige,
der über den Liedern Israels wohnt.
5 Auf dich setzten unsere Väter ihre Hoffnung.
Sie hofften auf dich und kamen davon.
6 Zu dir hin schrien sie und wurden befreit.
Dir trauten sie und wurden nicht beschämt.

7 Doch ich, ich bin ein Wurm.
Kein Mensch.
Die Menschen – lachen mich aus.
Das Volk – verachtet mich.
8 Alle, die mich sehen, lachen,
entrüsten sich, lassen sich aus:
9 *der* soll seine Sorgen auf Gott abschieben!
Sein Gott soll ihn herausreißen!
Er soll ihn befreien, wenn er ihm zusagt!

10 Ach,
du bist es doch, der mich
aus dem Bauch meiner Mutter gezogen hat! der mich
daheim sein ließ an der Brust der Mutter.
11 Vom Licht der Welt an bin ich auf deinem Boden
Vom Bauch der Mutter an
bist du mein Gott.

12 Sei nicht so fern!
Ich liege im Dreck.
Keiner hilft mir.
13 Sie haben mich umzingelt.
Der Mob hat mich eingekreist.
14 Sie haben ihre Mäuler aufgerissen.
Und sind schlimmer als Bestien.
15 Und ich – bin wie Wasser,
hingeschüttet.
Meine Knochen sind wie aufgelöst –
Mein Herz?
Ist in mir zerflossen. Wie Wachs.
16 Meine Kehle? Ausgetrocknet, eine Scherbe.
Die Zunge klebt mir am Gaumen.
Du hast mich in den Staub des Todes gelegt!
17 Hundevolk umlagert mich, eine ganze Meute.
Sie haben mir Hände und Füße durchbohrt.
18 Ich kann all meine Knochen zählen.
Ihr Blick herrscht über mich.
19 Sie teilen meine Kleider unter sich auf,
werfen das Los über meine Sachen.

20 Und du, Herr!
Hilf doch!
Schreite ein!
Du, meine Stärke,
komm jetzt!
21 Rette mein Leben vor ihrer Mordlust, das einzige,
das ich habe, vor der Gewalt dieser Hände!

22 Rette mich,
vor dieser Todesmaschine,
vor dieser Zerstörungswut,
rette mich!

23 Ich werde deinen Namen weitersagen!
Vor dem Rest der Welt dich preisen!

24 Die ihr von Gott wisst, rühmt ihn!
Alle ihr von Jakob her, preist ihn!
Lasst euch erschüttern, ihr Nachkommen Israels!
25 Denn *er* hat das Elend des Armen nicht übersehen.
Er hat sich nicht vor ihm versteckt.
Er hat auf sein Schreien gehört.

26 Vor allen will ich nun deine Treue preisen.
Vor den Seinen will ich nun tun,
was ich versprochen habe:
27 die Armen sollen essen und satt werden.
Den Herrn sollen finden, die ihn suchen,
und aufleben soll euer Herz,
für immer!

Psalm 22

Lovis Corinth, 1915

- **Betrachten.** Beschreibe die Gefühle, die das Bild zum Ausdruck bringt. Welche gestalterischen Mittel setzt der Maler ein? Erzähle die Geschichte des Bildes.

- **Vergleichen.** Vergleiche die Aussage des Bildes mit dem dazugehörigen Bibeltext (Lk 22,39-46).

- **Psalmen.** Informiere dich im Lexikon über die literarische Gattung der Psalmen.

- **Beten.** Schreibe einen Klage-Psalm aus deiner eigenen oder aus der Sicht eines anderen. Sprich dabei Gott direkt an.

- **Gestalten.** Suche dir eines des Sprachbilder aus den Versen 13-19 heraus und setze es mit einer Maltechnik um.

- **Musizieren.** Vertont in Kleingruppen den Psalm 22 mithilfe von einfachen Instrumenten und Klanggegenständen. Achtet darauf, dass ihr die Stimmung des Psalms einfangt.

Nach dem Sabbat kamen in der Morgendämmerung des ersten Tages der Woche Maria aus Magdala und die andere Maria, um nach dem Grab zu sehen. Plötzlich entstand ein gewaltiges Erdbeben; denn ein Engel des Herrn kam vom Himmel herab, trat an das Grab, wälzte den Stein weg und setzte sich darauf. Seine Gestalt leuchtete wie ein Blitz, und sein Gewand war weiß wie Schnee. Die Wächter begannen vor Angst zu zittern und fielen wie tot zu Boden. Der Engel aber sagte zu den Frauen: Fürchtet euch nicht! Ich weiß, ihr sucht Jesus, den Gekreuzigten. Er ist nicht hier; denn er ist auferstanden, wie er gesagt hat. Kommt her und seht euch die Stelle an, wo er lag. Dann geht schnell zu seinen Jüngern und sagt ihnen: Er ist von den Toten auferstanden. Er geht euch voraus nach Galiläa, dort werdet ihr ihn sehen. Ich habe es euch gesagt.
Sogleich verließen sie das Grab und eilten voll Furcht und großer Freude zu seinen Jüngern, um ihnen die Botschaft zu verkünden.

Mt 28,1-8

Auferweckt von den Toten

Der Kern des christlichen Glaubens – und darüber gibt es keinen Dissens – lautet: Gott hat Jesus von den Toten erweckt (vgl. Röm 8,11; 1 Thess 1,10). Damit steht eine Botschaft im Zentrum des christlichen Glaubens, die die menschliche Erfahrung von Leid und Tod überholt, die eine Hoffnungsperspektive eröffnet, welche den Blick aufs Leben insgesamt verändert.

Im Glauben an Jesus Christus weiß ich: Angst und Tod haben keine Gewalt mehr über mich. Dieser Glaube hat Konsequenzen für mein tägliches Leben. Zunächst scheint unser ganzes Leben vom Tod gezeichnet zu sein. Es ist ein ewiges grausames Spiel, dem keiner entrinnen kann, ein Fressen und Gefressenwerden. Der eine sichert sein Überleben auf Kosten der anderen. Wer nicht mitspielt, geht unter.

Der christliche Glaube besteht im Grunde darin, dass er behauptet, es gebe einen Ausweg aus diesem grausamen Kreislauf. Dieser Ausweg ist Christus selber, denn er wurde von Gott dem Tod entrissen; und damit begann eine neue Zeit, eine Zeit, die durch eine neue Ordnung regiert wird, in der nicht mehr das Gesetz des Fressen und Gefressenwerdens gilt, sondern in der alle Menschen gleich sind, in der es keine Unterdrückung mehr gibt, keine Menschen, die auf Kosten anderer herrschen, und niemanden, der beherrscht und seiner Lebensmöglichkeiten beraubt wird.

Die Metapher, mit der das Neue Testament diese neue Wirklichkeit bezeichnet, lautet »Auferweckung«/»Auferstehung«. Diese Metapher stammt aus der Vorstellungswelt einer apokalyptischen Theologie und meint letztlich die Ansage einer erfüllenden Zukunft, die allen, die sich von der Auferweckungsbotschaft ergreifen lassen, verheißen ist.

Der konkrete Vorgang der Auferweckung wird im Neuen Testament nirgendwo beschrieben. Allerdings wird von Erscheinungen des Auferstandenen berichtet. Nach Matthäus erscheint Jesus den beiden Frauen auf dem Weg vom Grab zurück zu den Jüngern. Sie fallen vor ihm nieder und umfassen seine Füße (Mt 28,9f.). Danach ereignet sich der gleiche Vorgang mit den elf Jüngern auf einem Berg in Galiläa (Mt 28,16-20). Trotz der Erscheinung Jesu schließt der Vers 17 mit der Bemerkung: »Einige aber hatten Zweifel.« Die Erscheinungen allein sind demnach für Matthäus kein fester Beweis für die Auferstehung, sondern lassen immer noch die Möglichkeit des Zweifelns offen.

Nur wer Leben und Sterben Jesu in einem unauflöslichen Zusammenhang mit der Auferweckung sieht, versteht den tiefen Sinn dieser Metapher. Die Auferweckung bezeichnet im Grunde genommen die Einheit von Gott mit Jesus. D. h., Gott zeigt sich uns Menschen im Leben und Sterben Jesu. Wie Gott wirklich ist, erfahren wir im Blick auf Jesus. Seine liebende Hingabe, sein bedingungsloser Verzicht auf Gewalt, sein unermessliches Vertrauen in die Menschen, die ihm begegnen, zeugen von einer Liebe, die über jedes menschliche Maß hinaus geht, von der Liebe Gottes.

»Auferweckung«/»Auferstehung« ist die Beglaubigung durch Gott, dass diese Liebe stärker ist als der Tod. In dieser Hoffnung leben Christen.

- **Auferweckung/Auferstehung.** Beschreibe ausführlich und in eigenen Worten, was mit der Metapher »Auferweckung«/»Auferstehung« gemeint ist. – Inwiefern verändert der Glaube an die Auferweckung/Auferstehung den Blick auf das menschliche Leben?

Fresko, 13. Jh.

■ **Botschaft des Engels.** Schildere deine Eindrücke, die sich beim Betrachten des Bildes aus dem Kloster Mileševa bei dir einstellen.

■ **Wort und Bild.** Überprüfe, welche Momente der Osterbotschaft aus dem Matthäusevangelium (Mt 28,1-8) im Bild aufgenommen wurden.

■ **Frauen am Grab.** Formuliere einen fiktiven Dialog zwischen den beiden Frauen und dem Engel.

■ **Auferstehungsdarstellungen.** Bildliche Darstellungen der Auferweckung gibt es erst seit dem Hochmittelalter (ca. 1200 n. Chr.). Vorher verzichtete man aus Respekt vor dem Geheimnis der Auferweckung auf eine Darstellung des Auferstandenen, wie er aus dem Grab steigt. – Überlege, inwieweit das Bild aus dem Kloster von Mileševa diesem Respekt vor der Auferweckung als einem Geheimnis Rechnung trägt.

Die Schwierigkeiten, das Osterereignis zu beschreiben oder zu malen, klangen bereits auf den voranstehenden Seiten »Vom Tod ins Leben« (S. 100f.) an. Auferweckung kann nicht ausschließlich als ein historisches Ereignis der Vergangenheit verstanden werden. Aber auch ein Verständnis von Auferweckung als zukünftiger, auf ein Jenseits ausgerichteter Vorgang, wie es sich in der christlichen Tradition nicht selten findet, entspricht nicht dem biblischen Befund. In Literatur und Kunst der Moderne sowie in sogenannten »neuen geistlichen Liedern« werden Zugänge zu der Wirklichkeit der Auferweckung gesucht, die den Schwerpunkt auf das Hier und Jetzt legen.

Auferstehung

Manchmal stehen wir auf
Stehen wir zur Auferstehung auf
Mitten am Tage
Mit unserem lebendigen Haar
Mit unserer atmenden Haut.

Nur das Gewohnte ist um uns.
Keine Fata Morgana aus Palmen
Mit weidenden Löwen
Und sanften Wölfen.

Die Weckuhren hören nicht auf zu ticken
Ihre Leuchtzeiger löschen nicht aus.

Und dennoch leicht
Und dennoch unverwundbar
Geordnet in geheimnisvoller Ordnung
Vorweggenommen in ein Haus aus Licht.

Marie Luise Kaschnitz

Manchmal feiern wir mitten im Tag

T: Alois Albrecht, M: Peter Janssens

■ **Auferstehung.** Erläutere, was Marie Luise Kaschnitz unter Auferstehung versteht. Warum benutzt sie nicht den Begriff »Auferweckung«? Überzeugt dich ihre Deutung von Ostern?

■ **Liedstrophe.** Verfasse eine eigene Liedstrophe nach dem vom Lied vorgegebenen Muster.

Volker Stelzmann, 1983

■ **Figuren.** Betrachte die einzelnen Bildelemente des Werkes von Volker Stelzmann ganz genau. Suche dir eine der Figuren aus und lass sie aus ihrem Leben erzählen.

■ **Wort und Bild.** Stelle Bezüge zwischen Gedicht und Bild her.

- **Eigensicht.** Verfasse zu einer der Jesusdarstellungen eine Bildbeschreibung. Vervollständige dabei diese Sätze:
  Auf dem Bild sehe ich ...
  Das Bild sagt über Jesus aus ...
  Das Bild spricht mich an / gefällt mir nicht, weil ...

- **»Für wen aber haltet ihr mich?«** (Mk 8,27). Beantworte diese Frage Jesu für dich. Diskutiert miteinander, wie Menschen in unserer Gesellschaft auf diese Frage antworten würden.

JESUS – DIE SPUR

VON MORGEN

Was mich unablässig bewegt, ist die Frage, wer Jesus Christus heute für uns eigentlich ist.

Dietrich Bonhoeffer, 1906-1945, deutscher evangelischer Theologe, durch das NS-Regime im KZ Flossenbürg ermordet

Menschen beziehen Stellung zu Jesus. Von eurem Standpunkt aus begebt ihr euch jetzt auf eine Spurensuche nach Jesus. »Für wen haltet ihr mich?«, fragt bereits Jesus seine Schülerinnen und Schüler (Mk 8,29). Diese Frage hat nichts an Aktualität verloren. Auch heute noch fragen sich Menschen, wer Jesus für sie ist und welche Spur er in ihrem Leben hinterlässt. Auf dieser Seite finden sich Spuren, die Jesus bei Menschen hinterlassen hat, und es klingt die Frage an, warum er sie bis heute hinterlässt.

Ohne Jesus Christus wissen wir weder, was unser Leben, noch, was unser Tod ist, noch, was Gott ist, noch, was wir selber sind.

Blaise Pascal, 1623-1662, französischer Philosoph, Mathematiker und Physiker

Obwohl Christus unerreichbar über allen Menschen ist, findet sich doch jeder in ihm wieder.

Ricarda Huch, 1864-1947, deutsche Lyrikerin und Philosophin

Jesus habe ich von Jugend auf als meinen großen Bruder empfunden.

Martin Buber (Mordechai), 1878-1965, jüdischer Religionsforscher und Religionsphilosoph

Jesus, wer soll das sein? Ein Galiläer. Ein armer Mann. Aufsässig. Eine Großmacht. Und eine Ohnmacht. Immer. Heute noch.

Marie Luise Kaschnitz, 1901-1974, deutsche Schriftstellerin

Jesus ist nicht unumstritten. Nur wer Jesus glaubt, dass Gottes neue Welt schon begonnen hat, kann sich mit ihm und den Zöllnern fröhlich an einen Tisch setzen. Nur wer Jesu Grundüberzeugung teil, versteht auch sein Verhalten.

Martin Ebner, geb. 1956, katholischer Bibelwissenschaftler

Und als Jesus weiterging, sah er einen Mann namens Matthäus am Zoll sitzen und sagte zu ihm: Folge mir nach! Da stand Matthäus auf und folgte ihm.

Matthäusevangelium 9,9

- **Zitate.** Lies die nebenstehenden Zitate durch und notiere in eigenen Worten, welche Spur Jesus im Leben der jeweiligen Autorinnen und Autoren hinterlassen hat.

- **Hintergrund.** Wähle eines der außerbiblischen Zitate aus und informiere dich über die Biografie seines Urhebers /seiner Urheberin. Schreibe einen kurzen Text, der aus der Perspektive des Urhebers /der Urheberin das je eigene Zitat erklärt.

- **Meine Meinung – meine Überzeugung .** Formuliere in einem Satz, ob Jesus eine Spur bzw. welche Spur Jesus in deinem Leben hinterlässt.

- **Zeitsprung.** Die Tatsache, dass Jesus verschiedene Reaktionen hervorruft, ist nicht nur eine Erscheinung der neueren Zeit. Lies folgende Bibelstellen: Joh 1,29; Joh 6,14; Lk 7,34; Mt 26,65 und Mk 15,39. Stelle die Meinungen in einer Übersicht zusammen und gib mögliche Gründe für die unterschiedlichen Haltungen Jesus gegenüber an.

Dornenhecke: stachelig, abweisend,
unbequem, verdorrt.
Sie wird beengt durch Stacheldraht,
der tief in die Pflanzen eindringt.
Rückzug ist angesagt, bloß weg hier.

ER trug eine Dornenkrone.
SIE hatten keine Hoffnung mehr.

Lichtschein: zaghaft, zart,
unscheinbar, kaum fassbar.
Er schimmert durch die Dornen hindurch.
Vielleicht doch stehen bleiben und innehalten.

ER erschien ihnen
SIE begannen, neuen Mut zu fassen.

Dornenhecke im Licht: verschwommen,
unterbrochen, an-sprechend.
Sie bleibt, vom Licht umhüllt.
Das Bisherige in neuem Licht sehen.

ER ließ SIE nicht los.
SIE gibt es bis heute.

Alles: konzentriert, strahlend, anziehend.
Es wird vom Licht bestimmt.
In diesem Licht ankommen.

Wenn ER wiederkommt, bin ICH …

■ **Meditation.** Tragt euch den Text zu den Bildern in Ruhe mehrmals vor. Beschreibt – jeder für sich –, wer mit ER, SIE und ICH gemeint ist und welche Entwicklungen ER und SIE durchleben. Tauscht euch über eure Eindrücke aus.

Wovon Jesus überzeugt war

Die Spurensuche nach Jesus führt uns ins Neue Testament, zu den Evangelien, in denen über Erfahrungen von Menschen mit Jesus erzählt wird: Nehmen wir einmal an, der Verfasser des Matthäus-Evangeliums sitzt an seinem Schreibtisch. Viele beschriebene Seiten liegen vor ihm. Er hat von Jesus erzählt, von seiner Geburt. Er hat auch vom Kindermord in Betlehem erzählt und wie es geschah, dass Jesus den Schergen des Herodes entkam, so wie auch Mose dem Kindermord in Ägypten entkommen war. Und er hat erzählt, wie sich Jesus auf den Weg begeben hat und von Johannes im Jordan getauft wurde.

Der Autor erzählt auch von Jesu vierzigtägigem Fasten in der Wüste. Im selben Zeitraum schrieb Mose die Worte auf, die er von Gott vernommen hatte, die heilige Tora.

Jetzt ist für den biblischen Schriftsteller der Augenblick gekommen, da er sich die Worte Jesu vor Augen führt, die vor ihm auf dem Tisch liegen: Er möchte aus diesen Worten eine »Tora Jesu«, eine Sammlung mit den wichtigsten Überzeugungen Jesu, die »Bergpredigt«, verfassen. Denn an welchem anderen Ort, wenn nicht auf einer Erhöhung, könnte Jesus seine Predigt in den Augen des Matthäus gehalten haben? Es handelt sich hierbei nicht um eine topografische Angabe. Vielmehr ist der »Berg« als Ort der göttlichen Offenbarung zu sehen in Parallele zum Berg Horeb im Sinaigebirge, wo Mose die Zehn Gebote empfangen hat. In seiner theologischen Konzeption geht es Matthäus darum, die Offenbarung vom Sinai in ihrer bleibenden Gültigkeit darzustellen und Jesus als den zu zeigen, der die alttestamentliche Offenbarung erfüllt und mit seinen Worten und Taten – in seiner Person – Gott den Menschen ganz nahe bringt.

- **Komposition.** Stelle anhand des Textes oben zusammen, auf welche Weise und mit welcher Absicht die Bergpredigt wohl entstanden ist.

Die Hauptteile der Bergpredigt

1. Seligpreisungen (Mt 5,3-12)
Hierbei handelt es sich um eine besondere Sprachform, die bereits im Alten Testament bekannt ist. Auf eine widersprüchlich erscheinende Weise wird den Menschen ein »Glückwunsch« ausgesprochen: Sie werden zu einem Verhalten ermutigt, das sich unter üblichen Verhältnissen nicht lohnt. Wer sich aber für den Weg Jesu entscheidet, darf mit Recht erwarten, »selig« zu werden. Denn in dem Bereich, in dem Gott seine Herrschaft schon durchgesetzt hat, gelten – auch hier auf Erden – neue, eben Gottes Maßstäbe.

2. Grundsatzerklärung (Mt 5,17-20)
Thematisiert wird das Verhältnis von Gerechtigkeit und Gesetz: Das Gesetz wird auf seine Wurzeln, nämlich Gerechtigkeit unter uns Menschen zu garantieren, zurückgeführt und in dieser Funktion von Jesus interpretiert.

3. Antithesen (Mt 5,21-48)
Jesus knüpft mit dieser Redefigur aus der jüdischen Tradition an die Tora an. Ihm geht es nicht darum, sich der Tora gegenüberzustellen. Vielmehr praktiziert er einen Umgang mit der Tora, wie ihn auch ein Teil der jüdischen Gelehrten pflegte. Diese stritten darum, wie der Gotteswille in der von der Tora vorgegebenen Richtung konkret umzusetzen sei. Für Jesus bedarf es nicht des Streits; für ihn ist der Wille Gottes für jeden Menschen im Herzen spürbar.

4. Vaterunser (Mt 6,9-13)
In der Mitte der Bergpredigt erfährt man, wie der Mensch sich auf Gott einlässt und zu ihm betet. Jesus möchte den Menschen das Gnadenhandeln Gottes und damit einen Leitfaden für das eigene Handeln aufzeigen.

5. Goldene Regel (Mt 7,12)
Matthäus und Lukas formulieren die »Goldene Regel« positiv. In der damaligen Zeit findet sie sich sowohl in negativer Formulierung als auch in anderen Kulturkreisen.

- **Lektüre.** Verteilt folgende Leseabschnitte in eurer Lerngruppe: Mt 5,1-20; Mt 5,21-32; Mt 5,33-48; Mt 6,1-18; Mt 6,19-34; Mt 7,1-12; Mt 7,13-27. Lest euch die Verse gegenseitig vor. Lasst beim Wechsel des Vorlesers oder der Vorleserin genügend Zeit, um eure spontanen Eindrücke, Fragen, Kritikpunkte zum Gehörten zu notieren.

- **Begriffswahl.** Beurteile, ob die Bezeichnung »Antithesen« dem, was inhaltlich ausgesagt wird, angemessen ist.

- **Unterschied?** Formuliere die Goldene Regel negativ. Benenne Unterschiede in der Wirkung, welche die beiden Formulierungen auf dich haben.

Anspruch der Bergpredigt

Die Bergpredigt gehört zu den Abschnitten im Neuen Testament, in denen die Ethik Jesu besonders deutlich wird. Dabei können gerade die sogenannten Antithesen den Eindruck hinterlassen, dass die Ethik der Bergpredigt sehr radikal ist: Das Gebot der Feindesliebe, die Forderung des vollständigen Gewaltverzichts, der Rat, sich ein Auge auszureißen oder eine Hand abzuhacken, wenn sie einen zu Unrecht verführen, die Verurteilung bereits des begehrenden Blicks – all dies sprengt menschliche Vorstellungskraft. Gerade aufgrund dieser Radikalität haben sich Menschen immer wieder mit der Auslegung der Bergpredigt und speziell der Antithesen auseinandergesetzt. Leitend war und ist die Frage, wie mit der Radikalität dieser Forderungen umgegangen werden kann. Sind sie wirklich so gemeint? Wie lassen sie sich mit dem Alltag der Menschen vereinbaren? Sind sie etwa unerfüllbar? Verschiedene Positionen zur Auslegung und zum Anspruch der Bergpredigt können eingenommen werden:

- Die Idee, die Bergpredigt unmittelbar auf die Politik eines Staates zu übertragen, ist naiv. Was hätte es dem Frieden genutzt, wenn beispielsweise ein ausländischer Staat Hitler oder Stalin auch noch die andere Backe hingehalten hätte? *(nach Helmut Schmidt, ehemaliger Bundeskanzler)*

- Die Bergpredigt zeigt eine Zweiklassenethik. Gewaltverzicht, Feindesliebe, für diejenigen beten, die einen verfolgen, das ist etwas für besondere Menschen, für »Heilige«, aber nicht für den Durchschnittsmenschen. So wie die Welt ist, muss man sich durchsetzen, wenn man nicht untergehen will.

- Wenn man Hass mit Hass vergilt, wird sich das Böse nur vermehren. Hass erzeugt Hass, Gewalt erzeugt Gewalt. Die größte Schwäche der Gewalt liegt darin, dass sie gerade das erzeugt, was sie vernichten will. Durch Gewalt kann man den Lügner ermorden, aber man kann weder die Lüge ermorden noch die Wahrheit aufrichten. *(nach Martin Luther King, US-Bürgerrechtler)*

- Die Bergpredigt will eine Gesinnungsethik sein, bei der es auf die innere Einstellung der Liebe, aber nicht auf die buchstäbliche Befolgung der Forderungen der Bergpredigt ankommt. Die praktische Verwirklichung tritt hinter der rechten Gesinnung zurück. *(nach Wilhelm Herrmann, evang. Theologe)*

- Wenn die Forderungen Jesu beispielsweise in den Antithesen radikal wirken, so hat das seinen Sinn. Jesus will aufzeigen, wo die *radix* (lat. = Wurzel, davon abgeleitet: radikal) der alttestamentlichen Gebote liegt. Er machte die Menschen damals und auch heute darauf aufmerksam, dass die Wurzel, der ursprüngliche Sinn der Gebote die Liebe zu Gott, zum Nächsten und zu sich selbst ist. Ohne Wenn und Aber gilt es, den Wert dieser Liebe in allen Geboten zu suchen und zu verwirklichen.

Unser Vater im Himmel, geheiligt werde dein Name, dein Reich komme, dein Wille geschehe, wie im Himmel so auf Erden.
Unser tägliches Brot gib uns heute und vergib uns unsere Schuld, wie auch wir vergeben
unseren Schuldigern. Und führe uns nicht in Versuchung,
sondern erlöse uns von dem Bösen.

■ **Selig.** Suche Bilder und Texte, die verdeutlichen, was die Seligpreisungen heute bedeuten können.

■ **Gebet.** Das »Vaterunser« ist auf dieser Seite dargestellt. Gestalte selbst das Vaterunser im Hinblick auf Schriftart, Illustration, Farben etc. so, dass es deiner Nähe oder Distanz zu diesem Gebet entspricht. Tauscht euch über eure Entwürfe aus.

■ **Erfüllbarkeit.** Wählt in Partnerarbeit eine der sechs Antithesen der Bergpredigt aus. Begründet anschließend, welche der aufgeführten Meinungen zur Auslegung der Bergpredigt im Text »Anspruch der Bergpredigt« euch am meisten zusagt in Hinblick auf eure gewählte Antithese und welche Position am wenigsten.

»Meister, welches Gebot im Gesetz ist das wichtigste?«

Die Antwort Jesu auf diese Frage der Jünger findet sich unten auf der Seite. Was Jesus konkret damit meint, zeigt sich in seinem Umgang mit den Geboten des jüdischen Volkes, die in die Tora (hebr. Anweisung) aufgenommen wurden. Für das jüdische Volk beinhaltet die Tora den Willen Gottes, der sich seinem Volk offenbart hat. Jesus war ganz in dieser Tradition verwurzelt. So wird er auch in den verschiedenen Evangelien dargestellt. Dabei lässt sich Jesus nicht auf eine Sichtweise der Tora-Auslegung festlegen. Er hält immer an der Wichtigkeit der jüdischen Gesetze fest, betrachtet sie aber auf dem Hintergrund der Anwendung in einer konkreten Situation.

Es geht ihm um die Erfüllung der Gebote, jeder Gesetzesbuchstabe zählt (Lk 16,17), er steht aber im Rahmen des alles umfassenden Liebesgebots (Mt 22,36-40). Die Liebe kommt für Jesus von seinem Vater, dem menschenfreundlichen und befreienden Gott. Die konkrete Anwendung eines Gebotes muss im Sinne Jesu auch dann Bestand haben, wenn man mit dem Maßstab der Liebe misst. Dies verhindert, dass man sich hinter einer Gesetzesforderung verstecken kann und die Tragweite der Gesetzesanwendung für den Menschen vergisst. Nicht jede Situation in der ein und dasselbe Gebot angewendet werden kann, ist gleich zu beurteilen. Immer ist von der Anwendung des Gesetzes ein Mensch betroffen, der sich in einer ganz konkreten, für ihn spezifischen Lebenssituation befindet.

Das Markusevangelium berichtet z. B. davon, wie Jesus am Sabbat einen Mann mit einer verdorrten Hand heilt (vgl. Mk 3,1-6). Dabei verdeutlicht er den Umstehenden, wie er mit dem Sabbatgebot (Ex 20,8-11; Dtn 5,12-15) umgeht. »Was ist am Sabbat erlaubt: Gutes zu tun oder Böses, ein Leben zu retten oder es zu vernichten?« Er zeigt damit auf, dass sein Handeln nicht im Widerspruch zum Dekalog steht, sondern dass es der Menschenwürde dient, die dieses Gebot der Tora sichern will. Jesus möchte im Vergleich zu anderen Gesetzeslehrern seiner Zeit die ursprüngliche Intention des Gesetzes, nämlich für den Menschen da zu sein, wieder ins Bewusstsein rufen.

»Du sollst ... lieben!«

Auf dieser Doppelseite findet sich eine Lebensgeschichte, die aufzeigt, dass Jesu Haltung bis heute Spuren hinterlassen kann.

Zum Beispiel: Familie Idic

Die Roma-Familie Idic ist 1989 vor dem Krieg in Ex-Jugoslawien geflohen. Tochter Semra war gerade zwei Monate alt. In Düsseldorf sind die Kinder Merima (*1992), Vesna (*1994) und Edijan (*2000) geboren.

Der Vater wurde bereits im Jahr 2005 abgeschoben. Grundlage ist ein Abkommen zwischen Deutschland und der Republik Serbien über die Rückführung aller Kriegsflüchtlinge, darunter 20.000 Roma. Die Lage in Serbien habe sich stabilisiert, Gefahr für Leib und Leben drohe nicht mehr, so die offizielle Begründung. Doch insbesondere Roma werden nach wie vor diskriminiert, erhalten keine Arbeit und leben am untersten Rand der sozialen Leiter in bitterer Armut.

Der Anwalt der Familie Idic hat die Härtefallkommission des nordrhein-westfälischen Landtags eingeschaltet. Diese Kommissionen können in Fällen, in denen nach ihren Feststellungen dringende humanitäre oder persönliche Gründe die weitere Anwesenheit des Ausländers im Bundesgebiet rechtfertigen, ein Härtefallersuchen an das Innenministerium des zuständigen Bundeslandes richten. Bei Familie Idic hat die verantwortliche Härtefallkommission den Fall zur endgültigen Entscheidung jedoch wieder an die Ausländerbehörde zurückgegeben. Die Familie befindet sich nun wegen der drohenden Abschiebung im Kirchenasyl eines Franziskanerklosters. Düsseldorfs Stadtdechant Monsignore Rolf Steinhäuser, der als Vertreter der Katholischen Gesamtkirche in Düsseldorf die Gespräche der Kirche mit der Kommune führt, hält derweil schützend seine Hände über die Mutter und ihre vier Kinder. »Wir hoffen, dass diese Menschen in Deutschland bleiben dürfen«, sagt er. Am 7. Februar 2007 hat die Düsseldorfer Ausländerbehörde ein zunächst befristetes Bleiberecht erteilt. Der Einsatz vieler Menschen in einem fast aussichtslosen »Fall« hat sich gelohnt. Heute lebt Familie Idic von selbst verdientem Geld. Semra macht eine Ausbildung zur Medienkauffrau. Der Vater ist allerdings immer noch abgeschoben.

- **Jesus und das Gesetz.** Lies den obigen Text und die darin angegebenen Bibelstellen. Ermittelt zu zweit, was Jesus über das Gesetz denkt, und fasst eure Ergebnisse in einem Schaubild zusammen.

- **Konkret.** Informiere dich mithilfe des Textes und anderer Medien, was es für die Familie bedeuten würde, wenn sie nach Serbien zurückkehren müsste. Beachte dabei besonders die Situation der Sinti und Roma.

Aufenthaltsgesetz

§ 1 AufenthG
Das Gesetz dient der Steuerung und Begrenzung des Zuzugs von Ausländern in der Bundesrepublik Deutschland. Es ermöglicht und gestaltet Zuwanderung unter Berücksichtigung der Aufnahme- und Integrationsfähigkeit, sowie der wirtschaftlichen und arbeitsmarktpolitischen Interessen der Bundesrepublik Deutschland. Das Gesetz dient zugleich der Erfüllung der humanitären Verpflichtung der Bundesrepublik Deutschland.

§ 60a AufenthG: Vorübergehende Aussetzung der Abschiebung (Duldung)
Die oberste Landesbehörde kann aus völkerrechtlichen und humanitären Gründen oder zur Wahrung politischer Interessen der Bundesrepublik Deutschland anordnen, dass die Abschiebung von Ausländern aus bestimmten Staaten oder von in sonstiger Weise bestimmten Ausländergruppen allgemein oder in bestimmte Staaten für längstens sechs Monate ausgesetzt wird …

§ 58 AufenthG
Der Ausländer ist abzuschieben, wenn die Ausreisepflicht vollziehbar ist und die freiwillige Erfüllung der Ausreisepflicht nicht gesichert ist …

■ **Blickwinkel.** Stelle zusammen, was die Texte aus dem deutschen Aufenthaltsgesetz regeln und welche Absicht sie verfolgen. Formuliere, worauf Jesus heute im Zusammenhang des Aufenthaltsgesetzes aufmerksam machen könnte.

Die 17-jährige Semra nimmt im Mai 2006 Stellung zu ihrer Lage

»Meine Heimat ist hier in Deutschland. Ich will nicht nach Serbien. Ich kenne Serbien nicht, ich lebe schon immer hier in Deutschland. Ich kann kein Serbisch sprechen, dafür Deutsch umso besser. Ich habe ehrenamtlich bei der ›Caritas‹ Nachhilfe für benachteiligte deutsche und ausländische Kinder erteilt …
Was mich sehr traurig macht, ist, … dass wir alle trotz sehr guter Integration nach Serbien sollen, wo wir niemanden kennen und wo man Roma diskriminiert. Ich kann das einfach nicht verstehen. Meine Eltern haben, seit wir hier in Deutschland sind, meistens gearbeitet … Als dann die Ausländerbehörde der Stadt Düsseldorf die Arbeitsgenehmigungen meiner Eltern eingezogen hat, mussten sie Sozialhilfe beantragen. Dabei wollten meine Eltern nie vom Staat abhängig sein …
Meine Mutter, meine Geschwister und ich waren nach Papas Abschiebung psychisch völlig am Ende … Gerade wir Kinder vermissen unseren Vater so sehr. Wir haben ihn nun schon mehr als ein halbes Jahr nicht gesehen … Das Allerschlimmste ist dass wir, seitdem uns die Abschiebung angedroht wurde, alle zwei Wochen zum Ausländeramt gehen müssen, um die Verlängerung der Duldung zu bekommen … Meine Mutter kann schon seit Tagen nicht mehr schlafen und hat jede Nacht Angst, dass sie uns holen und in einen Flieger stecken. Das wurde uns oft angedroht …
Wenn wir dorthin müssten, könnten meine Schwestern und ich wieder in der ersten Klasse anfangen, weil nämlich unsere deutsche Schulbildung in Serbien nicht anerkannt wird und wir auch kein Serbisch sprechen … Der deutsche Staat hat in unsere Bildung investiert, und nun soll alles verloren gehen?«

■ **Hilfegesuch.** Entnimm der Stellungnahme von Semra, welche Konsequenzen die Anwendung des Aufenthaltsgesetzes für sie und ihre Familie hat. Formuliere für die Familie Idic ein Petitionsschreiben an die zuständige Härtefallkommission, das die Botschaft Jesu aufgreift. Arbeite dabei ein biblisches Beispiel deiner Wahl mit ein.

Uwe Pfeifer, 1973

Umgang mit Kranken zur Zeit Jesu

Krankheit wurde im Judentum zur Zeit Jesu als Strafe Gottes für Verfehlungen und als Folge dämonischen Wirkens aufgefasst. So waren Kranke nicht nur im vitalen Bereich beschädigt – wir würden heute sagen: behindert –, sondern auch in sozialer und religiöser Hinsicht. Kranke durften unter Umständen nicht mehr ihr bisheriges Leben führen: Ausgestoßen von ihren Familien lebten sie ohne berufliche, soziale und religiöse Anbindung. Die in Gesellschaft und Religion gezogenen Trennungslinien galten als gottgewollt und damit als unaufhebbar. Aber auch die Sorge um die Gesunden und deren Reinheit machten die Aussonderung möglich. Ganz selbstverständlich erwartete man, dass Gott auf der Seite der gesellschaftlich und religiös Angesehenen seinen Standort hatte.
Von Jesus erzählt das Matthäusevangelium: »Er heilte Kranke und Besessene.« Indem sich Jesus gerade den Kranken und Behinderten zugewandt hat, ignorierte er souverän die religiösen und gesellschaftlichen Barrieren. Indem er sich den Ausgestoßenen seiner Zeit näherte und gerade ihnen die Gottesherrschaft zusagte, stellte er alle Diskriminierungen radikal infrage. Stattdessen veranschaulichte er in Wort (z. B. in seinen Gleichnissen) und Tat, besonders in seinen Krankenheilungen, für wen seiner Meinung nach Gott Partei ergreift. Jesu Handeln am hilfsbedürftigen und ausgegrenzten Menschen eröffnete diesem wieder einen Raum, im dem Leben gelingen konnte, der Raum, in dem Gott voll Zuneigung und Güte herrscht.

- **Ausblick.** Lass das Bild in Ruhe auf dich wirken. Verweile bei den Dingen, die dir wichtig erscheinen. Vervollständige dann die Satzanfänge: Ich sehe ...; Mir fällt auf ...; Ich vermute ...; Ich frage mich ...

- **Zeitphänomen.** »Einsamkeit – das Verhängnis unserer Tage.« Nimm Stellung zu dieser These. Inwiefern trifft sie auf Jugendliche zu? Diskutiert darüber.

- **Bindeglieder.** Schreibe eine Geschichte zu dem Bild, welche die Information des Textes »Umgang mit Kranken zur Zeit Jesu« in die heutige Zeit überträgt.

»Kommt alle zu mir,

wussten sie schon

wussten sie schon
dass die nähe eines menschen
gesund machen krank machen
tot und lebendig machen kann
wussten sie schon
dass die nähe eines menschen
gut machen
böse machen
traurig und froh machen kann
wussten sie schon
dass das wegbleiben eines
menschen
einen anderen menschen
wieder aufhorchen lässt
der für alles taub war
wussten sie schon
dass das wort
oder das tun eines menschen
wieder sehend machen kann
einen
der für alles blind war
der nichts mehr sah
der keinen sinn mehr sah in
dieser welt
und in seinem leben
wussten sie schon
dass das zeithaben für einen
menschen
mehr ist als geld
mehr als medikamente
unter umständen mehr als eine
geniale operation
wussten sie schon
dass das anhören eines menschen
wunder wirkt
dass das wohlwollen zinsen trägt
dass ein vorschuss an vertrauen
hundertfach auf uns zurück-
kommt
wussten sie schon
dass tun mehr ist als reden
wussten sie das alles schon
wussten sie auch schon
dass der weg vom wissen über
das reden
zum tun
interplanetarisch weit ist ...

als jesus
den blinden heilte
da ist er ganz nahe
an den blinden herangegangen
und dann hat jesus ihn ange-
schaut
und dann hat er ihm eine brille
nach der anderen
von der nase
von den augen genommen
eine falsche brille nach der
anderen
die milieubrille
die parteibrille
die kirchliche brille
die brille mit diesem vorurteil
die brille mit jenem vorurteil
und danach musste Jesus
noch näher herantreten
und dem blinden
noch ein paar richtige häute
von den augen ziehen
denn manches vorurteil
war schon an den augäpfeln
festgewachsen
und dann
hat jesus den mann
wieder angeschaut
ganz tief
bis auf den grund
und dann brach ein quell hervor
aus den augen des mannes
er weinte
das war seine rettung
seine letzte rettung
und dieser quell
der aus seinen augen hervorbrach
spülte den letzten dreck
aus seinen augen
den stolz und das nichtsehen
wollen
was ja bekanntlich
das sehen am meisten behindert
und der blinde erkannte in jesus
einen menschen
einen wirklichen menschen
der sehen kann
ganz tief sehen
und vor allem auch
übersehen
und einsehen
und dann
konnte der blinde mann wieder
sehen
als er einen menschen
gesehen hatte
der sehen konnte
der ihn richtig sehen konnte

wilhelm willms

- **Illustration.** Sammle aktuelle Bilder, die die Botschaft des Gedichtes »wussten sie schon« verdeutlichen, und ordne sie den einzelnen Teilen zu.

- **Blindheit.** Stelle dar, wie Blindheit im Gedicht »wussten sie schon« gedeutet wird, und vergleiche deine Ergebnisse mit der Aussage von Mk 10,46-52.

die ihr euch plagt und schwere Lasten tragt.«

Vergeben soll sein?

Still ist es im Wohnzimmer des Ehepaars Schauer. Nur Atemgeräusche sind gelegentlich zu hören. Walter, 53, steht hinter Klara, 51. Kleine Pause zwischen Dehnübungen. Und eine eher beiläufige Konversation. Über den letzten Urlaub, wohin man als Nächstes fahren könnte. »Wie früher in die Berge?« Auf einmal wird Walters Stimme leise. Nachdem er seine Frau durch einen Schuss in den Rollstuhl gebracht hat, ist er zwar immer mal wieder mit ihr in der Seilbahn auf einen Gipfel gefahren, das Gleiche ist es aber nicht mehr.

Manchmal fragen sie sich, ob sie das Unheil nicht hätten verhindern können. Wenn er vor ein paar Jahren, als junger Mann, nicht einem Fremden die Pistole abgekauft hätte ... Und sie, wenn sie tatsächlich, wie versprochen, die Affäre beendet hätte ... Vielleicht wäre es nicht so weit gekommen.

Rückblick: Mit Mann und Kinder schien Klara alles zu haben. Doch die täglichen Verrichtungen im Haushalt befriedigten die Mutter und Ehefrau nicht. Sie fühlte sich missverstanden, nicht anerkannt. Zeitweise tobte ihr Mann, worauf sie über längere Zeit nicht mehr mit ihm sprach: »Früher war ich diejenige von uns, die nicht verzeihen konnte.« In dieser Situation vergrub sich Walter in die Arbeit. Seine Frau hingegen suchte unbewusst nach dem, was sie zu Hause nicht bekam: Aufmerksamkeit. Sie fand sie schließlich bei einem fremden Mann, der ihr nicht wirklich etwas bedeutete. Als ihr Ehemann durch einen anonymen Anruf von der Affäre erfuhr, kam es zu einem langen Gespräch, das jedoch die jahrelang aufgestauten Probleme nicht aus der Welt schaffen konnte. Klara hielt an ihrer Affäre fest, bis ihr Mann versuchte, sich das Leben zu nehmen. »Das passt einfach nicht zusammen: erkennen, wie schlimm es um die eigene Ehe steht, und gleichzeitig mit der Leichtigkeit eines Teenagers durchs Leben gehen.« Ohne Mann und Kinder versuchte sie ihre Gedanken zu ordnen.

Als sie wieder nach Hause kam, hatte sie sich vorgenommen, noch einmal anzufangen. »Aber da war immer noch so viel Sprachlosigkeit zwischen uns. Und nach außen hin bemühte sich Walter, die Fassade vom perfekten Paar zu wahren.« Am Silvesterabend 1991 schließlich holten Walter die Erinnerungen ein. Wie es schließlich zum Schuss kam, weiß er nicht mehr genau zu sagen.

Klara lag am Boden und versuchte, wieder aufzustehen. Es ging nicht. Im Schein des Flurs sah sie Blut, dann ihren Mann, wie er verwirrt den Gang auf und ab lief. Da habe sie eine solche Liebe für ihn empfunden. Eine Liebe, die zustande kommt, wenn man es schaffe, wirklich zu vergeben. Die eigene Schuld. Wie auch den Schuldigern. »In diesem Moment«, sagt Klara Schauer, »war Gott bei mir.« »Ich verzeihe dir«, habe sie gesagt. Und ihn gebeten, Hilfe zu holen.

■ **Meinungsbild.** Tragt Meinungen zusammen, die Freunde und Verwandte des Ehepaars nach dem Unfall geäußert haben könnten.

■ **Gefesselt.** Eine Psychologin äußerte sich zu obigem Fall: »Wer verzeiht, macht sich unabhängig, wer nachträgt, bleibt an den anderen gebunden.«
Nimm Stellung zu dieser Aussage.

Bilder vergleichen

1. Betrachte zunächst jedes Bild einzeln, wie du es bereits gelernt hast.
2. Arbeite Gemeinsamkeiten und Unterschiede beider Bilder heraus. Beachte dabei folgende Vergleichspunkte:
   – Bildkomposition (Personen, Landschaften, Linien, Farben, Anordnung)
   – Bildaussage (zeitgeschichtlicher Hintergrund, Selbstaussagen der Künstler zum Bild)
   – Bildwirkung (Wirkung auf den Betrachter heute, auf den zeitgenössischen Betrachter)
3. Reflektiere, ob sich deine Wahrnehmung des einzelnen Bildes durch den Bildvergleich verändert hat.

»Wer von euch ohne Sünde ist, werfe als Erster

Pieter Bruegel d. Ä., 1564/65

- **Szenen.** Lass die beiden Bilder auf dich wirken und vergleiche sie miteinander (siehe Lerngang Sehen: »Bilder vergleichen«).

- **Gedanken.** Grundlage der nebenstehenden Bilder ist der biblische Text Joh 7,53 – 8,11. Lies die Bibelstelle und formuliere die Gedanken der Frau nach ihrer Begegnung mit Jesus.

- **Schuld, Sühne, Vergebung, Versöhnung.** Auf viele Zeitgenossen wirken diese vier Begriffe eher befremdlich. Informiere dich über ihre Bedeutung mithilfe des Lexikons. Erläutere anhand aktueller Beispiele, was diese Begriffe für Menschen heute bedeuten können.

Otto Pankok, 1936

einen Stein auf sie.«

Von allen verlassen

Endet die Spurensuche unter dem Kreuz? Für die Jünger muss es zunächst so gewesen sein. Wegen seiner Prophetie gegen den Tempel (Mk 14,58 vgl. Jer 26,4-9) und seiner »handfesten« Kritik am Tempel (Mk 11,15-19) zog sich Jesus als möglicher politischer Unruhestifter die Feindschaft der lokalen Tempelaristokratie zu. Vom höchsten jüdischen Gericht, dem Synedrium, angeklagt und von der römischen Besatzungsmacht als Aufrührer und Bandenchef verurteilt erleidet Jesus den Kreuzestod, mit dem die Römer Schwerverbrecher bestraften. – Der, auf den die Jünger all ihre Hoffnung gesetzt hatten, für den sie ihre Familien verlassen und ihr Hab und Gut aufgegeben hatten, stirbt auf die gleiche Art wie ein Mörder. Jesu Kreuzestod war ein Skandal für seine Jünger: Sie fürchteten nun um ihr eigenes Leben und mussten mit dem Vorwurf leben, Anhänger eines Kapitalverbrechers (gewesen) zu sein. Alles, was ihnen blieb, war ein Begräbnis für den Gekreuzigten, und mit ihm mussten seine Freundinnen und Freunde auch ihren Lebenssinn und ihre Hoffnungen begraben.
Was liegt nun zwischen der Depression nach Jesu Skandaltod und dem Aufbruch zur Verkündigung des Gekreuzigten? Die Bibel spricht in diesem Zusammenhang von dem, was wir Auferstehung nennen, jedoch in der Weise, dass nichts über die Auferstehung an sich oder gar ihren Ablauf berichtet wird (vgl. S. 100ff.). Was uns geblieben ist, sind biblische Zeugnisse, die vom Glauben an die Auferstehung sprechen: Bekenntnisse (z. B. 1 Kor 15,3b-5), die Erzählungen vom leeren Grab (z. B. Mt 28,1-8) und Erscheinungsgeschichten (z. B. Lk 24,13-35).

- **Auferstehung.** Lies den Text oben und überlege, welcher der folgenden Begriffe deiner Meinung nach am ehesten trifft, was biblisch unter Auferstehung zu verstehen ist, und begründe deine Wahl: Fall, Erfahrung, Geschichte, Begebenheit, Vorkommnis, Ereignis, Widerfahrnis, Sache, Episode, Intermezzo.

- **Vertiefung.** Informiere dich mithilfe des Lexikons, wie Auferstehung christlich definiert wird. Setze aufgrund deiner gewonnenen Erkenntnisse die Begriffe Leib, Heil, Seele, Tod, Hier und Jetzt in ein Schaubild um, das ihren Zusammenhang mit Auferstehung verdeutlicht.

Arcabas, 1985

Sich verlassen

Die biblischen Auferstehungserzählungen sind zum großen Teil als Reaktion auf die Begegnung mit dem Auferstandenen zu verstehen. Nach der Niedergeschlagenheit, die sich aus dem Kreuzestod Jesu ergab, kann man von der Auferstehung als Initialzündung für das Fortleben des Glaubens an den Gekreuzigten sprechen, ohne dass man weiß, wie diese Initialzündung tatsächlich vor sich gegangen ist oder welchen Charakter sie gehabt hätte. Die ältesten christlichen Osterverkündigungen sind Formeln (z. B. 1 Kor 15, 3b-5), die das Handeln Gottes an Jesus beschreiben: Gott weckt den Gekreuzigten auf vom Tod. Dabei verwendet die Bibel das Bild des Aufweckens am Morgen nach dem Schlaf für das Geschehen. Weniger abstrakt sind die Geschichten von Erscheinungen des auferstandenen Jesus im Kreise der Jünger, sie bestimmen das Denken und den Glauben heutiger Christen. Am bekanntesten ist wohl die Erzählung vom Gang nach Emmaus (Lk 24,13-35). Wie auch bei anderen Erscheinungsgeschichten fällt hier eine Sprache auf, die von paradoxen Formulierungen geprägt ist: Die Emmaus-Jünger erkennen Jesus nicht und dann doch wieder, wenn er etwas Bedeutungsvolles tut: beim Brotbrechen. Fremdheit und Vertrautheit wechseln sich ab. Nicht anders als mit dem Stilmittel der Paradoxie lässt sich diese unfassbare, aber wirkliche Erfahrung ausdrücken.
Diese Initialzündung bewirkte eine Veränderung:

- *Sich verlassen – weg von den eigenen, bisherigen Sicherheiten:*
  den vertrauten Orten, die gewohnten Denkmuster loslassen können.

- *Sich verlassen – hin zu Neuem, Ungewohntem:*
  Vertrauen ohne Netz und doppelten Boden.

Arcabas, 1994

Reflexion. Beschreibe das linke Bild, das der Künstler Arcabas zur Emmauserzählung gemalt hat. Übertrage die Konturen der Personen in dein Heft. Notiere in Sprechblasen die Gedanken der beiden Personen am linken und rechten Bildrand. Lies anschließend Lk 24,13-35 und vergleiche deine Überlegungen mit dem Bibeltext.

Schreibmeditation. Bildet Gruppen und legt ein Blatt Papier und Stifte bereit. Lest dann den obigen Text. Wer seinen Eindruck zum Bild oben äußern möchte, notiert diesen auf dem Blatt der Gruppe. Danach könnt ihr sowohl neue Eindrücke zum Bild als auch zu den bisherigen Notizen festhalten. Macht eure Schreibmeditation den anderen Gruppen zugänglich.

Auferstehungsübung

AUFERSTEHUNG – jeden Morgen kräftig durchatmen,
den Lebensodem in den Körper strömen lassen,
die vom Schlaf lahm gewordenen Glieder bewegen,
Kaffee trinken und den Kreislauf ankurbeln,
den Leib mit Nahrung versorgen,
damit er sein Werk vollbringen kann.

AUFERSTEHUNG – aus dem Grab meiner Angst und Niedergeschlagenheit,
meiner Zweifel und Vorurteile heraustreten,
sich den Herausforderungen des Tages stellen,
die neuen und die alten Aufgaben herzhaft anpacken.

AUFERSTEHUNG – alles zurücklassen,
was mich gestern gestört hat,
und mit neuen Hoffnungen den Tag beginnen.

AUFERSTEHUNG – die Menschen, denen ich begegnen werde,
wieder neu annehmen, sie nicht mit den Augen von gestern betrachten,
sondern als Auferstandene, zu neuem Leben Erweckte –
wie ich.

Norbert Scholl

■ **Titel.** Nimm Stellung zu der Überschrift des Textes von Norbert Scholl »Auferstehungsübung«.

■ **Weitergedacht.** Setze die Sequenzen von Norbert Scholl zur Auferstehung mit eigenen Gedanken fort.

Die Spur von morgen

Die Freundinnen und Freunde Jesu haben ihre Freude über die Auferstehung mit anderen Menschen geteilt, sie sind der Spur Jesu gefolgt.
Bis heute gibt es Menschen, die mit ihrem Leben bezeugen, dass Jesus Spuren bei ihnen hinterlassen hat, und die durch ihren Lebensstil dazu einladen, dieser Spur Jesu ebenfalls zu folgen. Sie zeigen damit, dass die Spur Jesu nicht auf ein Gestern verweist, sondern ins Morgen führt. Für sie ist Jesus die Spur von morgen: Sein Leben macht ihnen Hoffnung, sie spüren, dass sie Anteil an der Auferstehung haben, und handeln in seinem Sinne.
Ein Mensch, bei dem Jesus seine Spuren hinterlassen hat, ist der chinesische Künstler Li Jinyuan. In seinem Hungertuch möchte er die Botschaft Jesu mit ihrer ungeheuren Dynamik ins Bild setzen. Im Zentrum steht Jesus in einer Art von Lichtkreuz.

Die vier Kreisbilder knüpfen an die Seligpreisungen der Bergpredigt an: Links oben erzählt der Künstler von Armut und Hunger in der Welt. Es findet sich aber auch eine Frau vor einer offenen Tür, die Ausschau hält nach Hoffnung. Ihre Sehnsucht verbindet sich mit dem »Selig sind die Armen« der Botschaft Jesu. Der letzte Hoffnungsgrund für die Armen ist Gottes Erbarmen, der sich in Jesus für die Armen einsetzt.
Im Kreisbild rechts oben werden ungerechte Herrschaftsverhältnisse ins Bild gesetzt: »Selig, die um der Gerechtigkeit willen verfolgt werden ...« Überlagert werden sie von einer Ordensschwester, die als Symbol für Engagement im Namen der Gerechtigkeit einen kranken Gefangenen besucht.
Links unten hat der Künstler zwei Szenen des Trostes dargestellt: »Selig sind die Trauernden ...« Die Kreativität der Betrachtenden soll geweckt werden, wie und wann sie selbst trösten können.

Ein Morgen ermöglichen

Li Jinyuan, 2007

Im Kreisbild rechts unten greift der Künstler auf die Vision vom »messianischen Tierfrieden« (Jes 11,6-9) zurück und verknüpft diese mit Jesu Botschaft: »Selig, die Frieden stiften ...« Zwei Frauen lassen Tauben als Symbole der Friedenssehnsucht in Richtung der Jesusgestalt fliegen.
Jesus kommt in einer Lichtbahn auf die Welt zu. Diese Lichtbahn zeigt die Zuwendung Gottes zu uns Menschen.

Diesem ersten Teil der Dynamik in der Bildmitte entspricht eine zweite Dynamik, die durch den Pflanzenhalbkreis am unteren Bildrand dargestellt wird. Wenn die Menschen sich auf die Botschaft Jesu einlassen, sie aufnehmen und wachsen lassen wie die Pflanze aus dem Senfkorngleichnis, dann mündet die von Gott in Jesus begründete Dynamik in die Dynamik der Menschen.

- **Hungertuch.** Schlage im Lexikon das Stichwort »Hungertuch« nach. Übertrage die Komposition des Hungertuchs »Selig seid ihr« in dein Heft. Notiere deine Eindrücke zum Hungertuch an die entsprechenden Stellen. Zeichne dich selbst an den Ort, an den der Künstler dich malen sollte, wenn du einen Platz in diesem Tuch einnehmen könntest. Stelle dein Bild in der Lerngruppe vor.

- **Die Spur von morgen.** Lies den gleichnamigen Text und gehe anschließend in Gedanken die Lernlandschaft durch. Stelle zusammen, inwiefern Jesus für Menschen der sein kann, der ein Morgen ermöglicht.

Religion ist im weitesten und tiefsten Sinne des Wortes das, was uns unbedingt angeht. Religiös sein bedeutet, leidenschaftlich nach dem Sinn unseres Lebens zu fragen und für Antworten offen zu sein, auch wenn sie uns tief erschüttern.

Paul Tillich

■ **Formulieren.** Der Bildhintergrund kann als Visualisierung einer Aussage über Religion gesehen werden. Formuliere die dazugehörige Aussage.

Die Religionen und Mythen sind, ebenso wie die Dichtung, ein Versuch der Menschheit, eben jene Unsagbarkeit in Bildern auszudrücken, die ihr vergeblich ins flach Rationale zu übersetzen versucht.

Hermann Hesse

Die Menschen erwarten von den verschiedenen Religionen Antwort auf die ungelösten Rätsel des menschlichen Daseins, die heute wie von je die Herzen der Menschen im Tiefsten bewegen: Was ist der Mensch? Was ist Sinn und Ziel unseres Lebens? Was ist das Gute, was die Sünde? Woher kommt das Leid und welchen Sinn hat es? ... Was ist jenes letzte und unsagbare Geheimnis unserer Existenz, aus dem wir kommen und wohin wir gehen?

Zweites Vatikanisches Konzil, Nostra aetate 1

Das Wesen der Religion besteht im »Gefühl der schlechthinnigen Abhängigkeit«. Religion ist Sinn und Geschmack fürs Unendliche.

Friedrich Schleiermacher

■ **Darstellen.** Wähle eines der auf diesen Seiten abgedruckten Zitate aus und stelle es in Form eines Standbildes oder einer Pantomime dar.

■ **Definieren.** Suche nach einer eigenen Definition von Religion. Formuliere kurz und prägnant.

Religion ist die Beziehung zu etwas, das anders und größer und ursprünglicher als der Mensch ist.

Bernhard Welte

Glauben bedeutet die Entscheidung dafür, dass im Innersten der menschlichen Existenz ein Punkt ist, der nicht aus dem Sichtbaren und dem Greifbaren gespeist und getragen werden kann, sondern an das nicht zu Sehende stößt, sodass es ihm berührbar wird und sich als Notwendigkeit für seine Existenz erweist.

Joseph Ratzinger/Benedikt XVI.

Die Religion ist der Seufzer der bedrängten Kreatur, das Gemüt einer herzlosen Welt, wie sie der Geist geistloser Zustände ist. Sie ist Vertröstung aufs Jenseits, ist das Opium des Volkes.

Karl Marx

MEHR ALS ALLES

Eine meiner frühsten Erinnerungen an Religion – meditative Übung

Begib dich in eine bequeme Haltung und werde ganz ruhig. – Wenn du das Gefühl hast, entspannt zu sein, versetze dich langsam in die Zeit deiner Kindheit zurück. – Erinnere dich an einen Menschen, eine Begegnung, einen Ort, ein Lied, ein Bild oder ein Fest, das für dich mit Religion in Verbindung steht. Versuche, dich möglichst genau zu erinnern. Stelle dir viele Einzelheiten präzise vor. Ruhe eine Weile bei deiner Erinnerung aus. – Tausche dich gemeinsam mit einem Partner oder einer Partnerin über eure Erinnerungen aus. (Beachte auch den Lerngang »Hören«, auf S. 45.)

Einen Gottesdienst gestalten

Gestaltet gemeinsam einen Gottesdienst. Sucht nach einem geeigneten Ort. Möglicherweise haltet ihr einen Raum in eurer Schule, eventuell auch euer Klassenzimmer für geeignet. Ihr könnt aber auch eine nahe Kapelle oder Kirche aufsuchen. Als Anregung hier einige wesentliche Elemente für die Vorbereitung ruhiger gemeinsamer Gebete wie sie häufig in Taizé abgehalten werden: Ein oder zwei Gesänge zur Einstimmung – Psalm (eventuell ausgewählte Verse, die von einem oder abwechselnd zwei Anwesenden gelesen oder gesungen werden; nach jedem Vers antworten alle mit einem Gebetsruf). – Vor oder nach der Lesung kann ein Gesang eingeschoben werden. – Lesung eines Bibeltextes – Gesang – Stille – Fürbitten oder Lobpreis (eventuell mit einem gesungenen »Kyrie eleison« [Herr, erbarme dich]) – Vaterunser – Schlussgebet – Gesänge.
Dem gemeinsamen Gebet können sich Gespräche in kleinen Gruppen (z. B. über einen Bibeltext) anschließen.

- **Stimmungen.** Vergleiche die Stimmungen und die Atmosphäre auf den beiden Fotos oben.

- **Erleben.** Das untere Foto zeigt eine Szene bei »Tagen religiöser Orientierung«. Vielleicht hast du schon ähnliche Übungen gemacht. Benenne die religiöse Dimension dieser Szene.

Religiosität

Unter Religiosität versteht man die Art und Weise, wie sich eine Person die Form und den Inhalt einer Religion aneignet. Da sie notwendigerweise subjektiv geprägt ist, gibt es unendlich viele unterschiedliche Formen von Religiosität. Sie kann an einer verfassten Religion wie dem Christentum orientiert sein oder eine ganz individuelle Zusammenstellung religiöser Praktiken darstellen. Gemeinsam ist allen

Caspar David Friedrich, um 1830/35

unterschiedlichen Formen von Religiosität, dass sie einem Grundbedürfnis des Menschen folgen, den sichtbaren und unmittelbar vorfindlichen Bereich zu übersteigen, und eine Sehnsucht ins Grenzenlose abbilden.

■ **Bildbetrachtung.** Nimm dir genügend Zeit, um das Bild zu betrachten, und versetze dich in eine der beiden Personen hinein. – Stell dir vor, du stehst an der Stelle dieser Person: Du machst dir Gedanken über das Leben im Allgemeinen und dein Leben im Besonderen. Schreibe deine Gedanken auf ein leeres Blatt. Überlege, inwieweit dabei die religiöse Dimension eine Rolle spielt.

Der Begriff Religion

Die Herkunft des Wortes »Religion« kann nicht ganz geklärt werden. Das lateinische Wort *religio* kann auf unterschiedliche Wurzeln zurückgeführt werden. Möglich ist zum einen eine Ableitung von *relegere* (sich hinwenden, gewissenhaft beobachten), aber auch von *reeligere* (wieder erwählen). Am wahrscheinlichsten ist die Herleitung von *religari* (sich zurück binden). Als ebenso schwierig erweist sich eine genaue Definition des Begriffs »Religion«. Religion ist das sehr komplexe Gebilde aus Traditionen und Praktiken, durch welche Menschen (unterschiedlicher Kulturen und z. T. in sehr verschiedenen Formen) zu dem in Beziehung treten, was ihnen als heilig oder göttlich gilt. Der Mensch bindet sich dabei an eine Wirklichkeit, die außerhalb seiner selbst liegt, die ihn dennoch zutiefst im Inneren berührt und der er Macht über sich und sein Leben gibt. Die Ausübung einer Religion beinhaltet deshalb immer auch ein bestimmtes Verständnis des Menschen von sich selbst und der Welt, in der er lebt. Ferner trägt sie in unterschiedlichen Formen zur Bewältigung des Lebens bei.

Die religionswissenschaftliche Perspektive

Die Religionswissenschaft betrachtet das Phänomen Religion von außen. Sie versucht, das, was als Religion erscheint, objektiv zu beschreiben. Die Weltanschauung des Forschers darf dabei keine prägende Rolle spielen, wenngleich von ihr niemals ganz abgesehen werden kann. Religionswissenschaft beobachtet hierzu die unterschiedlichen Erscheinungsformen von Religion und versucht, über Vergleiche Erkenntnisse zu erzielen. Vergleichen kann man beispielsweise unterschiedliche Wege, die Wirklichkeit zu erschließen, dem Leben Sinn und Bedeutung zu verleihen oder Krisensituationen zu bewältigen. Die Religionswissenschaft hilft also einerseits, das Phänomen Religion zu verstehen, andererseits kann sie auch den Blick auf das menschliche Dasein im Allgemeinen schärfen, sofern Religion ein ursprünglicher Ausdruck des Menschen selbst ist.

Die soziologische Perspektive

Die Religionssoziologie beschreibt Religion von dem her, was sie leistet, und zwar im Blick auf das Zusammenleben der Menschen. Religion kommt hier folglich in ihrer Funktion für die menschliche Gesellschaft in den Blick. Als gemeinschaftsorientiertes Wesen ist der Mensch auf die Gesellschaft angewiesen. Religion trägt das Zusammenleben von Menschen insofern, als sie auf den Erhalt bestimmter Werte und Normen ausgerichtet ist. Religion kann das geltende Recht und die bestehende Ordnung legitimieren, kann also das Gemeinwesen stärken und dabei auch zu Herrschaftszwecken eingesetzt werden, indem sie die bestehenden Herrschaftsverhältnisse (= die momentane Verteilung der Macht) legitimiert. Andererseits trägt Religion als Anwältin für Gemeinschaft stiftende Werte auch zur Destabilisierung von Unrechtsregimen bei.

Die psychologische Perspektive

Die Religionspsychologie untersucht einerseits die Wirkungen der Religion auf die menschliche Psyche, andererseits den Einfluss, welchen die Psyche auf die Ausbildung der unterschiedlichen religiösen Erscheinungen ausübt.
Die Wirkungen der Religion auf die menschliche Psyche können sehr vielfältig sein. Zum einen wurde festgestellt, dass Religion Menschen krank machen kann, z. B. wenn sie als ein System von Normen aufgefasst wird, dem sich Menschen unterwerfen und dem zu genügen sie nicht in der Lage sind. Eine breite beobachtungsorientierte Forschung in den USA hat in den vergangenen 30 Jahren jedoch die positiven Auswirkungen gelebter Religiosität ans Licht gefördert. Religion hilft Menschen offenbar, mit Krisensituationen wie Leid, Scheitern und Tod umzugehen und diese zu bewältigen. Die psychologische Perspektive nimmt Religion also auch in ihrer Funktion für etwas wahr, hier in ihrer Funktion für die menschliche Psyche.
C. G. Jung (1875-1961) hat die »Analytische Psychologie« begründet, die neben der Psychoanalyse von S. Freud zu den klassischen tiefenpsychologischen Richtungen zählt. Jung sieht die menschliche Seele als von Natur aus religiös

- **Bilden.** Erstellt in Kleingruppen zu den verschiedenen Perspektiven von Religion jeweils ein Schaubild.

- **Vergleichen.** Vergleiche deine eigene Definition von Religion (vgl. S. 120) mit den unterschiedlichen Perspektiven auf dieser Doppelseite. Welcher Perspektive würdest du deine Definition am ehesten zuordnen?

- **Vertiefen.** Überlege dir Beispiele, die deutlich machen, dass Religion zu Herrschaftszwecken eingesetzt wird bzw. dass sie Herrschaftsverhältnisse kritisch hinterfragt.
Überlege dir weitere Beispiele, bei denen Religion positive bzw. negative Wirkungen auf die menschliche Psyche besitzt. Präsentiere der Klasse deine Ergebnisse.

an. Sie sei ausgestattet mit einer Art Antenne für das Wirken Gottes, d. h., sie besitze eine Beziehungsmöglichkeit zu Gott. Selbstfindung geschieht nach Jung auch darüber, das göttliche Wirken in der eigenen Seele wahrzunehmen, um so das zu erlangen, was eine lebendige Religion ihren Gläubigen gibt. Die Psychotherapie füllt aus Jungs Perspektive eine Lücke, die durch das Versagen kirchlich verfasster Religiosität geschlagen wurde.

Die theologische Perspektive

Die Theologie beschreibt Religion aus einer Innensicht. Ihr geht es nicht in erster Linie um das, was Religion für die Menschen zu leisten vermag, sondern um das, was Religion von sich her ist, also um das Wesen von Religion. Hier werden folglich nicht zuerst Fragen nach der Verwendbarkeit von Religion gestellt, sondern vor allem Fragen nach ihrem ureigenen und ursprünglichen Sinn sowie nach ihrem Wahrheitsgehalt. Die christliche Theologie sieht den Menschen als ein auf Gott hingeordnetes Wesen an und Gott als den Grund und das Ziel der Welt. Die Offenbarung ist dabei die Art und Weise, wie der Mensch etwas über Gott erfährt und dadurch in die Lage versetzt wird, sich mit diesem tragenden Ziel in Einklang zu bringen.

Georgia O'Keeffe, 1958

■ **Zuordnen.** Ordne die Zitate der ersten Doppelseite dieser Lernlandschaft den verschiedenen Perspektiven auf Religion zu.

■ **Erfinden.** Betrachte das Gemälde von Georgia O'Keeffe in Ruhe für dich alleine. Erfinde eine passende Geschichte zu dem Bild und schreibe sie in dein Heft. Vergleicht eure Geschichten und überlegt, welche Geschichte am »tiefsten« in das Bild eingedrungen ist.

Die Ware als Fetisch

Eine Hose zu kaufen, allein weil sie kleidet und weil sie wärmt, fällt heute kaum noch jemandem ein. Ein Shampoo nur deshalb zu benutzen, weil die Haare damit sauber werden? – Unvorstellbar. Mit fast jedem Produkt sollen Konsumenten gleich eine ganze »Lebensphilosophie« kaufen, ein bestimmtes Lebensgefühl, ein Image dazu, mit dem sie sich besonders gut identifizieren können. Jede Marke ist daran interessiert, ihre Produkte mit Inhalten aufzuladen, die vorgeben, weit über den normalen Gebrauchswert hinauszugehen. Menschen versuchen, einen Sinn für ihr Leben durch den Kauf einer Ware zu erlangen. Und die Produktwerbung sorgt dafür, dass diese Illusion aufrechterhalten bleibt. Auch wenn das Sinnangebot der Marken nicht wirklich befriedigen kann, gilt der Markenträger in der Gemeinde der Markengläubigen doch gleichzeitig als Träger des in der Produktwerbung angebotenen Sinns und erhält dadurch eine Bestätigung seiner Stellung, die ihn weiter an die Bedeutung der Markenprodukte glauben lässt. Auf diese Weise erhalten die Markenwaren eine religiöse Funktion. Die Ware, die ehemals ihren Wert daraus bezog, welchen Nutzen sie für den Gebrauch durch den Menschen hatte, wird zu einem Fetisch und beginnt, den Menschen zu vereinnahmen und zu beherrschen. So bestimmt nicht mehr der Mensch den Wert der Ware, die er tauschen möchte, sondern die Ware bestimmt den Wert des Menschen. Die Schuhe und die Jeans, die ich trage, bestimmen über meine Stellung in der Klasse. Ob mein Vater mich in einem Kleinwagen oder in einem Luxusauto morgens zur Schule bringt, hat Einfluss auf meinen Wert bei meinen Mitschülerinnen und Mitschülern. Ich entscheide mich nur scheinbar frei für den Kauf einer bestimmten Ware. In Wahrheit verfügt die Ware über mich, und meine Kaufentscheidung resultiert aus dem Bedürfnis, meinen Wert und meinen sozialen Status zu erhöhen. Dies kann so weit gehen, dass sich die Sympathien der Menschen untereinander von den Sympathien der Waren ableiten. Die Ware ist zu einem Fetisch geworden, weil der Mensch unter die Kontrolle der Ware gelangt ist, obwohl diese doch eigentlich nur ein Produkt seiner Arbeit ist und eigentlich nur eine Funktion haben sollte. Die Ware als Fetisch verbirgt ihren Charakter als Produkt menschlicher Arbeit. Sie ist für die, die an sie glauben, zu einem Religionsersatz geworden.

- **Fetisch.** Formuliere eine genaue Definition des Begriffs »Fetisch« und zeige, wie eine Ware zum Fetisch wird.

- **Beispiele.** Suche Beispiele, die zeigen, wie Menschen unter die Herrschaft von Produkten geraten.

- **Gegenbeispiele.** Kennst du Menschen, die ihr Leben nicht von Fetischen abhängig machen? Charakterisiere einen solchen Menschen. Was zeichnet ihn aus?

Religion in der Werbung

Religion ist in sehr unterschiedlichen Formen in unserer Alltagswelt präsent. Zunehmend bedient sich auch die Werbung religiöser Inhalte, um die angepriesenen Produkte damit aufzuladen. Dabei sind die religiösen Anspielungen auf sehr unterschiedliche Weise verarbeitet: Manchmal tauchen religiöse Elemente ganz direkt auf, manchmal aber auch nur indirekt oder in einer Weise, die für Menschen, die in der religiösen Tradition nicht bewandert sind, kaum erkennbar ist. Sie verfolgen dabei aber immer ein Ziel, nämlich die Attraktivität der angebotenen Ware zu erhöhen und möglichst viel Macht über die Konsumenten zu erlangen.

- **Beschreiben.** Beschreibe die religiösen Elemente in der Werbeanzeige oben.

- **Suchen.** Suche nach weiteren Werbebeispielen, bei denen Religion eine Rolle spielt. Auch in Videoclips von Popgruppen wirst du viele religiöse Bezüge finden können.

- **Ordnen.** Teile die von dir gefundenen Werbeanzeigen in Gruppen ein und finde Kategorien, in die du die unterschiedlichen Möglichkeiten, wie Religion in der Werbung verwendet wird, einordnen kannst.

- **Gestalten.** Gestalte ein eigenes Werbeplakat, auf dem du für ein bestimmtes Produkt mit religiösen Elementen wirbst. Erläutere anschließend die Funktionsweise bzw. Strategie deines Plakates.

Im Oktober 1986 lud Papst Johannes Paul II. zum Weltfriedensgebet nach Assisi ein, einem einzigartigen historischen Ereignis. Damals waren neben dem Papst auch viele Vertreter der großen Weltreligionen anwesend, vom Dalai Lama bis zum Erzbischof von Canterbury. Bekanntlich begann dort ein Weg, den die Gemeinschaft Sant' Egidio mit den internationalen Friedenstreffen »Uomini e Religioni« in besonderer Weise fortgesetzt hat. Seit über 20 Jahren fanden Jahr für Jahr die Treffen in wichtigen Städten Italiens und mehreren Hauptstädten Europas statt. Sie boten eine außergewöhnliche Gelegenheit zum Dialog und zur Überwindung kultureller und religiöser Gegensätze.

Das Wesen des Dialogs

Der Dialog zwischen den Kirchen und den Religionen bedeutet weder den Verlust der Identität noch die Hinwendung zu einer einfachen Vermischung von unterschiedlichen Glaubensweisen. Ein wahrer Dialog, der diesen Namen verdient, setzt auf beiden Seiten Dialogbereitschaft voraus, die jeweils in der Verantwortung der Beteiligten liegt. Ein echter Dialog verwischt weder die Unterschiede zwischen den unterschiedlichen Dialogpartnern noch betoniert er die Grenzen zwischen ihnen. Dialog ist eine Antwort auf die tiefen Beweggründe für die Liebe. Er ist eine Kunst des Zusammenlebens in unserer zerstückelten und getrennten Welt. Die Freundschaft zwischen den Gläubigen muss den bestehenden Schwierigkeiten und Unterschieden widerstehen – im Bewusstsein, dass es keine Alternative zum Dialog gibt. So kann sie zu einem Anziehungspunkt für alle Menschen werden, die auf der Suche nach einer gerechteren und menschlicheren Welt sind.

Ein Dialog kann nur gelingen, wenn Schwieriges und Strittiges in Bezug auf das Zusammenleben der Religionen nicht ausgeklammert wird. Eine Verständigung über solche Konfliktsituationen muss dabei getragen sein von der Notwendigkeit der gegenseitigen Stärkung der Religionen durch Solidarität und Freundschaft. Auf diese Weise kann verhindert werden, dass die Religionen durch Gewalt oder Vorurteile instrumentalisiert werden.

Johannes Paul II. schrieb in seiner Botschaft zur Begegnung in Lissabon im September 2000:

»Der Dialog übersieht nicht die realen Unterschiede, doch er löscht auch nicht unsere gemeinsame Pilgerschaft hin zu einer neuen Erde und einem neuen Himmel aus. So lädt der Dialog alle Menschen zur Stärkung der gegenseitigen Freundschaft ein, die weder trennt noch vermischt. Wir alle müssen mutiger sein auf diesem Weg, damit die Männer und Frauen dieser Welt – welchem Volk und Glauben sie auch angehören – sich als Söhne und Töchter des einen Gottes und als Brüder und Schwestern erkennen können.«

- **Dialog.** Beschreibe das Wesen des Dialoges in eigenen Worten.

- **Sant' Egidio.** Informiere dich über die Gemeinschaft Sant' Egidio, z. B. im Internet. Eines ihrer Ziele besteht in der Förderung des interreligiösen Dialogs. Nenne die Gründe, warum Sant' Egidio den interreligiösen Dialog als zentrale Aufgabe begreift, und beschreibe die Aktivitäten, durch die Sant' Egidio den Dialog der Religionen fördert.

Die Verantwortung der Religionen für Frieden und Gerechtigkeit

Zum Abschluss des interreligiösen Friedensgipfels in Assisi (2002) haben Vertreter von zwölf Weltreligionen und 31 christlichen Kirchen und Gemeinschaften folgende Erklärung verabschiedet:

1. ... Wir verurteilen jeden Rückgriff auf Gewalt und Krieg im Namen Gottes oder der Religion und verpflichten uns, alles Mögliche zu tun, um die Ursachen des Terrorismus auszumerzen.
2. Wir verpflichten uns, die Menschen zu gegenseitigem Respekt und gegenseitiger Hochachtung zu erziehen, damit sich ein friedliches und solidarisches Zusammenleben zwischen den Angehörigen unterschiedlicher Ethnien, Kulturen und Religionen realisieren lässt.
3. Wir verpflichten uns, die Kultur des Dialogs zu fördern, damit gegenseitiges Verständnis und Vertrauen zwischen den Einzelnen und Völkern wachsen, die Voraussetzung für einen echten Frieden sind.
4. Wir verpflichten uns, das Recht jeder menschlichen Person auf ein würdiges Leben gemäß seiner eigenen kulturellen Identität zu verteidigen – und auf die freie Gründung einer eigenen Familie.
5. Wir verpflichten uns zum aufrichtigen und geduldigen Dialog, ... dass die Begegnung mit einer anderen Realität zu besserem gegenseitigen Verständnis beitragen kann.
6. Wir verpflichten uns, uns gegenseitig die Irrtümer und Vorurteile in Vergangenheit und Gegenwart zu verzeihen ...
7. Wir verpflichten uns, an der Seite der Leidenden und Verlassenen zu stehen und uns zur Stimme derer zu machen, die selber keine Stimme haben ...
8. ... Wir wollen mit all unseren Kräften dazu beitragen, der Menschheit unserer Zeit eine echte Hoffnung auf Gerechtigkeit und Frieden zu geben.
9. Wir verpflichten uns, jede Initiative zu ermutigen, die Freundschaft zwischen den Völkern fördert, in der Überzeugung, dass technologischer Fortschritt ein steigendes Risiko von Zerstörung und Tod für die Welt einschließt, wenn solidarisches Einverständnis unter den Völkern fehlt.
10. Wir verpflichten uns, die Verantwortlichen der Nationen aufzufordern, alle Anstrengungen zu unternehmen – auf nationaler wie internationaler Ebene – dass eine Welt in Solidarität und Frieden erbaut und gefestigt wird – auf der Grundlage von Gerechtigkeit.

Wir sind überzeugt, dass ... Sicherheit, Freiheit und Frieden nicht durch Gewalt, sondern nur durch gegenseitiges Vertrauen garantiert werden können.
Möge Gott unsere Vorschläge segnen und der Welt Gerechtigkeit und Frieden schenken.

Assisi, 2002

■ **Priorität.** Wenn du, ähnlich wie Jesus in Mt 22,36, gefragt werden würdest, welche der hier genannten Regeln die wichtigste sei, was würdest du antworten? Begründe deine Antwort.

»Ich will, dass meine Religion lebt«

Bernhard Schlink erzählt in seiner Kurzgeschichte »Die Beschneidung« von Andi, einem jungen Deutschen, und Sarah, seiner jüdischen Freundin. Sie sind in New York zur Feier der Bar-Mizwa von Sarahs kleinem Bruder David eingeladen; hier trifft Andi zum ersten Mal auf Sarahs Familie. Im Verlauf der Feier lernt Andi die wechselvolle Geschichte dieser Familie kennen und auch Sarahs Schwester Rachel, die verheiratet ist und zwei kleine Söhne hat. Mit ihr unternimmt Andi einen Ausflug. Sie sprechen über sich und ihre Kindheit, darüber, was Kindern Schlimmes widerfahren kann. Als Andi Rachel danach fragt, was sie für das Schlimmste hielte, das ihren Söhnen passieren könnte, bekommt er zur Antwort: Die Heirat einer nicht jüdischen Frau. Andi stutzt einen Moment, er denkt sofort an Sarah und sich.

Nach einer Weile fragte er: »Warum wäre das so schlimm?«

»Sie würden alles verlieren. Die Kerzen am Freitagabend anzünden, den Kiddusch über den Wein und den Segen über das Brot sprechen, koscher essen, an Rosch ha-Schana das Schofar hören, sich vor Jom Kippur versöhnen, an Sukkoth eine Laubhütte bauen und schmücken und darin wohnen – wie könnten meine Söhne das mit jemand anderem als mit einer Jüdin tun?«

»Vielleicht wollen deine Söhne oder einer von ihnen das alles gar nicht. Vielleicht hat er Spaß daran, mit seiner katholischen Frau zu entscheiden, welchen Feiertag sie wie feiern, jüdisch oder katholisch oder auf eine dritte Weise, und welches Kind sie wie erziehen. Warum soll nicht er mit seinem Sohn am Sabbat in die Synagoge und sie am Sonntag mit ihrer Tochter in die Kirche gehen? Was ist daran schlimm?«

Sie schüttelte den Kopf. »So läuft es nicht. In Mischehen findet nicht ein besonders reiches geistiges Leben statt, sondern keines.«

»Vielleicht sind die beiden glücklich, weder jüdisch noch katholisch zu sein. Aber darum sind sie keine schlechten Menschen; du schätzt und magst doch wohl auch Leute, die weder jüdisch noch katholisch sind. Und ihre Kinder mögen wieder ein reiches geistiges Leben entdecken als Buddhisten oder Muslime oder auch Katholiken oder Juden.«

»Wie soll mein Sohn glücklich sein, wenn er nicht mehr jüdisch ist? Außerdem stimmt einfach nicht, was du sagst. Die zweite Generation kehrt nicht wieder zum Judentum zurück. Sicher gibt es einzelne Fälle. Aber statistisch ist, wer eine Mischehe eingeht, für das Judentum verloren.«

»Aber vielleicht wird er oder werden seine Kinder für etwas anderes gewonnen?«

»Was bist du? Katholik, Protestant, Agnostiker? Jedenfalls gibt es von euch so viele, dass ihr auf die Mischehen verzichten könnt. Wir können niemanden verlieren.«

»Nehmen die Juden in der Welt ab? Ich habe keine Statistik im Kopf, kann's mir aber nicht vorstellen. Außerdem – wenn eines Tages niemand mehr Katholik, Protestant, Agnostiker oder Jude sein will, was ist dagegen zu sagen?«

»Was dagegen zu sagen ist, wenn es eines Tages keine Juden mehr gibt?« Sie sah ihn ungläubig an. »Das fragst du?« Er wurde ärgerlich. Was sollte ihre Frage? Durfte er als Deutscher nicht denken, dass die jüdische wie jede Religion davon lebt, dass sie freiwillig gewählt wird, und stirbt, wenn sie es nicht mehr wird? Glaubte Rachel, die jüdische Religion sei etwas Besonderes? Die Juden seien tatsächlich das auserwählte Volk?

Als hätte sie seine Frage gehört, sagte sie: »Wenn du an deine Religion so wenig glaubst, dass du sie aussterben lassen kannst, ist das deine Sache. Ich will, dass meine lebt und meine Familie mit ihr und in ihr. Ja, ich halte meine Religion für einzigartig, und ich verstehe deinen Ärger nicht, weil ich keinem anderen verwehre, seine Religion auch für einzigartig zu halten.«

■ **Positionen.** Formuliere die beiden Positionen von Andi und Rachel in eigenen Worten. Stelle die jeweiligen Begründungen einander gegenüber und nimm dazu Stellung.

Die Absolutheit des Christentums und die vielen Wege zu Gott

Der christliche Glaube steht angesichts der Frage seiner Absolutheit vor einem scheinbar unlösbaren Dilemma. Einerseits ist es fester Bestandteil der christlichen Glaubensüberzeugung, dass der Weg des Menschen zu Gott über Christus führt. Andererseits glauben Christen, dass Gott das Heil *aller* Menschen will. Ferner ist es heute angesichts der Fülle religiöser Heilsangebote schwierig, verständlich zu machen, dass alle Menschen, die Christus niemals kennenlernen konnten oder aus irgendwelchen Gründen den Glauben an Christus ablehnen, vom Heil ausgeschlossen bleiben sollen. Anhänger anderer Religionen wären mit ihrer Suche nach Gott danach per se zum Scheitern verurteilt.

Die traditionelle theologische Lehre, die als *Exklusivismus* bezeichnet werden kann und die Erlangung des Heils ausschließlich (exklusiv) auf das Bekenntnis zu Christus beschränkt, hat heute ihre Überzeugungskraft verloren. Man hat deshalb versucht, Anders- bzw. Nichtglaubende in ihrem je eigenen Bemühen, ein gottgefälliges oder jedenfalls ein ethisch gutes Leben zu führen, wahrzunehmen und ihnen die Möglichkeit einer Erkenntnis Gottes zugebilligt. Auch ein Nichtglaubender kann dieser Lehre zufolge Gott erkennen, wenn er Gottes Willen tut, selbst wenn er die Existenz Gottes leugnet. Ein solcher Nichtglaubender ginge demzufolge einen »anonymen« Weg zu Gott. Dieser *inklusivistischen Auffassung* wird häufig vorgeworfen, Andersdenkende zu vereinnahmen und sie somit in ihrer Eigenheit nicht wirklich ernst zu nehmen.

Am weitesten ist heute vermutlich die *pluralistische Hypothese* verbreitet, die behauptet, es gäbe viele verschiedene Wege zu Gott, die grundsätzlich das gleiche Recht für sich in Anspruch nehmen könnten. Diese pluralistische Sichtweise kann jedoch nicht deutlich machen, warum ich mich ganz auf Christus einlassen soll, wenn es daneben noch unzählig viele andere Wege zu Gott gibt, die im Prinzip genauso gangbar wären.

Christen können nicht von der fundamentalen Grundwahrheit abrücken, dass sich Gott in Christus in unüberbietbarer Weise gezeigt hat. Wenn Gott, der unendlich viel mehr als ein Mensch ist, sich in Gestalt eines Menschen zeigt, dann schlüpft er nicht in die Rolle eines absoluten Herrschers oder in die eines superreichen Topmanagers, sondern er führt ein Leben wie es Jesus von Nazaret getan hat, d. h. ein Leben, das von bedingungsloser Liebe zu den Menschen geprägt ist und das auch da noch die Kraft zur Liebe aufbringt, wo ihm der blanke Hass entgegenschlägt. Wer einem wirklich bedingungslos liebenden Menschen begegnet, der kann nicht so tun, als ginge ihn diese Liebe nichts an, er wird von ihr in Anspruch genommen. Das heißt aber auch, dass überall da, wo ein Mensch wahrhaft liebt, sich Gott den Menschen zeigt. Dies kann unter Menschen geschehen, die Christus nicht kennen oder die sich als ungläubig bezeichnen. In einzigartiger Weise zeigte sich Gott in Jesus von Nazaret. Und genau dies macht die Besonderheit des christlichen Glaubens aus.

■ **Jonglieren.** Erläutere die Aussageabsicht des Karikaturisten. – Diskutiert anschließend in der Klasse über die Aussage. Achtet darauf, dass ihr Argumente für unterschiedliche Positionen findet.

■ **Schaubilder.** Skizziere die Positionen des Exklusivismus, des Inklusivismus und des Pluralismus in drei Schaubildern.

■ **Absolutheitsanspruch.** Versuche zu erklären, inwiefern in dem Text ein Absolutheitsanspruch des Christentums behauptet wird, der andere Positionen weder abwertet noch in ihrem Eigenrecht beschneidet.

Den Raubtiergott überwinden

Die Bestie Gott erschafft die Bestie Mensch – als sein Abbild? Oder ist es, wie der Philosoph Ludwig Feuerbach meinte, umgekehrt: Die Bestie Mensch erschafft sich einen bestialischen Gott, einen Gott mit »Hörnern wie ein Wildstier; er frisst die Völker, die ihm Feind sind, er zermalmt ihre Knochen ... er duckt sich, liegt da ... wie ein Raubtier« (Num 24,8f.)? Sicher ist: Der Mensch ist stets das Abbild seines Gottes, das Abbild dessen, was als höchster Wert in seinem Leben gilt. – Raubtierhafte Gewalt als das, was mir Sein und Identität gibt, bestimmt das Lebensgefühl aller faschistischen Gruppierungen, damals wie heute ...

Wie kann raubtierhafte Gewalt dem Menschen ein beinahe religiöses Selbstwertgefühl vermitteln? ... Die Erklärung ... blitzt auf in der Beobachtung vieler Soziologen, dass die Logik faschistischen Gewaltdenkens identisch ist mit der Logik der Blutrache. In dieser uralten, bei allen Völkern der Erde zu findenden Institution geht es ursprünglich nicht um Vergeltung im Sinne eines gerechten Ausgleichs. Wenn es in der Bibel mehrfach heißt: »Auge um Auge, Zahn um Zahn«, so ist das schon das Ergebnis einer späteren Rechtentwicklung. Aber noch in der Geschichte von Lamech, dem Nachkommen Kains, wird der archaische Hintergrund der gewalttätigen Rache sichtbar: Lamech sucht seinen beiden Frauen Ada und Zilla dadurch zu imponieren, dass er von sich sagt: »Einen Mann erschlage ich für eine Wunde und einen Knaben für eine Strieme. Wird Kain siebenfach gerächt, dann Lamech siebenundsiebzigfach.«

Den ganzen Besitz aus diesen Städten und das Vieh nahmen die Israeliten für sich, die Menschen aber erschlugen sie alle mit scharfem Schwert und rotteten sie völlig aus. Niemand ließen sie am Leben.

Jos 11,14

Aktuelle Beobachtungen dazu schildert die Soziologin Stephanie Schwandner-Sievers in ihrer Feldstudie über das heutige Nordalbanien, wo sich nach dem Zerfall des kommunistischen Gewaltregimes wieder das Blutrachedenken ausbreitet. Eine durch Blutrache bedrohte Familie erklärt stolz: »Wir sind stark. Töten die einen von uns, töten wir zehn von denen.« Auch berichtet die Soziologin, wie eine

Aus den Städten der Völker, die der Herr, dein Gott, dir als Erbbesitz gibt, darfst du nichts, was Atem hat, am Leben lassen.

Dtn 20,16

Familie, die ihrer Rachepflicht nicht nachkommt, also nicht eine blutige Gewalttat verübt, ihr »Gesicht«, ihre »Ehre« verliert. In raubtierhafter Gewalt töten und töten können, macht das Sein, die Identität, die »Ehre« der Gruppe aus, der ich zugehöre und an deren Sein und Ehre ich selbst partizipiere ...

Der bekannte ungarische Religionswissenschaftler Mircea Eliade fasste den weltweit vorliegenden religionsgeschichtlichen Befund zusammen ...: »Sich wie ein wildes Tier zu verhalten, wie ein Wolf, ein Bär, ein Leopard, ist das Zeichen dafür, dass man gleichsam zum Gott wird. Das Raubtier stellt auf der Ebene der elementaren religiösen Erfahrung eine höhere Daseinsform dar.« Wie kann es dazu kommen? Warum repräsentiert das Raubtier eine göttliche Daseinsform? ...

Das Raubtier steht am Ende der Nahrungskette, es ist deshalb »unsterblich«. Mit ihm zu rivalisieren, sich auf »seine Stufe« zu stellen, bedeutet, den Status des sterblichen Beutetieres zu verlassen und den als göttlich und potenziell unsterblich erachteten Jäger- und Kriegerstatus zu erwerben. Die Angst vor dem Tod, das tiefste Existenzial des Menschen, war so gewissermaßen überwindbar. Im raubtierhaften Kampf, mit der Waffe in der Hand, verletzt zu werden und zu sterben, ist kein Verlust, sondern ein Zuwachs an »Ehre«, sprich Tötungsgewalt, für die Gruppe und deren Unsterblichkeit. Der in der Schlacht fallende Krieger wird – analog ist dies weltweit das Pathos aller Jagd-, Kampf- und Männerbünde – sogleich von den Walküren nach Walhall, dem Sitz der Götter, getragen, wo in Festgelagen und Kampfspielen das Leben im Jägerstatus weitergeht ...

Die Einsicht aus alledem: Wir müssen von Grund auf umlernen. Recht und Gesetz haben das – letztlich faschistische – Blutrachedenken entscheidend zurückgedrängt. Sie können es aber ... nicht von innen her überwinden. Dies kann nur ein Wandel des Bewusstseins. Und der muss religiös fundiert sein. Denn: Das faschistische Gewaltdenken hat, wie aufgezeigt, archaisch-religiöse Wurzeln.

Kann nun aber ausgerechnet eine auf die Bibel gegründete christlich-religiöse Erziehung dies leisten? Dokumentieren die eingangs zitierten Bibeltexte nicht auch den biblischen Gott als Raubtier-Gott – und den Menschen als sein Abbild? ... Wie soll aber in unserem Kulturkreise so etwas als ... »heilige« Schrift betrachtet werden? Möglich ist dies nur, wenn man die im Laufe eines Jahrtausends entstandene christlich-biblische Textsammlung vor dem Hintergrund der skizzierten menschheitsgeschichtlichen Entwicklung des religiösen Bewusstseins interpretiert. Dann dokumentieren diese Texte zweierlei: Der Raubtiergott, biblisch El-Schaddai, der »gewaltige Gott«, hat ursprünglich auch das Denken der Menschen aus dem Volk Israel geprägt. Im Schatten dieses Gottes haben sie zunächst immer wieder ihre Geschichte gedeutet. Letztlich wird dann aber in vielen anderen Texten ebenso deutlich: Autoren aus Israel überwinden den Raubtiergott und finden zu einer anderen, befreienden Gotteserfahrung ...

> Ich war da für sie
> [die Israeliten]
> wie die Eltern,
> die den Säugling
> an ihre Wangen heben.
> Ich neigte mich
> ihm zu und
> gab ihm zu essen.
>
> *Hos 11,4b*

Vollends bei dem in der Tradition Israels verankerten Jesus von Nazaret darf der Mensch Gott als »Vater im Himmel« erfahren. Dieser Gott »lässt seine Sonne aufgehen über Bösen und Guten. Er lässt regnen über Gerechte und Ungerechte.« Als solcher fordert er bestimmt nicht mehr dazu auf, in einer eroberten Stadt raubtierhaft alles Leben auszurotten. Vielmehr fordert dieser Gott, die Feinde zu lieben und für die zu beten, die einen verfolgen (Mt 5). Als Abbild dieses Gottes hört der Mensch auf, ein Raubtier zu sein, er wird zum Menschen.

Georg Baudler

Edward Kienholz, 1987-1989

■ **Gewalt durch Religion.** Überlege, wo dir heute überall Gewalt begegnet, die religiös motiviert ist.

■ **Kunstwerk.** Versuche, in einem Brief eine christliche Gemeinde davon zu überzeugen, dass sie das Kunstwerk von Edward Kienholz in der Kirche aufstellt. Oder: Formuliere die ablehnende Antwort eines Pfarrgemeinderatsmitglieds auf das Ansinnen des Künstlers, sein Kunstwerk in deiner Pfarrkirche aufzustellen.

■ **Raubtiergott.** Erläutere den Zusammenhang von Gewalt und Religion, wie Georg Baudler ihn sieht. Erkläre die Rolle des jüdisch-christlichen Gottesbildes in diesem Zusammenhang und beziehe dabei die biblischen Zitate mit ein.

Christentum. Bestimme den prozentualen Anteil des Christentums an der Weltbevölkerung in den Jahren 1990 und 2025.

Religiöse Vielfalt. Teilt euch in acht Gruppen auf. Informiert euch arbeitsteilig über Judentum, Christentum, Islam, Hinduismus, Buddhismus, Schintoismus, Konfuzianismus und Taoismus und erstellt jeweils ein Plakat mit folgenden fünf Grundinformationen:
a) Hauptlehren,
b) wichtige Symbole,
c) Hauptorte und Entstehung,
d) Hauptrichtungen/Konfessionen,
e) wichtige Feste.

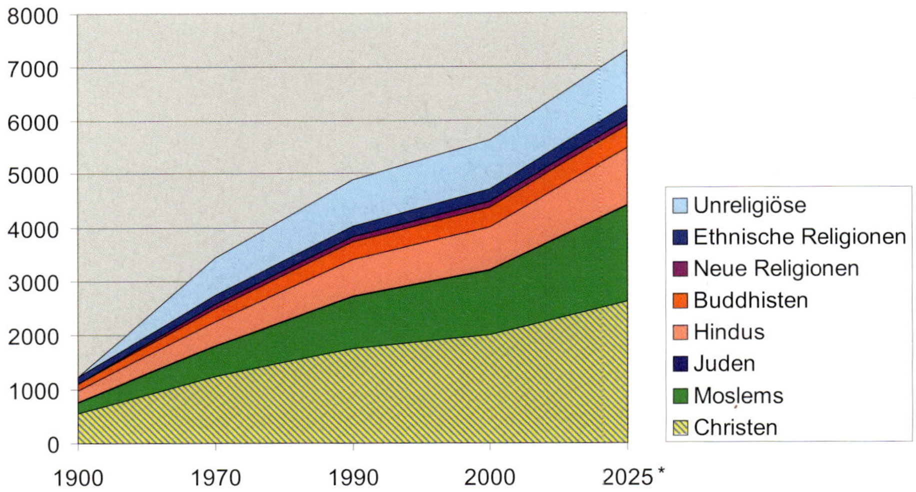

	1900	1970	1990	2000	2025*
Christen	558,1	1236,4	1747,5	1999,6	2616,7
Moslems	199,9	553,5	962,4	1188,2	1784,9
Juden	12,3	14,8	14,2	14,4	16,1
Hindus	203,0	462,6	686,0	811,3	1049,2
Buddhisten	127,1	233,4	323,1	360,0	418,3
Neue Religionen	5,9	77,8	92,4	102,4	114,7
Ethnische Religionen	117,6	160,3	200,0	228,4	277,2
Unreligiöse	3,2	697,5	852,8	918,3	1034,6

* geschätzte Werte

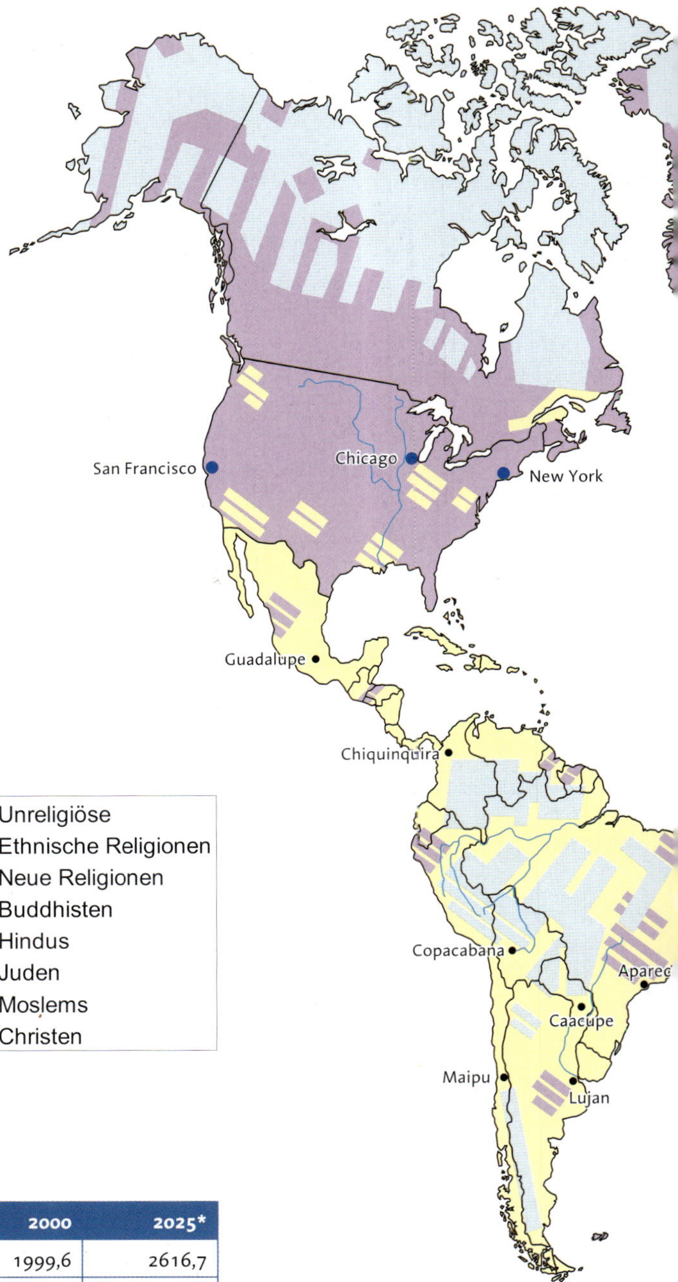

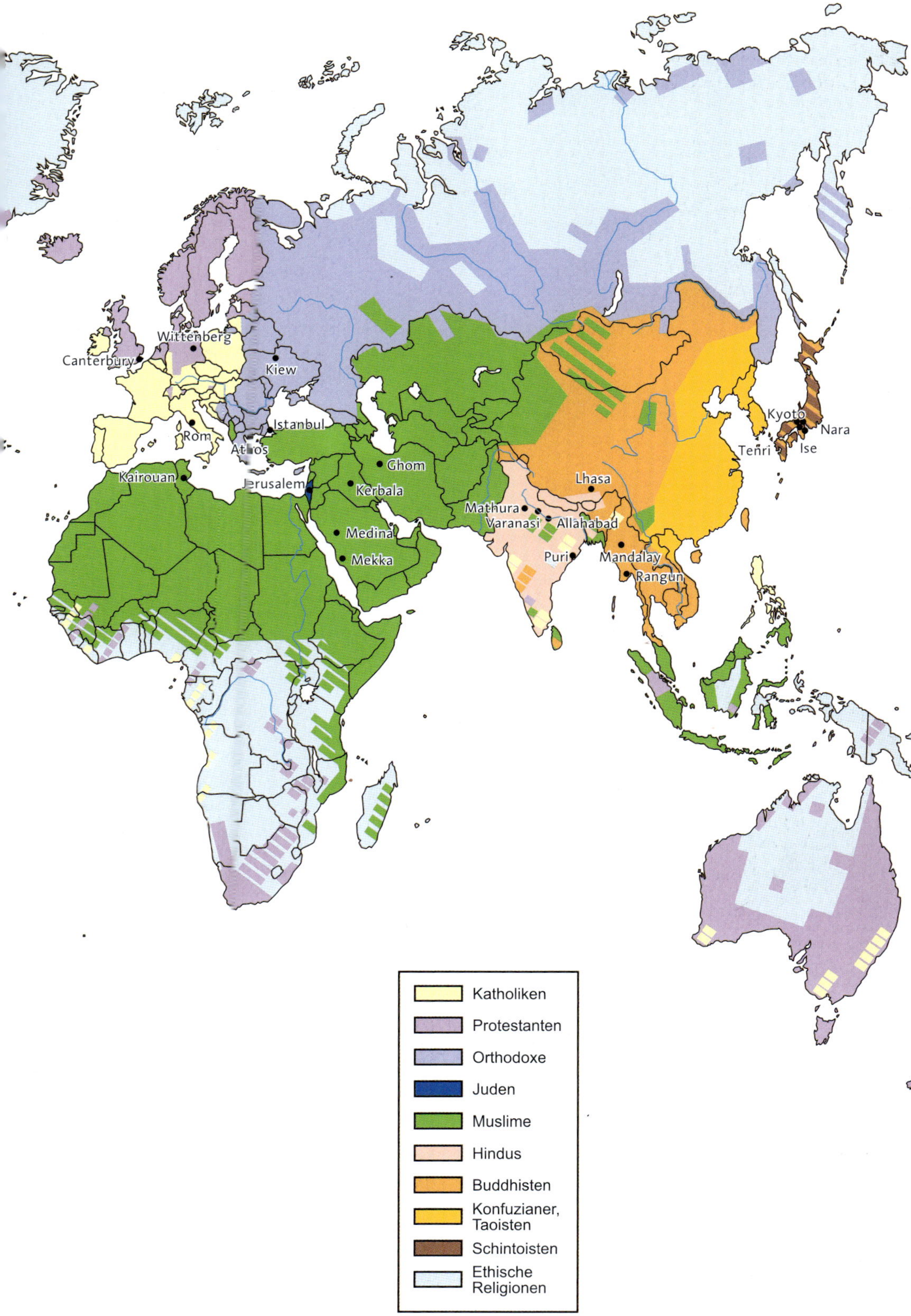

Wittenberg
Canterbury
Kiew
Istanbul
Rom
Athos
Kairouan
Jerusalem
Ghom
Kerbala
Medina
Mekka
Mathura
Varanasi
Allahabad
Lhasa
Puri
Mandalay
Rangun
Kyoto
Nara
Tenri
Ise
Katholiken
Protestanten
Orthodoxe
Juden
Muslime
Hindus
Buddhisten
Konfuzianer, Taoisten
Schintoisten
Ethische Religionen

Wo bist du, Gott? Diese Frage treibt Menschen um. Allein, dass der Mensch diese Frage stellt, zeigt, dass Gottes Fehlen in der Welt bemerkt wird. Als was fehlt er? Sein spürbares Fehlen zeigt eine Unruhe im Menschen, auf die er selbst nicht die Antwort ist. In konkreten Lebenssituationen, vor allem in Erfahrungen des Leids, gewinnt diese Frage eine theologische Schärfe. Diese Dramatik ergibt sich dadurch, dass Gott zuerst als der erfahren wurde und immer noch wird, der sich dem Menschen zugewandt hat. In unterschiedlichen Ausdrucksweisen und Zugängen suchen und begegnen Menschen Gott; auch heute im 21. Jahrhundert ahnen sie etwas von seiner Nähe.

Und das Einmalige bei den frühen Israeliten war,
dass sie sich einen Gott vorstellten, der nicht indifferent ist.
Er ist nicht indifferent.
Er verlangt aber auch, dass wir uns moralisch verhalten.
Doch taucht hier ein Paradox auf:
Was ist eine der ersten Forderungen, die Gott stellt?
Gott verlangt von Abraham das Opfer seines einzigen Sohnes.
Er soll Ihm seinen geliebten Sohn opfern.
Mit anderen Worten: Trotz unablässiger Anstrengung ist es uns nicht gelungen,
das Bild eines wahrhaft liebenden Gottes zu schaffen.
Für uns war das nicht vorstellbar.

Woody Allen

- **Gottesbilder.** Diskutiert die oben stehende These von Woody Allen, wonach es nicht möglich ist, sich einen liebenden Gott vorzustellen. Lest dazu in der Bibel den Text Gen 22,1-19.

- **Bildbeschreibung.** Beschreibe das Bild von Arnulf Rainer und erläutere seine Vorstellung von der Erschaffung des Menschen.

- **Vorstellbarkeit.** Notiere in einer Tabelle dir bekannte Eigenschaften und Aspekte Gottes, denen du zustimmen kannst oder die du ablehnst.

WO BIST DU, GOTT?

Die Frage, ob es einen Gott gibt

Einer fragte Herrn K., ob es einen Gott gäbe. Herr K. sagt: »Ich rate dir nachzudenken, ob dein Verhalten je nach der Antwort auf diese Frage sich ändern würde. Würde es sich nicht ändern, dann können wir die Frage fallen lassen. Würde es sich ändern, dann kann ich dir wenigstens noch so weit behilflich sein, dass ich dir sage, du hast dich schon entschieden: Du brauchst einen Gott.«

Bertolt Brecht

■ **Gottesfrage.** Zeige auf, was für die Autoren Berthold Brecht und Max Frisch Anlass ist, über Gott nachzudenken, und vergleiche die beiden Positionen miteinander.

■ **Antwort geben.** »Der Heutige« aus dem Drama von Max Frisch gab seine Antwort 1955. Formuliere eine Antwort »Des Jetzigen« auf die Frage Mee Lans.

■ **Sehnsucht nach Gott.** Überlege dir Gründe, warum Menschen Sehnsucht nach (einem) Gott haben.

Mee Lan: Ihr glaubt an einen Gott?

Der Heutige: Was soll ich dazu sagen! Energie gleich Masse mal Lichtgeschwindigkeit im Quadrat, das heißt: Masse ist Energie, eine ungeheuerliche Ballung von Energie. Und wehe, wenn sie losgeht! Und sie geht los. Vermutlich seit zwei Milliarden Jahren. Was ist unsere Sonne? Eine Explosion. Das ganze All: eine Explosion. Es stiebt auseinander. Und was wird bleiben? Die größere Wahrscheinlichkeit (so lehrt unsere moderne Physik) spricht für das Chaos, für den Zerfall der Masse. Die Schöpfung (so lehrt unsere moderne Physik) war ein Ereignis der Unwahrscheinlichkeit. Und bleiben wird Energie, die kein Gefälle mehr hat, die nichts vermag. Wärme-Tod der Welt! Das ist das Ende: das Endlose ohne Veränderung, das Ereignislose.

Mee Lan: Ich fragte, ob ihr an einen Gott glaubt?

Der Heutige: Man erfand das Mikroskop. Aber je schärfer man die Schöpfung durchforschte, umso weniger war von einem Schöpfer zu sehen. Man hielt sich, um Gott zu ersetzen, an das Gesetz von Ursache und Wirkung. Alles andre galt uns als Unfug. Aber plötzlich, siehe da, ein Atom mit dem freien Willen des Selbstmörders: das Radium-Atom. Und überhaupt das Verhalten der Elektronen! Die Materie, das Einzige, woran wir uns halten können, was ist sie? Ein Tanz von Zahlen, eine Figur des Geistes. So weit sind wir heute: Gott, der nicht im Mikroskop zu finden war, rückt uns bedrohlich in die Rechnung; wer ihn nicht denken muss, hat aufgehört zu denken.«

Max Frisch

Paul Klee, 1939

■ **Formensprache.** Betrachte das Bild von Paul Klee und schreibe auf, welche Formen du siehst und wie sie einander zugeordnet sind. Formuliere einen Titel für das Bild.

Die Anthropologie, die Lehre vom Menschen, nennt als ein Hauptwesensmerkmal des Menschen seine Weltoffenheit. Im Gegensatz zum Tier kommt der Mensch relativ unfertig auf die Welt, denn weder helfen ihm ausgeprägte Triebe und Instinkte noch eine optimale Anpassung auf die Umwelt, damit er sein Leben bewältigen kann.
Er muss einen eigenen offenen Blick auf seine Wirklichkeit entwickeln und sich in ihr einrichten. Dabei macht der Mensch die Erfahrung, dass ihm vieles als fremd und nicht vertraut begegnet – und darin sieht er sich selbst in Frage gestellt. Trotz seiner Fähigkeit, diese Welt zu gestalten und zu verändern, merkt er, dass ihm die Frage nach seinem Menschsein unbeantwortbar bleibt. Schon die schlichte Frage »Wer bin ich?« lässt sich für ihn nicht so beantworten, dass er sich in der Antwort voll erfasst sieht. Der Mensch begegnet sich als Fragender und Angefragter zugleich und erfährt, dass er sich nicht selbst Antwort auf die Frage ist. »Wer bin ich?« – diese Frage führt den Menschen über sich hinaus, eine Antwort aber braucht er.

Ungewisse Untiefen

Gibt es ein Geheimnis unter der Oberfläche menschlichen Tuns? Oder sind die Menschen ganz und gar so, wie ihre Handlungen, die offen zutage liegen, es anzeigen?
Es ist in höchstem Grade merkwürdig, aber die Antwort wechselt in mir mit dem Licht, das auf die Stadt und den Tejo fällt. Ist es das verzaubernde Licht eines flirrenden Augusttages, das klare, scharfkantige Schatten hervorbringt, so erscheint mir der Gedanke einer verborgenen menschlichen Tiefe absonderlich und wie ein kurioses, ein bisschen auch rührendes Fantasma, einer Luftspiegelung ähnlich, wie sie sich einstellt, wenn ich zu lange auf die in jenem Licht aufblitzenden Wellen blicke. Werden Stadt und Fluss dagegen an einem trüben Januartag von einer Kuppel aus schattenlosem Licht und langweiligem Grau überwölbt, so kenne ich keine Gewissheit, die größer sein könnte als diese: dass alles menschliche Tun nur höchst unvollkommener, geradezu lächerlich hilfloser Ausdruck eines verborgenen inneren Lebens von ungeahnter Tiefe ist, das an die Oberfläche drängt, ohne sie jemals auch nur im entferntesten erreichen zu können.
Und zu dieser sonderbaren, beunruhigenden Unzuverlässigkeit meines Urteils kommt noch eine Erfahrung hinzu, die, seitdem ich sie kennengelernt habe, mein Leben stets von neuem in eine verstörende Unsicherheit taucht: dass ich in dieser Sache, über die hinaus es für uns Menschen eigentlich nichts Wichtigeres geben kann, genauso schwanke, wenn es um mich selbst geht. Wenn ich nämlich vor meinem Lieblingscafé sitze, mich von der Sonne bescheinen lasse und dem glockenhellen Lachen der vorbei gehenden Senhoras lausche, so kommt es mir vor, als sei meine gesamte innere Welt bis in den hintersten Winkel hinein ausgefüllt und mir durch und durch bekannt, weil sie sich in diesen angenehmen Empfindungen erschöpft. Schiebt sich dann jedoch eine entzaubernde, ernüchternde Wolkendecke vor die Sonne, so bin ich mit einem Schlag sicher, dass es in mir verborgene Tiefen und Untiefen gibt, aus denen heraus noch ungeahnte Dinge hervorbrechen und mich mit sich fortreißen könnten. Dann zahle ich schnell und suche mir hastig eine Zerstreuung in der Hoffnung, die Sonne möge bald von neuem hervorbrechen und der beruhigenden Oberflächlichkeit zu ihrem Recht verhelfen.

Pascal Mercier

■ **Tier – Mensch.** Lies den Sachtext durch und fertige anschließend eine Tabelle an, in der du notierst, welche Merkmale einerseits ein Tier und andererseits den Menschen charakterisieren.

■ **Ungewisse Untiefen.** Formuliere das Lebensgefühl des Ich-Erzählers in eigenen Worten und begründe, ob und ggf. inwiefern diese Wahrnehmung des eigenen Lebens typisch menschlich ist.

■ **Beruhigende Oberflächlichkeit.** Der Ich-Erzähler sucht hastig Zerstreuung. Lege dar, warum in ihm dieser Wunsch entsteht, und sammle Beispiele, in denen Menschen heute schnell Zerstreuung suchen.

René Magritte, 1928

Ich hielt das übernächtigte Gesicht in die Morgensonne und dachte: Sie wollen einfach noch mehr vom Stoff ihres Lebens, wie leicht oder beschwerlich, wie karg oder üppig dieses Leben auch sein mag. Sie wollen nicht, dass es zu Ende sei, auch wenn sie das fehlende Leben nach dem Ende nicht mehr vermissen können – und das wissen.

Pascal Mercier

- **Stoff des Lebens.** Formuliere unter Bezugnahme auf das Zitat unter dem Bild für eine der beiden Figuren einen inneren Monolog, in dem diese darüber nachdenkt, ob sie angesichts ihres Lebens verhüllt bleiben oder das Tuch ablegen soll.

- **»Wer bin ich?«** Diskutiert in der Klasse, ob das Verhüllen des Gesichts eines Menschen seine Persönlichkeit verdeckt.

»Warum muss ich so leiden?« – Diese Frage beschäftigt gläubige wie ungläubige Menschen. Doch gerade für diejenigen, die an einen gütigen Gott glauben, erhält diese Frage eine besondere Dramatik. Nicht nur den heutigen Menschen fordert die Frage heraus, ebenso haben sich die biblischen Schriftsteller mit der Theodizeefrage auseinandergesetzt. Ein sowohl literarisch wie theologisch eindrucksvolles Buch stellt dabei die Ijobdichtung aus dem Alten Testament dar. In diesem Werk klagt Ijob als ungerecht Leidender vor Gott. Im Prolog wird die Ausgangssituation geschildert, wonach der gottesfürchtige Ijob Gegenstand einer Wette zwischen Jahwe und Satan wird. Dieser bezweifelt, dass Ijob auch dann an Gott festhalten wird, wenn ihm alles genommen wird, nur sein Leben nicht. Die Wette gilt und Ijob verliert Besitz, Kinder und Gesundheit – dennoch hält er an Gott fest. Aber sein Festhalten an Gott artikuliert sich nicht etwa in einer unterwürfigen Haltung, vielmehr steigert sich seine Klage über sein Leid bis zur Anklage Gottes – Ijob fühlt sich unschuldig. Gott antwortet auf die Klage Ijobs nicht direkt, sondern führt ihm die Größe der Schöpfung und damit seine eigene Größe vor Augen, die der Mensch nicht verstehen kann. Das Buch endet mit der Wiederherstellung Ijobs, indem Gott das Klagen Ijobs rechtfertigt und ihn mit dem Doppelten seines Verlusts belohnt.

Das Buch Ijob weist eine vielschichtige Entstehungsgeschichte auf und ist über Jahrhunderte von unterschiedlichen Redakteuren bearbeitet worden. Erst ca. 200 v. Chr. ist es in der heutigen Form abgeschlossen worden. Bibelwissenschaftler gehen davon aus, dass zunächst im 6. Jh. v. Chr. in zwei Phasen die eigenständige Rahmenhandlung (1,1 – 2,13 und 42,7-17) entstanden ist und der Dialogteil (3,1 – 42,6) im 4. Jh. v. Chr. in das Ijobbuch eingefügt wurde. Die Kapitel 3 – 37 enthalten Ijobs Klagen und Anklagen sowie die Einwände und Anfragen seiner Freunde. In den Kapiteln 38 – 42 folgen Gottesreden und Ijobs Antwort.

2 7 Der Hinderer fuhr aus von SEINEM Antlitz
und schlug Ijob mit einem bösen Geschwür
von der Sohle seines Fußes bis zu seinem Scheitel.
8 Der nahm sich eine Scherbe, sich damit zu schaben,
während er inmitten der Asche saß.
9 Sein Weib sprach zu ihm:
»Noch hältst du an deiner Schlichtheit!
Segne Gott ab und stirb!«
10 Er sprach zu ihr:
»Gleich dem Reden einer der Nichtigen redest du.
Auch das Gute empfangen wir von Gott –
und wollen das Böse nicht empfangen?«
Bei alledem sündigte Ijob nicht mit seinen Lippen ...

10 »Meines Lebens überdrüssig ist meine Seele –,
freilassen dürfte ich von mir meine Klage,
ich wollte reden in der Bitternis meiner Seele,
2 sprechen wollte ich zum Gottherrn:
Schuldige mich nimmer!
Lass mich wissen, warum du mich bestreitest!
3 Steht es dir gut an, dass du bedrückst,
dass du verwirfst die Arbeit deiner Hände,
aber überm Rat der Schuldigen aufstrahlst?!
4 Hast du Fleisches Augen,
oder siehst du, wie das Menschlein sieht,
5 sind des Menschleins Tage gleich deinen Tagen
oder deine Jahre gleich Mannestagen,
6 dass du suchst nach meinem Fehl
und nach meiner Sünde fahndest,
7 obzwar du weißt, dass ich nicht schuldig bin, –
und deiner Hand entreißt mich keiner!
8 Deine Hände haben mich gebildet, mich gemacht,
mitsammen ringsum, – und du verschlingst mich! ...

30 19 Er hat in den Lehm mich geworfen,
dass dem Staub und der Asche ich ähnle. –
20 Ich schreie zu dir auf, du entgegnest mir nicht,
ich bleibe stehn, dass du mich bemerkest,
21 da wandelst du dich zu einem Grausamen mir,
befehdest mich mit deiner eigenen Hand,
22 du hebst mich auf den Wind, lässest mich reiten –
und machst die Besinnung mir schmelzen.
23 Denn ich weiß, in den Tod treibst du mich,
ins Begegnungshaus alles Lebendigen ...

31 35 Wer gäbe mir den, der auf mich hörte,
– da ist mein Schlussstrich,
entgegne der Gewaltige mir! –
oder eine Urkunde, die mein Bestreiter schrieb.

Ijob 2,7-10; 10,1-8; 30,19-23; 31,35
Übersetzung: Martin Buber/Franz Rosenzweig

■ **Collage.** Entwerft in Partnerarbeit eine Collage, in der ihr Bilder und Zeitungsausschnitte Passagen aus dem Ijobbuch zuordnet.

Wie lange noch, Herr?

38 ER aber entgegnete Ijob aus dem Sturme,
er sprach:
2 »Wer ist das, der Rat verfinstert
mit Worten ohne Erkenntnis!
3 Gürte doch wie ein Mann deine Lenden,
ich will dich fragen und du lass es mich kennen!
4 Wo warst du, als ich gründete die Erde?
melde es, kennst du Merksamkeit!
5 Wer setzte ihre Messungen, dass du es kenntest?
oder wer spannte die Schnur über sie?
6 worein wurden ihre Sockel gesenkt?
oder wer warf den Eckstein ihr auf,
7 da die Morgensterne jubelten zusamt
und alle Gottessöhne jauchzten? ...
18 Hast du gemerkt auf die Weiten der Erde?
melde, ob du ihr All kennst!
19 Wo doch ist der Weg zur Wohnstatt des Lichts,
und die Finsternis, wo ist ihr Ort,
20 dass du sie holtest in ihren Bereich
und dass die Steige ihres Hauses du merktest? ...
33 Kennst du die Umschränkungen des Himmels?
setzest du auf die Erde seine Urkunde nieder?
34 Erhebst du deine Stimme gegens Gewölk,
da der Wasserschwall dich einhüllt?
35 sendest du Blitze aus und sie gehn,
und sie sprechen zu dir: ›Da sind wir‹? ...

40 8 Willst du gar mein Recht zerbröckeln,
mich schuldigen, damit du bewahrheitet seist?
9 Und hast du einen Arm gleich des Gottherrn,
kannst du donnern in einem Schalle gleich ihm?

Ijob 38,1-7.18-20.33-35; 40,8-9
Übersetzung: Martin Buber/Franz Rosenzweig

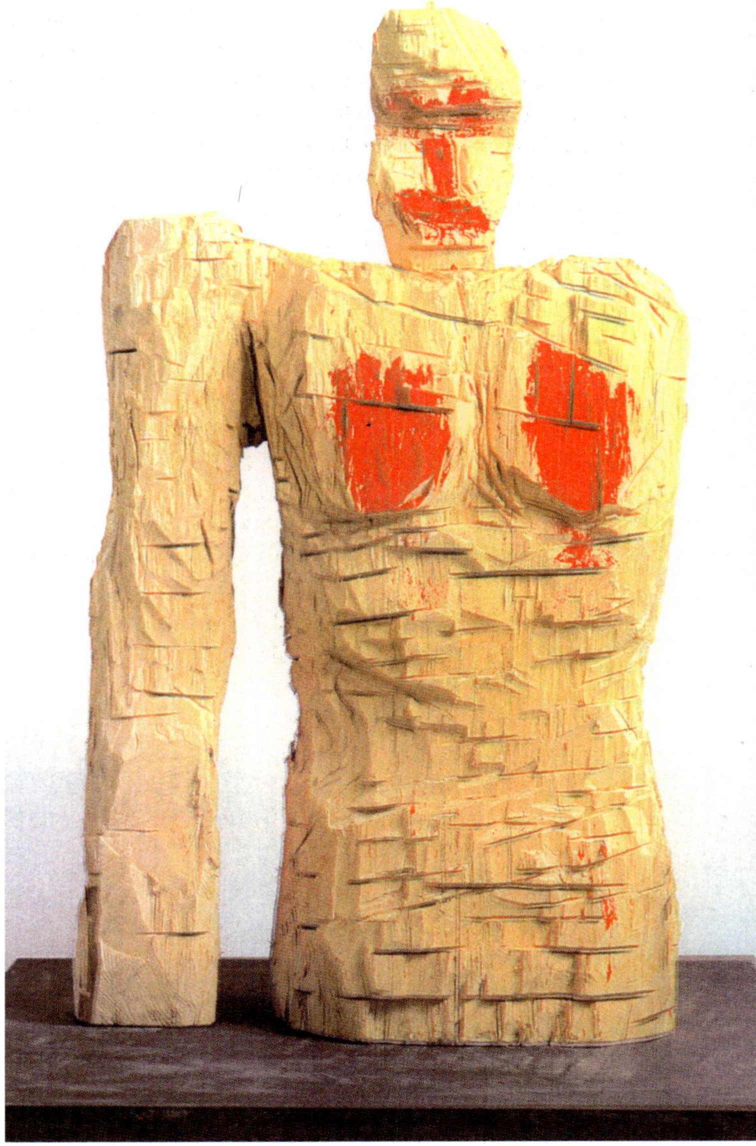

Georg Baselitz, 1994

- **Skulptur.** Beschreibe die Figur und gehe dabei darauf ein, wie Georg Baselitz die Skulptur geschaffen hat. Suche dir aus dem Buch Ijob eine Textstelle, die zu der Plastik passt, und begründe deine Auswahl.

- **ER entgegnete.** Versetze dich in den leidenden Ijob und schreibe seine Reaktion auf die Antwort Gottes auf. Vergleiche deine Texte mit Ijob 40,3-5 und 42,2-6.

- **Standbild.** Wähle aus den Bibelstellen im Buch einen oder mehrere Verse aus und stelle in einem Standbild dar, wie Ijob seine Worte zu Gott spricht oder auf die Antwort Gottes körperlich reagiert. Diskutiert in der Klasse darüber, welche Haltungen für Ijob passend sind.

Theologie als Theodizee?

Der Theologe Johann Baptist Metz hat die »neue« Politische Theologie begründet. Deren Kern ist es, die Opfer der Geschichte nicht in Vergessenheit geraten zu lassen und die »Autorität der Leidenden« in die Theologie einzuführen. Für Metz ist Auschwitz der *Bruch in der Geschichte, weil dort alles verletzt wurde, was Europa und dem Christentum heilig hätte sein müssen. Die Theodizee-Frage sieht Metz als bleibenden Auftrag an Kirche und Theologie, die »memoria passionis« zu bewahren und auf diese Weise zu einer Humanisierung der Welt in Offenheit auf deren Vollendung durch Gott beizutragen.*

»Im Bewusstwerden der Situation ›nach Auschwitz‹ drängte sich mir die Gottesfrage in ihrer merkwürdigsten, in ihrer ältesten und umstrittensten Version auf, eben in der Gestalt der Theodizeefrage, und das nicht in existentialistischer, sondern gewissermaßen in politischer Fassung: Gottesrede als Schrei nach der Rettung der Anderen, der ungerecht Leidenden, der Opfer und Besiegten in unserer Geschichte. Wie könnte man, so wurde mir deutlich, ›nach Auschwitz‹ ohne diese Frage nach der eigenen Rettung fragen! Die Gottesrede ist entweder die Rede von der Vision und der Verheißung einer großen Gerechtigkeit, die auch an diese vergangenen Leiden rührt, oder sie ist leer und verheißungslos – auch für die gegenwärtig Lebenden. Die dieser Gottesrede immanente Frage ist zunächst und in erster Linie die Frage nach der Rettung der ungerecht Leidenden ... Bei solcher Wiederaufnahme des Theodizeethemas in der Theologie geht es nicht ... um den Versuch einer verspäteten, einer gewissermaßen trotzigen ›Rechtfertigung Gottes‹ durch die Theologie angesichts der Übel, der Leiden und des Bösen in der Welt. Es geht vielmehr ... um die Frage, wie denn überhaupt von Gott zu reden sei angesichts der abgründigen Leidensgeschichte der Welt, ›seiner‹ Welt.«

Diese Frage dürfe – so Metz – von der Theologie nicht eliminiert oder überbeantwortet werden, sondern sei als unablässige Rückfrage an Gott zu formulieren: in der zeitlich gespannten Erwartung, »dass, wenn überhaupt, Gott sich selbst an seinem Tag angesichts dieser Leidensgeschichte ›rechtfertige‹«, und unter der Prämisse: »Wer die Botschaft von der Auferweckung des Christus so hört, dass in ihr der Schrei des Gekreuzigten unhörbar geworden ist, der hört nicht das Evangelium, sondern einen Mythos.« Metz ist skeptisch gegenüber zu vielen theologisch klugen Antworten auf Fragen wie: Wer ist Gott? Wo ist Gott? Wichtig sei es, die biblische Urfrage wach zu halten: Wo bleibt Gott? Ein tragfähiges und originäres Denkangebot aus der biblischen Tradition sieht Metz im »Denken als Andenken, als geschichtliches Eingedenken«, das nicht historisiert und objektiviert, sondern dem Vergessenen auf der Spur bleibt und auf eine Kultur des Vermissens zielt; das sich Israel nicht von den Schrecken der Wirklichkeit distanzieren oder durch Mythen und Idealisierungen trösten ließ. Israels Glaube an Gott »geriet nicht so sehr zur Antwort auf das erfahrene Leid, er äußerte sich vor allem als Rückfrage aus dem Leid, als unablässige Rückfrage an – Jahwe.« Darin erkennt Metz jene Haltung der ›Armut im Geiste‹, die Grundlage jeder biblischen Gottesrede ist; in ihr wurzelt eine »Mystik des Leidens an Gott«.

»Sie begegnet gerade auch und vor allem in den Gebetstraditionen Israels: in den Psalmen, bei Hiob, in den Klageliedern und nicht zuletzt in vielen Passagen der Prophetenbücher. Diese Gebetssprache ist selbst eine Leidenssprache, eine Krisensprache ..., eine Sprache der Klage und Anklage, eine Sprache des Aufschreis und, wörtlich gesagt, des Murrens der Kinder Israels. Die Sprache dieser Gottesmystik ist nicht in erster Linie trostreiche Antwort auf das erfahrene Leid, sondern eher leidenschaftliche Rückfrage aus dem Leid, eine Rückfrage an Gott, voll gespannter Erwartung ... Sie ist weniger ein Gesang der Seele, eher ein klagender Aufschrei aus der Tiefe, aber kein vage schweifendes Jammern, sondern ein – Aufschrei.

In dieser Tradition steht auch ein Grundzug der Gottesmystik Jesu. Sie ist in einzigartiger Weise eine Mystik des Leidens an Gott. Sein Schrei am Kreuz ist der Schrei jenes Gottverlassenen, der seinerseits nie Gott verlassen hatte ... Jesus hält der Gottheit Gottes stand; in der Gottverlassenheit des Kreuzes bejaht er einen Gott, der noch anders und anderes ist als das Echo unserer Wünsche ...

Ist aber solche Mystik überhaupt noch tröstlich? ... War Israel glücklich mit seinem Gott? War Jesus glücklich mit seinem Vater? Macht Religion glücklich? Macht sie ›reif‹? Schenkt sie Identität? Heimat, Geborgenheit, Frieden mit uns selbst? Beruhigt sie die Angst? Beantwortet sie die Fragen? ... Ich zweifle. Wozu dann Religion, wozu dann ihre Gebete? Gott um Gott zu bitten, ist schließlich die Auskunft, die Jesus seinen Jüngern über das Gebet gibt. Andere Tröstungen hat er genau genommen nicht in Aussicht gestellt.«

Bearbeitung nach Johann Baptist Metz

■ **Wo bleibt Gott?** Informiere dich, z. B. im Lexikon, über die Theodizeefrage. Lege dar, welche Antwort Johann Baptist Metz auf das Theodizeeproblem gibt.

■ **Der Gekreuzigte.** Beschreibe die Darstellung des Gekreuzigten und zeige auf, was Guido Rocha mit seinem Kunstwerk deutlich machen möchte.

■ **Neues Testament.** Lies in den Evangelien die Szenen der Kreuzigung Jesu und begründe, welche das Bild künstlerisch umsetzt.

Guido Rocha, 1975

Ein Lied an Gott

Es schneien weiße Rosen auf die Erde,
Warmer Schnee schmückt milde unsere Welt;
Die weiß es, ob ich wieder lieben werde,
Wenn Frühling sonnenseiden niederfällt.

Zwischen Winternächten liegen meine Träume
Aufbewahrt im Mond, der mich betreut –
Und mir gut ist, wenn ich hier versäume
Dieses Leben, das mich nur verstreut.

Ich suchte Gott auf innerlichsten Wegen
Und kräuselte die Lippe nie zum Spott.
In meinem Herzen fällt ein Tränenregen;
Wie soll ich dich erkennen, lieber Gott ...

Da ich dein Kind bin, schäme ich mich nicht,
Dir ganz mein Herz vertrauend zu entfalten.
Schenk mir ein Lichtchen von dem ewigen Licht! –
Zwei Hände, die mich lieben, sollen es mir halten.

So dunkel ist es fern von deinem Reich,
O Gott, wie kann ich weiter hier bestehen.
Ich weiß, du formtest Menschen, hart und weich,
Und weintetest gotteigen, wolltest du wie Menschen sehen.

Mein Angesicht barg ich so oft in deinem Schoß –
Ganz unverhüllt: du möchtest es erkennen.
Ich und die Erde wurden wie zwei Spielgefährten groß!
Und dürfen »du« dich beide, Gott der Welten, nennen.

So trübe aber scheint mir gerade heut die Zeit
Von meines Herzens Warte aus gesehen;
Es trägt die Spuren einer Meereseinsamkeit
Und aller Stürme sterbendes Verwehen.

Else Lasker-Schüler

- **Visualisieren.** Gestaltet in der Klasse zu jeder Strophe des Gedichtes von Else Lasker-Schüler ein passendes Bild.

- **Textdeutung.** Schreibe aus dem Gedicht alle Wörter in dein Heft, mit denen die Lyrikerin Gott beschreibt oder anspricht, und formuliere mithilfe dieser Begriffe die in dem Gedicht ausgedrückte Gottesvorstellung.

Daniele da Volterra, 1550-1560

Aus einer Predigt zum Propheten Elija

Gott ist so frei, Elija oder mich zu wählen. Was man die Wahl eines Menschen durch Gott nennt – was ist das anderes als Gottes Wahl, als seine behutsame Führung? Als seine Sorge um mich? Aber wie? Wie wählt Gott, wie führt Gott mich?
Meine Devise – wenn denn eine: »Numen semper adest.« Immer ist ein Wink Gottes da. Siehe Elija! Ein Engel rührt ihn an, tippt ihn an. Stellt einen Krug Wasser hin und frisch gebackenes Brot. »Steh auf und iss!« Nur ein Wink! Keine schmetternde Fanfare. Kein Trommelwirbel. Nichts Zwingendes. Nichts davon. Ein Wink in der Stille. Im Zwielicht. Ein Angebot. Du kannst es annehmen, du kannst es ausschlagen. Und weil wir ja mitunter so schwerhörig sind, so beschäftigt sind mit unserem Schicksal und uns selber leid tun, weil wir ach so wichtige Dinge klären müssen, übersehen, überhören wir glatt diesen Wink. Und deshalb wird er ein weiteres Mal gegeben. Auf dieselbe Weise. Diskret. »Steh auf und iss. Sonst ist der Weg zu weit für dich.«
Und sollten Sie, liebe Schwestern und Brüder, manchmal müde sein, müde werden, strapaziert, ausgepowert, die Grenzen ihrer Kräfte spüren – solche Erfahrungen soll es ja auch bei uns Christen geben –, dann gibt es immerhin noch das Gebet eines Elija: »Herr, lass es gut sein. Ich bin müde.« Auch ein Gebet. Seien wir aber hellhörig, weitsichtig, feinfühlig genug für die verborgene Gnade Gottes. Für seinen Wink: »Numen semper adest.« Ein Wink des Himmels, ein Zeichen Gottes ist immer da.

Claudius Stoffel

- **Ein Zeichen Gottes.** Beschreibe das Bild und überlege anschließend, ob Claudius Stoffel dieses Bild zur Illustration seiner Predigt verwenden würde.

- **Altes Testament.** Lies die Bibelstelle 1 Kön 19,1-8 und lege dar, wie sich Gott dem Propheten zuwendet.

- **Lied an Gott.** Ergänze das Gedicht von Else Lasker-Schüler um eine Strophe, welche die Erfahrung Elijas in der Wüste ausdrückt. Beziehe dich dabei auch auf den biblischen Text 1 Kön 19,1-8.

SPIRITUALITÄT ist Aufmerksamkeit für das Glück und für das Unglück. *Fulbert Steffensky*

SPIRITUALITÄT ist kein Gefühl, eher eine nüchterne (!) Haltung.

SPIRITUALITÄT ist Ausdruck einer persönlichen Gottesbeziehung.

SPIRITUALITÄT ist die Haltung der Achtung und des Respekts vor der Geschichte Gottes mit jedem Menschen – mag diese Geschichte auch noch so verworren und unklar für mich sein.

SPIRITUALITÄT ist eine Haltung, die gelassen Gott machen lassen kann.

SPIRITUALITÄT und Alltag: »Das Mysterium findet auf dem Hauptbahnhof statt.« *Joseph Beuys*

SPIRITUALITÄT ist Kompetenz im Umgang mit alltäglichen Aufgaben und Herausforderungen: Vor der Erleuchtung Holz hacken und Wasser holen. Nach der Erleuchtung – Holz hacken und Wasserholen. Vor der Erleuchtung Hausaufgaben machen und lernen. Nach der Erleuchtung – Hausaufgaben machen und lernen.

SPIRITUALITÄT ist nichts, was ich noch zusätzlich tun muss – sie versöhnt mit den eigenen Grenzen.

SPIRITUALITÄT bildet sich nicht nur von innen nach außen, sondern auch von außen nach innen: Sie braucht u. a. Räume – Zeiten/Rhythmen – Rituale – (biblische Texte und) Geschichten der Tradition.

SPIRITUALITÄT kann/will gelernt werden: Sie bedarf der Reflexion und der Kultivierung. Spiritualität ist Handwerk – man kann sie (er)lernen, wie man ein Handwerk erlernen kann, wie man kochen und nähen lernen kann. Das Erlernen und Kultivieren von Spiritualität bedarf Regeln, Rhythmen, Ritualen. Das Gebet ist das Herzstück der Spiritualität. *Fulbert Steffensky*

- **Spiritualität.** Schreibt je eine These auf ein DIN-A3-Blatt und verteilt die Blätter im Raum. Stellt euch nun zu der These, die eurer Vorstellung von Spiritualität am meisten entspricht. Tauscht euch über eure Auswahl aus.

Wohnungen der inneren Burg

Als ich heute unseren Herrn anflehte, er möge durch mich reden, bot sich mir an, was ich jetzt sagen will, sozusagen als eine Art Ausgangspunkt, nämlich unsere Seele als eine gänzlich aus einem einzigen Diamanten oder sehr klaren Kristall bestehende Burg zu betrachten, in der es viele Gemächer gibt, so wie es im Himmel viele Wohnungen gibt (Joh 14,2). Denn wenn wir es recht bedenken, Schwestern, so ist die Seele des Gerechten nichts anderes als ein Paradies, in dem er, wie er selbst sagt, seine Freuden erlebt (Spr 8,31). Nun also, wie meint ihr wohl, wie das Gemach aussehen soll, in dem ein so mächtiger, weiser, reiner und an allen Gütern reicher König sich vergnügt. Ich finde nichts, womit ich die gewaltige Schönheit einer Seele und ihre riesige Fassungskraft vergleichen könnte. Und tatsächlich, wie scharf unser Verstand auch sein mag, so dürfte er doch kaum ausreichen, sie zu begreifen, genauso wenig wie er ausreicht, um sich Gott auszudenken, der doch selbst gesagt hat, dass er uns nach seinem Bild und Gleichnis geschaffen hat (Gen 1,26). Nun, wenn das so ist – und so ist es –, dann gibt es keinen Grund, uns damit abzuplagen, die Schönheit dieser Burg begreifen zu wollen. Denn da sie von Gott so verschieden ist wie der Schöpfer vom Geschöpf, da sie ja Geschöpf ist, genügt schon die Aussage Seiner Majestät, dass sie nach seinem Bild geschaffen ist, sodass wir kaum imstande sind, die große Würde und Schönheit der Seele zu begreifen ... Bedenken wir nun, dass diese Burg, wie ich schon sagte, viele Wohnungen hat, die einen oben, die anderen unten, andere an den Seiten. Und in der innersten Mitte von all diesen Wohnungen liegt die vornehmste, in der die höchst geheimnisvollen Dinge zwischen Gott und der Seele vor sich gehen. Es ist nötig, dass ihr euch aufmerksam mit diesem Vergleich befasst; vielleicht kann ich euch dadurch, so Gott will, etwas von den Gnadengaben verständlich machen, die Gott, so er will, den Seelen schenkt, dazu auch die Verschiedenartigkeiten, die es in ihnen gibt, zumindest insofern als ich erkannt habe, was da möglich ist ... Um nun aber zu unserer schönen beglückenden Burg zurückzukehren, müssen wir sehen, wie wir in sie eintreten können. Das hört sich so an, als würde ich dumm daherreden, denn wenn diese Burg die Seele ist, dann ist doch klar, dass es keinen Grund gibt, um in sie einzutreten, da man sie doch selbst ist; genauso müsste es unsinnig erscheinen, jemanden aufzufordern, in ein Zimmer einzutreten, in dem er schon ist. Ihr müsst aber verstehen, dass es zwischen Drinnensein und Drinnensein einen großen Unterschied gibt. Es gibt nämlich viele Seelen, die sich im Wehrgang der Burg aufhalten, also dort, wo die Wächter sind, und denen nichts daran liegt hineinzugehen, ja die noch nicht einmal wissen, was es an diesem kostbaren Ort alles gibt, noch wer drinnen ist, noch was es da für Gemächer gibt. Ihr werdet schon gehört haben, dass man der Seele in manchen Büchern übers innere Beten rät, in ihr Inneres einzutreten; genau darum geht es. Vor kurzem hat mir ein großer Studierter gesagt, dass Menschen ohne inneres Beten wie ein Körper mit Gicht und Lähmung seien, der zwar Hände und Füße hat, sie aber nicht steuern kann. Und genauso ist es ... Denn so viel ich verstehen kann, ist das Eingangstor zu dieser Burg das innere Beten und die Betrachtung, und damit meine ich das mündliche nicht weniger als das betrachtende; um nämlich Gebet zu sein, muss es immer mit Betrachtung einhergehen. Denn ein Beten, das nicht darauf achtet, mit wem man spricht und was man erbittet, wer der Bittsteller ist und von wem er es erbittet, das nenne ich kein Gebet, auch wenn man dabei noch so sehr die Lippen bewegt.

Teresa von Ávila

- **Teresa von Ávila.** Informiere dich über das Leben der Teresa von Ávila. Formuliere anhand des Textes oben eine Kurzdeutung von Spiritualität, die ihren Ausführungen entspricht.

- **Meditation.** Teresa beschreibt die Seele des Menschen als eine diamantene oder kristallene Burg, in deren Zentrum sich Gott in der vornehmsten Wohnung befindet.
  Schafft in eurem Klassenzimmer eine ruhige Atmosphäre. Dann formuliert jede und jeder schriftlich für sich auf ein DIN-A4-Blatt eine Wegbeschreibung durch die Burg. Wer damit fertig ist, legt einen kurzen Moment der Stille ein und liest dann für sich langsam den eigenen Text noch zweimal durch.

Mystische Präsenz

Auch im 21. Jahrhundert bleibt der Mensch ein bedürftiges Wesen. Gott ist für den Menschen in allen Grundvollzügen des Lebens, in allen Bewusstwerdungsprozessen, allen Erscheinungen von Welt gegenwärtig und erfahrbar. Gott will den Menschen an jedem Ort nahe sein. Viele Menschen ahnen diese göttliche Nähe. Sie öffnen sich Gottes namenloser, das Leben erfüllender, zu unterschiedlichen Zeiten erfahrener »mystischen« Präsenz. Präsenz umfasst dabei mehr, als das deutsche Wort »Gegenwart« ausdrücken kann: Sie meint intensives Dasein und Mitsein, Hiersein und mögliches Einssein.

Menschen, die sich auf diese Präsenz mit Gott eingelassen haben, die so in Beziehung mit ihm stehen, müssen sich nun nicht mehr fortgesetzt argumentativ verteidigen oder rechtfertigen. Sie müssen nicht mehr andere Menschen in Frage stellen, gering achten oder angreifen. Sie müssen nicht ihren Hass gegen eine unbekannte Macht und auch nicht mehr gegen sich selbst und andere austragen. Sie nehmen Teil an der Energie des mystischen Geistes, an der Sympathie Gottes mit allem Lebenden. In dieser Anteilnahme an der verborgenen Präsenz Gottes sind die Menschen zu einem faszinierenden Leben befreit, in dem sie schon jetzt Formen von Auferstehung erfahren dürfen.

Diese intensiv im Hier und Heute lebenden Menschen sind jene mystisch Begabten, die sich dem göttlichen Geist in Gedanken, Worten, Bildern, inneren Erfahrungen, in unscheinbaren zwischenmenschlichen Begegnungen geöffnet haben. Sie halten sich im Anschauen und Warten offen und denken nicht, dass die Welt nur so sein muss, wie sie auf den ersten Blick zu sein scheint oder nach Meinung mancher zu sein hat. Sie stehen mit ihren Füßen auf dem Boden, sie leben und arbeiten in dieser Welt, aber sie rechnen mit der schöpferischen Gegenwart Gottes. Dadurch lesen sie die Spuren und Zeichen dieser Welt aufmerksamer als die bloßen Macher, Mächtigen oder wütenden Besitz-Vermehrer. Ihr Hören und Sehen, ihr Denken und Fühlen hat sich von jenem, eben beschriebenen Glaubensbewusstsein her anders in dieser Welt entwickelt. An der Welt und ihren Menschen sind sie sozial und politisch interessiert. Aber ihr Erwachen hat noch eine andere Erfahrung aufgenommen. Sie erkennen in der Welt, dass ihr ein Sinn zugrunde liegt, den ein Schöpfer in sie hineingelegt hat und immer noch hineinlegt. Sie erfahren die Welt als Ausdruck der liebenden Nähe Gottes. Sie ahnen diesen Gott des Lebens und – mit den Jahren – auch den Gott, in den sie hinein sterben dürfen, hoffend, dass er sie in Ewigkeit halten wird. In ihrem Dasein in der Welt erfahren sie jene Pascalsche, tief glaubende Vernunft des Herzens, welche der bloße rationale Verstand nicht kennt.

Nach Paul Konrad Kurz

- **Gott und Welt.** Überlege, wo Gott dir in deinem Leben unscheinbar begegnen kann. Zeige anhand der Überlegungen im Text oben auf, wie die Nähe Gottes den Menschen in seinem Leben und seine Sicht auf die Welt verändern kann.

- **Sich Gott stellen.** Nimm die von dir erstellte Tabelle (siehe S. 136) über die Vorstellbarkeit Gottes zur Hand und überprüfe deine Überlegungen. Ergänze die Tabelle um die Aspekte und Einsichten, die du inzwischen hinzugewonnen hast.

- **Bildbetrachtung.** Beschreibe das Bild von Alexej von Jawlensky und formuliere einen Titel.

- **Farb-Worte.** Zeichne die geometrischen Formen des Bildes in dein Heft und ersetze die Farben durch passende Begriffe, die Gotteserfahrungen ausdrücken.

Alexej von Jawlensky, 1936

■ **Jahresringe.** Beschreibe den Baumquerschnitt dieses Baumes und deute die einzelnen Merkmale im Hinblick auf das Leben eines Menschen. Betrachte anschließend in Gedanken den Querschnitt des Baumes, wie er in seinem ersten Jahr ausgesehen hat bzw. wie er mit 80 Jahren aussehen würde, und notiere, welche Merkmale sich ändern.

■ **Meine Jahresringe.** Gestalte nach dem Vorbild rechts deine eigenen Jahresringe: Fülle die Räume zwischen den Jahresringen mit Bildern von wichtigen Situationen, Personen bzw. lieb gewordenen Dingen. Wähle dazu das für dich geeignete Material (DIN-A3-Papier, Holzscheibe, Ton ...).

PROJEKT:

JAHRESRINGE

Ich mit 8

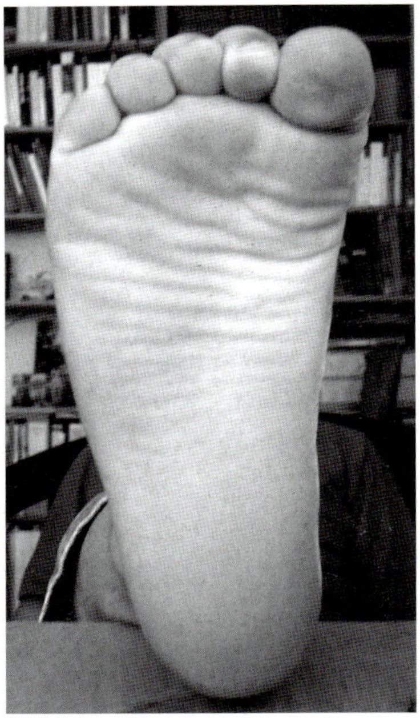

Wie bei vielen Achtjährigen nahm bei mir die Schule einen großen Teil des Tages in Anspruch. Wir hatten es damals schwerer beim Schreibenlernen als die heutigen Schüler mit den modernen Schreibgeräten. In jedem Schulpult war ein Tintenfass eingelassen, und bis man raus hatte, wie tief die Feder einzutauchen war, gab es manchen Klecks und manche Träne, noch schlimmer, wenn man am Ende einer schön geschriebenen Seite die letzten Worte mit der Hand verwischte, die Tinte trocknete eben nicht so schnell.

Ich ging gerne zur Schule, nur zwei Fächer trübten die Freude: Schönschreiben und Zeichnen. Ich wusste genau, dass die dann doch akzeptablen Noten Mitleidsnoten waren, und das hat geschmerzt. Die Lehrer waren wohl kaum strenger, ihnen war nur anderes wichtig: Pünktlichkeit, Ausdauer, Ordnung und Toleranz. Geschlagen wurde – zumindest in meiner Klasse – nicht, obwohl ich mit Jungen, die bestimmt keine Engel waren, in einer Klasse war.

Wir konnten am Nachmittag noch auf Hof und Straße spielen. Doch die so heiß geliebte Teppichstange, an der man so schön schaukeln und herumturnen konnte, ist heute verschwunden; dafür gibt es jetzt Autostellplätze, und die Verkehrsdichte auf den Straßen verbietet jedes Ballspiel von selbst.

Einen wichtigen Fortschritt zu damals sehe ich allerdings durch die Schutzimpfungen. Ich erinnere mich an so manches Kind, das mit einer Eisenschiene sein von Kinderlähmung geschwächtes Bein stützen musste. Auch die Kleidung ist heute einfach praktischer und gibt mehr Bewegungsfreiheit.

Wenn ich heute acht wäre? Ich müsste mich wohl an den rüderen Ton und die aggressiveren Umgangsformen gewöhnen, profitierte von der legereren Kleiderordnung, würde über die geschlossenen Freibäder schimpfen und wäre bald genauso »gestresst« wie alle anderen Kinder.

Dennoch: Bei allen Unterschieden zwischen gestern und heute bleibt das Wichtigste, dass ein Kind in der Familie Rückhalt findet und sich dort aufgehoben fühlt und dass es von Freunden und Lehrern so akzeptiert wird, wie es ist. Das bleibt die Voraussetzung für eine fröhliche Kindheit.

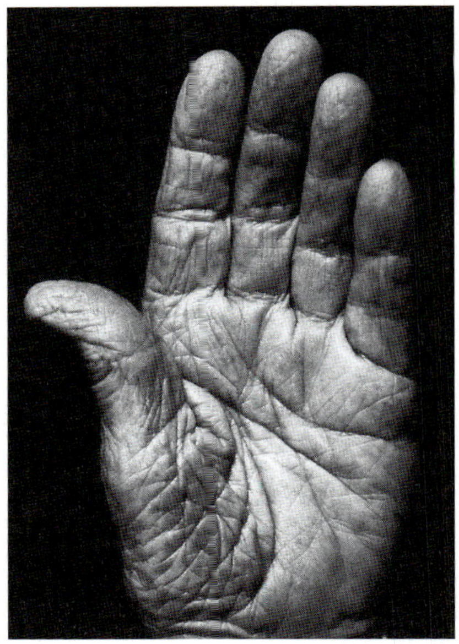

Für alle Achtzigjährigen gilt das übrigens auch!

Frau Sch.

■ **Erinnerung.** Besprecht in eurer Lerngruppe, was euch in der Beschreibung von Frau Sch. über ihren Alltag als Achtjährige ungewöhnlich erscheint, und haltet fest, was ihr die Autorin gerne fragen würdet.

■ **Lebenslinien.** Beschreibe die Bilder von Fuß und Hand. Fertige von einem der Bilder eine Skizze an, die für dich wichtige Details enthält, und notiere dazu, was diese Details für dich über das Leben mit 8 bzw. 80 Jahren aussagen.

■ **Vorschau.** Schreibt selbst eure Vorstellung zu folgender Überschrift auf: »Ich und mein Leben mit achtzig Jahren.« Geht dabei auch auf eure Wünsche ein.

■ **Meine Kindheit.** Frau Sch. urteilt über das heutige Kindsein. Schreibt einen Brief an die Autorin, in dem ihr deutlich macht, ob ihr in Rückschau auf eure eigene Kindheit ihre Beobachtungen teilt.

Begegnungen gestalten

Setzt euch von einem selbst gewählten Schwerpunkt ausgehend mit dem Thema »Jung und Alt« auseinander. Ihr selbst bestimmt, wie euer Projekt »Jahresringe« verläuft und wie das Ergebnis aussieht. Bei aller Auswahl soll für euch die Begegnung mit anderen Menschen im Vordergrund stehen. Lest zunächst diese Seite gründlich durch und verschafft euch einen Überblick über die Materialien, die euch auf den folgenden Doppelseiten angeboten werden. Zusätzlich findet ihr umfangreiches Material auf der Homepage www.aejn.de/Gegen-den-Trend.16.o.html unter dem Titel »Frag mal deine Eltern« zum Download. Unabhängig von der äußeren Form eures Ergebnisses (z. B. Ausstellung), ist es erforderlich, dass ihr euer Vorgehen schriftlich dokumentiert und dabei mit einbezieht, was die Bibel an Betrachtungsweisen des Alters bietet.

Ihr könnt euch an den folgenden Rahmendaten orientieren:
- Entscheidet, ob ihr als Klasse, in Gruppen oder allein arbeiten wollt.
- Legt euch auf die Form und die Materialien des Ergebnisses fest.
- Setzt euch mit den angebotenen Materialien und Arbeitsaufträgen der folgenden drei Doppelseiten auseinander. Auf jeder der Doppelseiten findet ihr Bearbeitungsvorschläge und Projektideen, die in euer Ergebnis mit einfließen können.

Hier einige Ideen, wie das Ergebnis des Projektes aussehen könnte:
- *Ausstellung:* Hier sind der Fantasie keine Grenzen gesetzt, die Möglichkeiten reichen von einer Fotoausstellung über Plakatwände bis hin zur Präsentation künstlerischer Arbeiten.
- *Buch:* Als Inhalte eignen sich Interviews, Lebensberichte und Fotos.
- *Kalender:* Die Begegnungen, die durch das Projekt entstehen, werden in Bildern festgehalten und finden Eingang in einen Kalender, der auch mit Kommentaren/Zitaten versehen werden kann.
- *Theaterstück*
- *Lesung*
- *Film/Podcast*
- *Bleibende Beziehung:* Als »Endprodukt« ist z. B. an den regelmäßigen Besuch im Altenheim oder an einen Einkaufsdienst für ältere Menschen gedacht. Erforderlich ist auch hier eine Projektbeschreibung.

Die Projektideen innerhalb der Doppelseiten erkennt ihr an dem Symbol »Jahresringe«.
Nachfolgend findet ihr eine Projektidee zur vorangegangenen Seite.

■ **Interview.** Richtet die Fragen, die ihr auf der vorangegangenen Seite gesammelt habt, an eine Person eurer Wahl, die sich ungefähr im gleichen Alter wie Frau Sch. befindet.
Gruppiert ihre Kindheitserfahrungen um den Umriss eines Kinderfußes, ihre Erfahrungen als älterer Mensch um den Umriss einer Hand.

Altersbilder in der Bibel

Die heutige Zeit zeichnet oft ein einseitiges Bild vom Alter, das dominiert wird von der Problematik der demographischen Entwicklung. Wenn die Blickrichtung weg von der Gegenwart auf die Sichtweisen anderer Kulturen geht, können sich neue Perspektiven eröffnen. Die Frage, ob wir die richtige Einstellung zum Alter haben, kann sich dadurch klären.

Leben wird in der Bibel als ein Geschenk Gottes verstanden. Deshalb gilt das lange und erfüllte Leben als ein besonderer Segen Gottes (Jes 65,20). Eine grundlegende Bestimmung des Menschen in der Schöpfungsgeschichte ist die Gottesebenbildlichkeit (Gen 1,26f.). Sie schenkt Würde und ist Auftrag zugleich. Dabei umfasst das Geschenk der Würde alle Menschen in jeder Lebenssituation.

Für alte Menschen gilt wie für Menschen in jedem Alter:

- Sie können Neues schaffen.
- Sie sind als Frau und Mann das Gegenüber Gottes auf der Erde.
- Sie sind zu Freiheit und Mündigkeit berufen.
- Sie sind ihrem Wesen nach auf Beziehung und Dialog angewiesen.
- Sie sind beauftragt, die Erde zu bebauen und zu bewahren.

Neben diesen Attributen, die allen Lebensaltern zugesprochen werden, finden sich auch spezifische Aussagen über das Alter. Die Weisheit alter Menschen gründet auf besonderer Erfahrung und einem Wissensvorsprung gegenüber der jungen Generation. Daraus resultiert nicht nur die Verpflichtung gegenüber den eigenen Eltern, sondern auch die Ehrfurcht vor der gesamten älteren Generation (Lev 19,32).

Die Bibel übermittelt uns viele Geschichten, in denen alte Menschen im Zusammenleben der Generationen wichtige Aufgaben wahrnehmen. Sie unterweisen Kinder in den israelitischen Stämmen. Sie geben ihre Erfahrungen weiter. Sie mahnen die Nachkommen und sie halten die Erinnerungen an die Zusagen Gottes wach. In der Bibel haben auch alte Menschen Träume für die Zukunft (Joël 3,1). Sie nehmen Visionen ernst und brechen noch im Alter auf, um neue Möglichkeiten für sich und ihre Familien zu entdecken (Gen 12).

Aus verschiedenen anderen Bildern spricht die Erkenntnis, dass die im Alter zunehmenden körperlichen Beschränkungen mit einem Wachsen der inneren Reife einhergehen (Spr 20,29). Doch auch die Schattenseiten des Alters werden nicht verschwiegen: die Kräfte schwinden, die Lebenswege werden eingeschränkt. In Psalm 71 klagt ein alter Mensch nicht nur über seine körperlichen Defizite, sondern er bringt auch seine Angst vor Gottverlassenheit gerade im Alter zum Ausdruck.

Die Überlieferungen des Alten Testaments ermöglicht zudem eine kritische Auseinandersetzung mit der Verabsolutierung bestimmter Jugend- bzw. Altersvorstellungen (Ijob 12,12). Weder Alter noch Jugend stellen einen Wert an sich dar. Der Reichtum des alten Menschen besteht in seinem Lebenswissen um die Bedürftigkeit des Menschen und in seiner Einsicht, dass allein Gott den Menschen zur Vollendung führt.

Im Neuen Testament begegnen uns Simeon und Hanna (Lk 2,25-40), deren hohes Alter anknüpft an die alttestamentliche Überlieferung. Ihr Altsein steht symbolisch für ein geduldiges, hoffnungsvolles Warten, dass sich die Verheißung des Kommens eines Messias erfüllt. Das Alter im physischen Sinn findet im Neuen Testament kaum Erwähnung. Die jesuanische Botschaft gilt für Menschen jeden Alters gleichermaßen, sie misst Generationenunterschieden keine Bedeutung für die Heilszusage bei. Explizit eingefordert wird in einem neutestamentlichen Brief die Hochachtung der junge Generation gegenüber der alten (1 Tim 5,1).

Die biblischen Altersbilder können helfen, gerade angesichts des Alters Wesentliches über das Menschsein an sich zu entdecken.

■ **Nachgelesen.** Wähle einen Aspekt des Textes »Altersbilder in der Bibel« aus, der dich besonders anspricht, und lies das zugehörige Beispiel in der Bibel nach. Vergleiche die biblische Aussage mit deinem Erleben in Bezug auf alte Menschen. Formuliere eine Forderung, die sich daraus für den Umgang mit der älteren Generation heute ergibt.

■ **Wieder klein sein?** Bildet Zweiergruppen. Tragt euch den Text »Kind sein« gegenseitig vor. Lasst dabei genügend lange Pausen bei den Gedankenstrichen. Tauscht euch anschließend über eure Erfahrungen aus.

Biblische Bilder. Im Foto oben wird eine Bibelstelle aus dem Text »Altersbilder« umgesetzt: Simeon trifft im Tempel auf das Kind Jesus (Lk 2,22-35). Stellt die von der Bibel her definierten Altersbilder in Anlehnung an das Projekt »Jesus an der Ruhr« (vgl. www.jugendkirche-oberhausen.de) nach und fotografiert die Szenen. Nutzt eure Ergebnisse, um Kontraste bzw. Parallelen mit den heutigen Altersvorstellungen in unserer Gesellschaft aufzuzeigen.

Kind sein

Setze dich bequem hin. Schließe deine Augen. Dein Atem wird ruhig. – Du siehst vor deinem inneren Auge das Haus, in dem du aufgewachsen bist. Du stehst davor. – Langsam gehst du auf die Tür zu. Der Anblick ist dir vertraut. Du fühlst dich wohl in deiner Umgebung. – Du gehst langsam auf die Tür zu und öffnest sie. Mit dem Betreten des Hauses wirst du jünger und jünger. Du denkst nur an die schönen Momente deiner Kindheit zurück: Was hat dir besonders gut getan? – Wann warst du besonders glücklich? – Wann hast du als Kind Menschen besondere Freude bereitet? – Wann hast du sie besonders in Erstaunen versetzt? – Du verweilst bei diesen schönen Erinnerungen. Du fühlst dich wieder wie ein Kind. Es ist angenehm, die vertrauten Orte zu sehen. – Langsam drehst du dich um und willst das Haus wieder verlassen, um dich draußen umzusehen. Da fällt dein Blick auf einen Zettel, der an der Innenseite der Tür angeheftet ist: »Kind sein heißt ...« steht darauf geschrieben. Du denkst darüber nach, was das für dich bedeutet: Wann war ich wirklich Kind? – Bei wem war ich wirklich Kind? – Vor wem wollte ich mein Kindsein verstecken? – Wann wollte ich erwachsen sein? – Bevor du das Haus verlässt, genießt du nochmals deine Erinnerungen. – Trete nun durch die Tür hindurch und nimm mit hinaus, was du dir von deinem Kindsein bewahren möchtest. Nach und nach entfernst du dich von deinem Elternhaus. Das vertraute Gefühl bleibt und geht mit dir zurück ins Klassenzimmer. Du atmest langsam weiter, während du deine Augen öffnest. Du bist wieder ganz da.

Monika Petschnigg, 1998

Attribut »Jugend«

Bis weit ins Mittelalter ging für beinahe alle Bevölkerungsschichten die Kindheit in das Erwachsen-Sein über. Der Begriff »Jugend« war in seiner heutigen Bedeutung unbekannt. Als Folge einer Spezialisierung aller Berufsgruppen wurden Schul- und Ausbildungszeiten verlängert. Daraus resultierten größere zeitliche Freiheiten und eine spätere finanzielle Selbstständigkeit junger Menschen. Schließlich entstand durch die Rock 'n' Roll-Bewegung in den 60er-Jahren des 20. Jh. die erste kommerzialisierte Jugendkultur, die sich bewusst von der älteren Generation und damit von Autoritäten abgrenzte. Die Rock 'n' Roll-Generation entdeckte und lebte ein neues jugendliches Lebensgefühl, was sich auch auf die Generation der älteren Menschen übertrug: Jugendlichkeit als Grundlage für Körper und Geist trägt man, einmal erlebt, sein ganzes Leben in sich und versucht, sie zu erhalten, so gut es geht. Das führte zu veränderten Verhaltensmustern: Das klassische Bild der Großeltern verschwand, der Schaukelstuhl wurde eingetauscht gegen das Motorrad. Ein offensichtliches Merkmal dieser Haltung ist die Vorstellung von Körperlichkeit und Aussehen, die an das Attribut »Jugend« gekoppelt sind: Gerade die Werbung transportiert das Bild vom makellos jugendlichen Körper. Menschen streben mit zunehmendem Alter danach, möglichst faltenlos zu bleiben und nehmen dafür auch Schönheitsoperationen in Kauf. Körperliche Fitness soll einerseits der Schönheit dienen und andererseits demonstrieren, dass man auch im Alter noch aktiv und jugendlich-sportlich ist. Es wird in diesem Zusammenhang auch von der »All-Age-Funktion« des Jugendalters gesprochen. Das heißt, das jugendliche Lebensgefühl soll Geltung für alle Altersgruppen haben. Andere Stimmen halten sich nicht so neutral zurück und bezeichnen das Streben alternder Menschen nach jugendlichem Aussehen, Auftreten und Handeln als »Jugendwahn«. Zu fragen bleibt bei dieser Betrachtungsweise, ob sich der Mensch auf seine Körperlichkeit reduzieren lässt.

Alterslust

So richtig gut
Geht es mir erst,
seit ich den ganzen Tag
machen kann,
was mir einfällt.

Jetzt habe ich Zeit
Für die Suche
Nach der Lebenslust
Beim Ausbau der eigenen
Angelegenheiten.

Kirsten Müller-Lehnen

■ **Jugendwahn.** Erhebe aus dem Text oben, welche Wandlung die Bedeutung des Begriffs »Jugend« im Laufe der Geschichte durchlaufen hat. Vergleiche ihn anschließend mit der Aussage des Bildes und dem Gedicht »Alterslust«.

Was ist »wirklich«? – Die Geschichte vom Holzpferd

Das Holzpferd, so heißt es, lebte länger in dem Kinderzimmer als irgendjemand sonst. Es war so alt, dass sein brauner Stoffbezug ganz abgeschabt war und eine ganze Reihe Löcher zeigte. Es war in Ehren alt und weise geworden ... »Was ist wirklich?«, fragte eines Tages der Stoffhase, als sie Seite an Seite in der Nähe des Laufställchens lagen. »Bedeutet es, Dinge in sich zu haben, die summen, und mit einem Griff ausgestattet zu sein?« »Wirklich«, antwortete das Holzpferd, »ist nicht, wie man gemacht ist. Es ist etwas, was an einem geschieht. Wenn ein Kind dich liebt für eine lange, lange Zeit, nicht nur, um mit dir zu spielen, sondern dich wirklich liebt, dann wirst du wirklich.« »Tut es weh?«, fragte der Hase. »Manchmal«, antwortete das Holzpferd, denn es sagte immer die Wahrheit. »Wenn du wirklich bist, dann hast du nichts dagegen, dass es weh tut.« »Geschieht es auf einmal, so, wie wenn man aufgezogen wird?«, fragte der Stoffhase wieder, »oder nach und nach?« »Es geschieht nicht auf einmal«, sagte das Holzpferd. »Du wirst. Es dauert lange. Das ist der Grund, warum es nicht oft an denen geschieht, die leicht brechen oder die scharfe Kanten haben oder schön gehalten werden müssen. Im Allgemeinen sind zu der Zeit, da du wirklich sein wirst, die meisten Haare verschwunden, deine Augen ausgefallen; du bist wackelig in den Gelenken und sehr hässlich. Aber diese Dinge sind überhaupt nicht wichtig; denn wenn du wirklich bist, kannst du nicht hässlich sein, ausgenommen in den Augen von Leuten, die überhaupt keine Ahnung haben.« »Ich glaube, du bist wirklich«, meinte der Stoffhase. Aber das Holzpferd lächelte nur.

Margery Williams

Hanne Wehrhahn, 2003

Wie viele Sommer habe ich noch?

Altern ist irgendwie unangenehm.
Es schlummert das
Ungeheuer Alt-Werden,
Gebrechlich-Sein, Sterben
und Tod darin.

Ende deutet sich an, die große Unbekannte,
die Frage nach dem Danach und Wohin,
was wird mit mir sein?
Die Frage nach dem Sinn dessen, was mein
Leben ist und ausmacht.

Uta Göbel-Groß

- **Ungeheuerlich.** Lies den Text »Wie viele Sommer habe ich noch?« und beschreibe das Bild aus der Perspektive der Textautorin. Setze deine Vorstellung vom »Ungeheuer Alt-Werden« in ein eigenes Bild um.

- **Holzpferd.** Formuliere eine Antwort des Holzpferdes auf die Frage eines nagelneuen Spielzeugs: »Bin ich wirklicher, wenn ich neu aussehe?« Lass dabei deine bisherigen Erkenntnisse zum Altern mit einfließen.

Wohin? – Alt sein in der Gesellschaft von heute

Durch die Gottesebenbildlichkeit (Gen 1,26f.) kommt dem Menschen in jedem Lebensalter eine besondere Würde zu. Diese Würde muss nicht verdient werden. Auch wenn ich schwach bin und nichts leisten kann, bin ich von Gott geliebt. In der Bibel gilt gerade das lange Leben als einen besonderer Segen Gottes (Jes 65,20). Doch auch die Bibel verschweigt nicht, dass das Leben endlich ist und die Vitalität im Alter abnimmt. Dabei bezieht sie eindeutig Position zum Umgang der jungen Generation mit den Alten und Kranken. Das vierte Gebot des Dekalogs (Dtn 20,16: »Ehre deinen Vater und deine Mutter ...«) richtet sich an erwachsene Kinder und betont die Achtung vor der älteren Generation besonders. Auch die weisheitliche Literatur der Bibel verweist beim Umgang mit den Eltern auf die Verantwortung den eigenen Eltern gegenüber unabhängig von ihrem Gesundheitszustand (Spr 23,22).
Diese Verantwortung wird heute immer mehr zum Thema. Der demografische Wandel in Deutschland führt zu einem neuen Bevölkerungsaufbau. Bei steigender Lebenserwartung und sinkender Geburtenrate leben immer weniger junge und immer mehr alte Menschen gleichzeitig. Und so titelte eine große Wochenzeitschrift sorgenvoll: »Wohin mit den alten Eltern?«
»Ja, wohin ...?«, wenn die alten Menschen in unserer Familie, in unserem Umfeld, in unserer Gesellschaft einen menschenwürdigen Lebensabend genießen sollen?

- **Ewig jung?** Mache anhand einer Grafik deutlich, warum es für dich heute schon wichtig ist, dich mit der im Text abschließend gestellten Frage auseinanderzusetzen.

- **Ansprüche.** Notiere, mit welchen Erwartungen du als Jugendlicher im Hinblick auf den Umgang mit dem Alter konfrontiert wirst. Überlege, welche Erwartungen du als alter Mensch haben wirst.

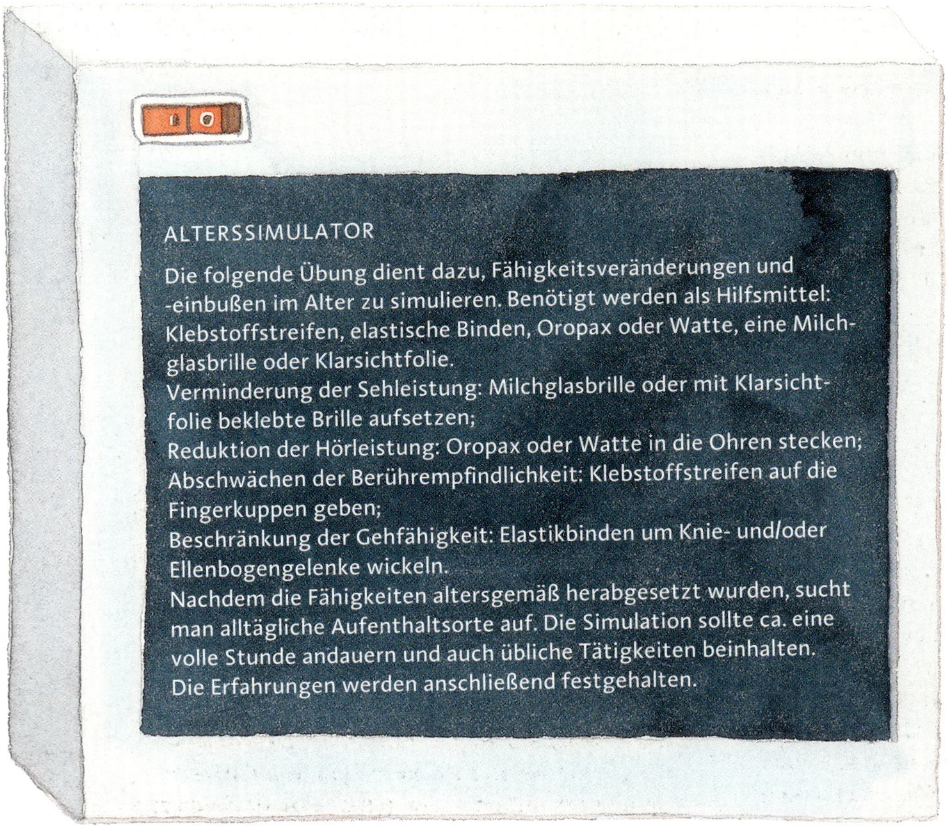

- **Würde.** Erkundige dich über Lebensformen im Alter und für alte Menschen. Wäge das Für und Wider dieser Lebensformen ab. Stellt in einer kleinen Dokumentation konkrete Lebensweisen im Alter zusammen. Sprich mit deinen Eltern darüber, wie sie sich ihren Lebensabend vorstellen.

- **Simulationen.** Verändere den »Alterssimulator« so, dass er ein anderes Lebensgefühl alter Menschen vermittelt. Ersetze hierzu die praktischen Übungen durch Situationsbeschreibungen. Überlege, warum ein Jugendsimulator für alte Menschen überflüssig ist. Tausche dich über die Alterssimulationen und deine Überlegungen mit einem älteren Menschen aus.

Traumrollen

Seit 2000 stehen sie in Freiburg gemeinsam auf der Bühne – die »Methusalems«, eine Seniorentheatergruppe. Auch Renate (76) gehört zu ihnen. Die Ärztin mit dem kraftvoll grau-weißen Haarschopf und dem frischen Gesicht lacht: »Andere in meinem Alter absolvieren mühsam ein Gedächtnistraining.« Sie dagegen bestreitet mühelos eine Aufführung im Theater in Freiburg, in der sie gut zwei Stunden pausenlos präsent sein muss. Überhaupt: Altersbeschwerden, wie eine schmerzende Hüfte, haben sich mit dem Theaterspielen erledigt. Die Treppen auf der Bühne nimmt sie mit jugendlichem Schwung. Ihre Schauspielleidenschaft hat noch einige andere Veränderungen mit sich gebracht. Sie ist aus dem Neun-Zimmer-Haus in einem noblen Freiburger Wohnviertel in eine Drei-Zimmer-Wohnung in der Innenstadt umgezogen: »Ich wollte einfach näher am Theater sein. Meinen Kindern habe ich gesagt: Wenn ich damit klarkomme, dann klappt auch alles andere.«

»Methusalems«, 2009

Jetzt geht sie gänzlich auf in der Rolle der altjüngferlich-mordenden Abby – für sie sei es, »man darf es fast nicht sagen, der Höhepunkt meines Lebens.« Medizinstudium, Ärztin, fünffache Mutter bei Renate; Abitur, Jurastudium, Familie, Richter und Beamter auf Lebenszeit, mit 65 in Pension bei Hans-Dieter, einem Theaterkollegen von Renate. Beide haben geordnete Lebensläufe mit Höhen und Tiefen. Und dann? Geruhsames Spazierengehen am Flussufer ..., erinnerungsseliges Fotoalben-Sortieren? Das kann doch nicht alles gewesen sein. Einige haben noch Träume, die sie schon lange begleiten.

Hans-Dieter war vor seinem Jurastudium bei einer Aufnahmeprüfung für die Schauspielschule durchgefallen. Auch Renate wollte schon von Jugend an schauspielen. Aber wie das so ist mit Träumen – sie scheitern oft an der Realität. An den Eltern zum Beispiel. »Lern du erst mal einen richtigen Beruf«, heißt es. »Danach können wir weitersehen.« So wendet sich der Blick, das Leben nimmt eine andere Wendung. Nicht einmal eine unglückliche Wendung muss das sein. – Doch die Kindheitsträume lebten fort. Und mit einem Mal war sie da, die große Chance! Endlich! Zu einer Zeit, als sie die Träume schon fast begraben hatten.

■ **Lebensabend.** Erhebe aus dem Text, welche Besonderheiten das Leben von Renate nach der Beendigung ihres Arbeitslebens auszeichnen. Verfasse anschließend einen Tagebucheintrag über eine Begegnung mit Renate, der verdeutlicht, wo du Anknüpfungspunkte für einen Dialog mit der älteren Generation siehst.

■ **Alterskapital.** Sammle in Zeitschriften und Zeitungen Bilder alter Menschen, die zeigen, was die junge Generation mit der alten gemeinsam erleben kann, und fertige daraus eine Collage an.

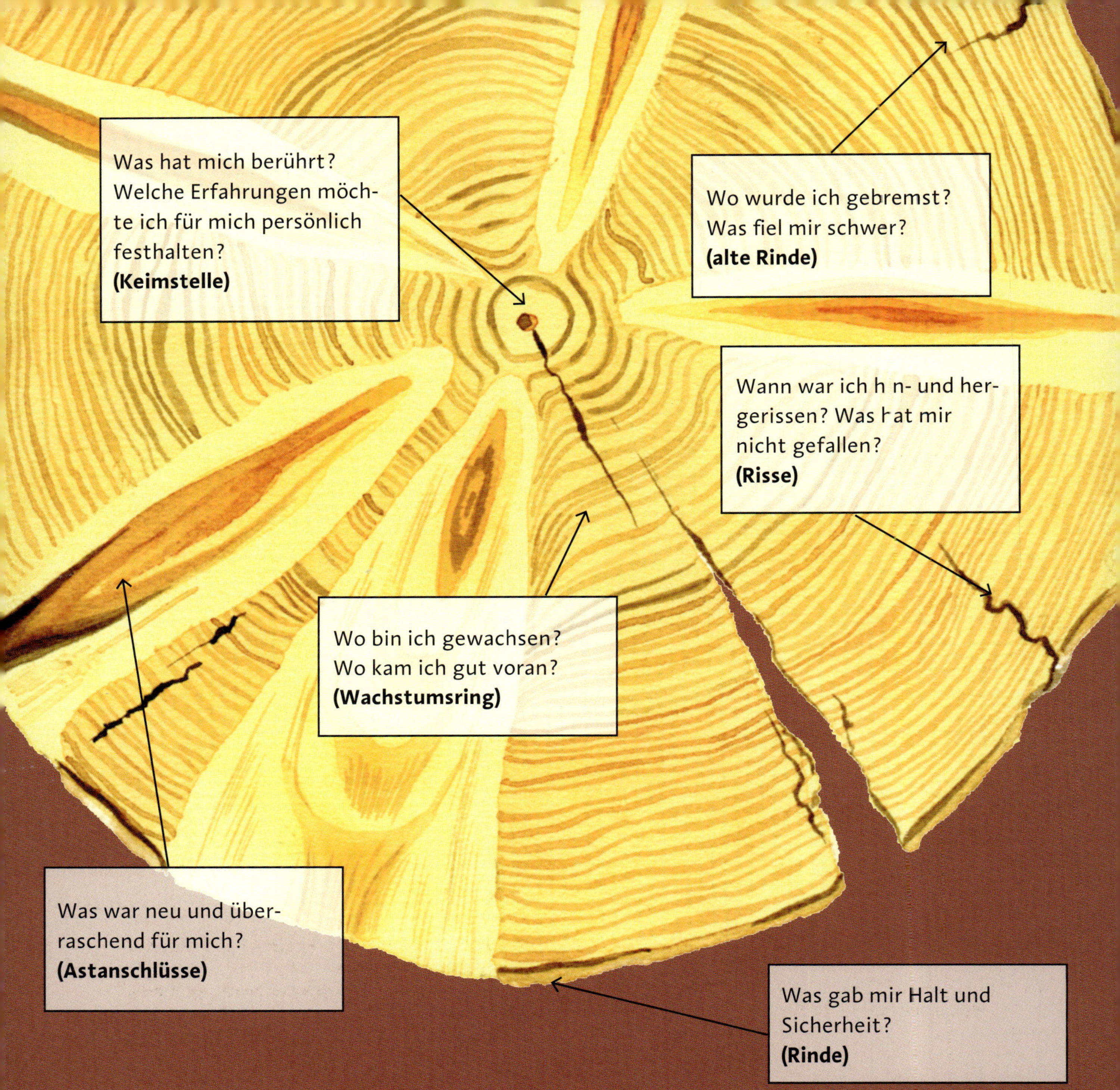

■ **Projektreflexion.** Zeichne den Baumquerschnitt ab und trage an den entsprechenden Stellen Antworten zu den gegebenen Fragen ein.
Stellt euch eure Umrisse zunächst in Dreier- oder Vierergruppen vor. Geht dabei auf Gemeinsamkeiten und Unterschiede ein. Anschließend könnt ihr eine Ausstellung mit euren Projektergebnissen gestalten.

Herr, wie ein Baum

T: Lothar Zenetti/M: Judith & Wolfgang Bottler

2. Gib mir die Kraft zum festen Stamm zu wachsen, dass aufrecht ich an meinem Platze stehe, und wanke nicht, auch wenn die Stürme toben.
3. Gib, dass aus mir sich Äste frei erheben. Oh, meine Kinder, Herr lass sie erstarken, und ihre Zweige recken in den Himmel.
4. Sei Zukunft mir und lass die Blätter grünen und nach den Wintern Hoffnung neu erblühen und wenn es Zeit ist, lass mich Früchte tragen.

■ **Abschluss.** Erhebe aus dem Lied, welches Bild vom Leben vermittelt wird. Formuliere aus deiner neu gewonnenen Perspektive heraus ein Gebet für dein Alter bzw. für alte Menschen als Dank- oder Bittgebet.

Graham Sutherland, 1946

Die Bibelrezeption in der pluralen Kultur ist eigenartig ambivalent. Auf der einen Seite sind Bibel und biblisches Lernen in der Postmoderne in einer Krise, da die Bibel in der Einschätzung vieler Jugendlicher veraltet ist und heutige Erfahrungen nicht mehr anzusprechen scheint. Auf der anderen Seite werden biblische Motive, Figuren, Symbole und Geschichten in den Medien verstärkt verwendet. Gerade Hollywood-Filme mit Blockbuster-Anspruch bedienen sich biblischer Elemente, um ihre eigene Botschaft zu unterstreichen, sei es durch direkte Verweise oder durch Umdeutungen von Personen und Motiven.

Stefan Heil/Ulrich Kumher

- **Meine Vorbilder.** Zähle die Merkmale deines Vorbilds oder deiner Vorbilder auf und beschreibe, was du für dich persönlich oder für die »Rettung der Welt« von ihr/ihm/ihnen erwartest.

- **Vorbilder und Helden.** Fertige eine Tabelle mit zwei Spalten an. Betrachte die beiden Bilder und trage in die Spalten deine Assoziationen zur Vorbildfunktion bzw. zum Heldentum ein; verwende eine Spalte für die Superman-Darstellung und die andere für das Bild des gekreuzigten Jesus. Diskutiert in kleinen Gruppen, ob Jesus und Superman gleichwertige Vorbilder oder Helden sind.

Szene aus: Superman, 1978

Es fällt gewiss nicht schwer, im Kino eine Art Fortsetzung oder zumindest Parodie auf einen religiösen Kultraum zu sehen; und beobachten wir Gespräche über Filme, lesen Kritiken, sehen die gesteigerten Erwartungshaltungen sowohl des normalen als auch des professionellen Zuschauers, so können wir gar nicht anders, als dem [Ganzen] einen theologischen Aspekt zuzudiktieren, vor allem aber eine tief greifende Erlösungshoffnung.

Jeder Film ist gleichsam eine religiöse Offenbarung ohne Religion, ein Wunder, ohne dass der Name Gottes genannt wird, und das Kino ist ein Tempel für einen unbekannten Gott, für Götter auf der Durchreise sozusagen, die nicht einmal ihre Namen hinterlassen.

Georg Seeßlen

- **Kino und Religion.** Lies die beiden Zitate und stelle – auch unter Rückgriff auf die verschiedenen Religionsbeschreibungen (siehe S. 122ff.) – mögliche Beziehungen zwischen Religion und Film her.

- **Kinohelden.** Tauscht euch in der Klasse über Kinohelden aus und sammelt, welche Taten ihr heldenhaft findet.

VON RELIGION

Was wir über Jesus wissen können

Über die Zeit bis zum öffentlichen Auftreten Jesu wissen wir so gut wie nichts. Was die Evangelien, vor allem Lukas und Matthäus, davon erzählen, ist theologisch hoch befrachtet, aber historisch kaum gesichert und für eine exakte Darstellung der Kindheit Jesu irrelevant. Jesus ist geboren in der Regierungszeit von Herodes dem Großen, wahrscheinlich im Jahr 7 oder 6 vor der Zeitenwende. Herodes I. regierte von 37-4 v. Chr. Als Geburtsort ist wohl eher Nazaret als Betlehem anzunehmen. Betlehem wird nur in den ersten beiden Kapiteln des Matthäus- und Lukasevangeliums erwähnt und ist vor allem als »theologischer« Geburtsort zu werten (Betlehem ist die Davidsstadt, aus welcher der Messias kommt: Lk 2,4; Mt 2,4-6). Denn sonst gilt Jesus als der »Mann aus Nazaret« (Joh 1,45f.; Lk 4,16). Auch ist Jesus, soweit wir wissen, nie nach Betlehem zurückgekehrt, obwohl ihm das gelegentlich bei einer Wallfahrt nach Jerusalem leicht möglich gewesen wäre.

Die Kapitel 1 und 2 bei Lukas und Matthäus werden als »Kindheitsevangelien« bezeichnet, weil sie nahezu ausschließlich theologische Aussagen über die Vorgeschichte Jesu und seine Bedeutung enthalten, entstanden aus dem Glauben der Gemeinde an ihn als ihren Herrn und Retter.

Im Zentrum des matthäischen Kindheitsevangeliums steht die Verkündigung Jesu als des im Alten Testament verheißenen Messias, an dem sich das Schicksal des alttestamentlichen Gottesvolkes erfüllt und in dessen früher Kindheit sich sein späteres Schicksal (Verfolgung und Kreuzigung) und das der christlichen Gemeinde schon andeutet (Ablehnung durch »die Juden«, Annahme des Evangeliums unter den Heiden im »Osten«). Matthäus gliedert seinen Text in drei Abschnitte: Stammbaum (Mt 1,1-17), Geburt Jesu (Mt 1,18-25) und Erzählung vom Besuch der Magier aus dem Osten und die Folgen (Mt 2,1-23).

Der Stammbaum ist kunstvoll gegliedert in 3 mal 14 Generationen. Für einen Juden verbarg sich in der Zahl 14 der Name »David«. Das Hebräische kennt nämlich kein eigenes Zahlensystem; jeder Konsonant (Vokale wurden ursprünglich nicht geschrieben) hat auch einen Zahlenwert. Das D steht für die 4, und W entspricht der 6; für D-W-D (= David) ergibt sich somit als Quersumme der Wert 14. Die Geburt Jesu wird nur kurz, genau genommen in einem Nebensatz erwähnt: »Als Jesus in den Tagen des Königs Herodes geboren worden war, kamen Sterndeuter ...« (Mt 2,1) Sehr ausführlich wird der Besuch der Magier samt den Folgen geschildert. Es handelt sich hier wohl um eine ursprünglich selbstständige Einheit ohne den Anspruch auf Historizität – das gilt für den Stern, für die Magier, für den Kindermord und für die Flucht nach Ägypten. Im Vordergrund steht die Verkündigungsabsicht:

- Jesus ist der verheißene Messias (vgl. Mt 2,6 und 2 Sam 5,2).
- Jesus ist der neue Mose (Mt 2,13-15).
- Jesus ist der verheißene Stern, der über Jakob aufgeht (vgl. Num 24,17).
- Jesus wird von »ganz Jerusalem« abgelehnt (vgl. Mt 26,1-4).
- Wer an Jesus glaubt, muss sich auf Verfolgungen gefasst machen (vgl. Jer 31,15-16; Mt 5,11-12; 10,23; 23,34).
- Zu Jesus pilgern die Heiden (vgl. Jes 60,3-8; Ps 72,10).
- Die Heiden, deren Repräsentanten die Magier sind, hoffen auf das Evangelium (Mt 12,18-21).

Nach Norbert Scholl

■ **Kindheitsevangelien.** Arbeite aus dem Text von Norbert Scholl heraus, wie die Kindheitsevangelien zu deuten sind.

■ **Kindheit Jesu.** Lies folgende Bibelstellen: Mt 1,1 – 4,11; Lk 1,26-38; 2,1-4 und Joh 1,1-17. Notiere dir außerdem die wichtigen Stationen aus dem Leben des jungen Jesus.

■ **Auf die Welt gekommen.** Notiere dir in einem Zeitstrahl wichtige Stationen aus dem Leben Supermans aus der ersten Filmsequenz in »Superman 1« (1978) – beginnend mit seinem Verlassen des Planeten Krypton bis zu dem Zeitpunkt, da er als Superman auftritt. Vergleiche diese Jugendbiografie Supermans mit der Kindheit Jesu und arbeite dabei Gemeinsamkeiten und Unterschiede heraus.

Hollywood-Helden zeichnen sich durch Parallelen und Unterschiede zu biblischen Vorlagen aus. Die Filme bedienen sich häufig biblischer Anspielungen, um ihre eigene Botschaft, beispielsweise die Notwendigkeit eines starken, gleichsam übermenschlichen Retters zu unterstreichen. In der Verdeutlichung dieser Verfremdung des biblischen Stoffes, z. B. durch die Umdeutung einer Figur, kann die Einmaligkeit der biblischen Botschaft herausgearbeitet werden. Im Gegensatz zu den Hollywood-Streifen ist im Christentum ein »Happy-End« nicht durch Menschen erreichbar, sondern kann nur von Gott am Ende der Zeiten für alle Zeiten vollbracht werden. Während also die Hollywood-Helden nur eine temporäre Lösung der Probleme bieten – so liefert jeder abgeschlossene Film schon wieder die Voraussetzungen für ein Prequel oder Sequel –, zielt die biblische Botschaft auf ein endgültiges Gelingen, ein umfassendes Heil-Werden der Welt ab.

Nach Stefan Heil/Ulrich Kumher

- **Super-Zeiten?** Informiere dich im Internet über wichtige Ereignisse in den Jahren 1968 bis 1978 und formuliere in Schlagzeilen das Lebensgefühl der Menschen dieser Zeit. Überlege, welche Hoffnungen und Befürchtungen die Menschen damals hatten. Zeige auf, warum ein Film wie Superman »kommen musste«.

Der gute Hirte, 1. Jh. n. Chr.

- **Der Herr ist mein Hirte.** Beschreibe die Darstellung Jesu als guter Hirte, die zur Zeit der Christenverfolgung in Rom gemalt wurde. Benenne die Hoffnungen, die sich mit dieser Darstellung Jesu in jener Zeit verbunden haben. Überlege dir, warum die verfolgten Christen keinen machtvollen Kämpfer als Motiv gewählt haben.

Erlösung

Erlösung besteht ... für das NT in der Aufhebung der Entfremdung, in der Überwindung des Grabens und in der Versöhnung von Gott und Mensch. Dies kann nicht allein durch Anstrengung und Bemühen vonseiten der Menschen geschehen. Sie sind aus eigener Kraft gar nicht in der Lage, auf die Liebe Gottes mit Liebe zu antworten und so das gestörte Verhältnis zu ihm wieder zu heilen. Erlösung kann nach christlicher Überzeugung nur von Gott her geschenkt werden. In dieser Hinsicht unterscheidet sich die christliche Erlösungsvorstellung grundlegend von der anderer Religionen. Nicht der Mensch schafft die Erlösung, sondern Gott. Nicht der Mensch sucht die Entfremdung von Gott durch Opfer oder besondere Sühneleistungen auszugleichen und Gott dadurch gnädig zu stimmen, sondern Gott stiftet Versöhnung. Nicht der Mensch geht zu Gott, sondern Gott kommt zum Menschen. Eben dies geschieht in Jesus Christus. In ihm kommt Gott zu den Menschen, in ihm teilt er sich auf unüberbietbare Art und Weise mit, in ihm macht er seine Zuwendung konkret erfahrbar und erlebbar. Erlösung geschieht darum im Christentum personal, personifiziert in Jesus Christus. Jesu Leben und Botschaft sind ein einziges großes Angebot, eine einzige Einladung, mit Gott in Beziehung zu treten, Gemeinschaft mit ihm zu haben und sich dadurch erlösen zu lassen.

Erlösung durch Jesus Christus geschieht dadurch, dass er in seinem Leben und Handeln die grenzenlose Liebe Gottes in allen Lebensbereichen sichtbar werden lässt. Diese erlösende Gemeinschaft mit Gott wurde für die Menschen seiner Zeit in unterschiedlichen Dimensionen erfahrbar: als Lossprechen von der Sünde, als Gemeinschaft mit jenen, die sich von Gott getrennt wussten, als Heilung von Krankheit, als Entlastung vom Gesetz, wo es Menschen zur Last geworden ist, als Zuwendung zu den Feinden, schließlich als Überwindung des Todes in der Auferweckung. Wenngleich Erlösung im Christentum ganz von Gott und Jesus Christus her geschieht, geschieht sie doch niemals ohne den Menschen und vor allem nicht über seine Zustimmung hinweg. Wo Menschen sich auf das Erlösungsangebot Jesu Christi nicht einlassen, kann es auch nicht greifen (vgl. Mk 6,5f.). So sehr Erlösung die Initiative Gottes ist, ist sie doch kein einseitiger Akt Gottes, sondern ein dialogisches Geschehen. Erlösung geschieht nur dort, wo Menschen offen sind für das Versöhnungsangebot Jesu Christi, wo sie es annehmen und sich persönlich zueigen machen. Darum gibt es Erlösung nicht ohne Glauben. Darum gibt es Erlösung nicht ohne Bewusstsein der eigenen Entfremdung von Gott, der Verstrickung in Sünde und Schuld. Darum gibt es Erlösung nicht ohne Nachfolge und Liebe, nicht ohne die Bereitschaft, wie Jesus sein Leben für andere zu geben, was keineswegs einen grausamen Tod fordert, sondern ganz unscheinbar im Alltag geschehen kann. Damit die christliche Rede von Erlösung heute verstanden werden kann, muss sie angesichts der heutigen Sehnsucht nach Erlösung zur Sprache gebracht werden. So hat für viele Menschen heute die Verheißung der Erlösung von der »Sünde« an Kraft verloren. Erlösung bedeutet für sie viel eher, die innere Zerrissenheit zu überwinden und mit sich selbst identisch zu werden, sich von falschen Abhängigkeiten zu befreien, ein Leben frei von äußeren Zwängen zu führen, Sinn im Leben zu finden. Hier muss deutlich gemacht werden, dass dies keineswegs im Widerspruch zur christlichen Erlösungsbotschaft steht. Denn die Erlösung von der Sünde als Entfremdung von Gott schließt die Überwindung der Selbstentfremdung und die Identität mit sich selbst mit ein – eine Erfahrung, die Menschen im Umgang mit Jesus immer wieder machen konnten. Die erlösende Gemeinschaft mit Gott in Jesus Christus bedeutet gerade die Überwindung aller endlichen Mächte, der modernen »Dämonen«, die Menschen versklaven, wenn sie verabsolutiert werden – Machtstreben, Besitz, Leistung, Konsum, Genuss. Erlösung bedeutet schließlich Sinnfindung im Freiwerden für die Nächsten, in der gelebten Solidarität und Gemeinschaft mit anderen Menschen.

Sabine Pemsel-Maier

■ **Jesus, der Erlöser.** Formuliere in eigenen Worten, wie Erlösung aus christlicher Sicht verstanden werden kann.

■ **Streitgespräch.** Sabine Pemsel-Meier diskuitert mit dem Regisseur von Supermann über die Frage, ob Superman der Jesus des 20. Jahrhunderts ist. Verfasse dieses Streitgespräch.

Die Hollywood-Erlöser

Der Zusammenhang von Film und Religion wird am Beispiel der Hollywood-Erlöser deutlich. Als Hollywood-Erlöser werden zentrale Figuren aus Filmen wie Matrix, Spiderman, Terminator oder Superman bezeichnet. Gemeinsam ist ihnen die »Erlösung vom Bösen«. Die motivischen und biografischen Parallelen der modernen Erlöserfiguren zu Jesus dem Messias in ihrer religiösen, endzeitlichen Dimension sind unschwer zu erkennen. Insbesondere geht es in den betreffenden Filmen darum, dass ein Zustand der Bedrohung für die gesamte Menschheit beendet wird. Die Erlöser, welche die Menschen vor der bevorstehenden Katastrophe retten, tragen messianische Züge. Sie sind Auserwählte und entsagen den Versuchungen ihrer Gegner und sind bereit, sich für die gute Sache selbstlos zu opfern. Die Unterschiede zwischen der Hollywood-Erlösung und der messianischen Erlösung bestehen in Elementen, die mit dem biblischen Heils- und Versöhnungsangebot kollidieren. Beispielsweise wird Gewalt oft legitimiert oder sogar ästhetisiert und verherrlicht, solange die »Guten« von ihr Gebrauch machen. Sie erscheint zur Bekämpfung des Bösen schlechterdings unverzichtbar.

Stefan Heil/Ulrich Kumher

- **»Die Welt besiegt«.** Beschreibe, wie El Greco Jesus als Sieger über die Welt malt. Überlege, ob El Grecos Darstellung mit den Überlegungen von Sabine Pemsel-Maier harmoniert.

- **Hollywoods Erlösung.** Vergleiche die christliche Erlösungsvorstellung mit der Vorstellung von Erlösung in Hollywood-Filmen anhand geeigneter Filmfiguren.

- **»Jesus Christus Superstar«.** Diskutiert in der Klasse, ob diese Zuschreibung für Jesus angemessen ist.

El Greco, 1605-1610

Altes Testament

Der erste Teil der christlichen Bibel wird traditionell als »Altes Testament (AT)« bezeichnet. Auch wenn »alt« hierbei »altehrwürdig, kostbar, bewährt« ausdrücken soll, ist mit der Bezeichnung AT der alleinige christliche Blickwinkel eingenommen: Weder entspricht die Bezeichnung dem Selbstverständnis der Texte des »Alten Testaments« noch ist sie dem jüdischen Verständnis dieser – dem Judentum heiligen – Schriften angemessen. Um eine Abwertung und eine einseitige christliche Vereinnahmung zu vermeiden, beginnt die → Exegese, den Begriff »Altes Testament« zu ergänzen durch »Erstes Testament«.

Anthropologie

Der Oberbegriff (griech. *anthropos* = Mensch; *logos* = Lehre) bezeichnet die »Wissenschaft vom Menschen« und fasst Einzeldisziplinen zusammen, die den Menschen in seiner Entstehung, Entwicklung und in seinen Eigenschaften in körperlicher, psychischer, sozialer und kultureller Hinsicht untersuchen. Naturwissenschaftlich-medizinische, ethnologische, psychologische, philosophische und theologische Anthropologie weisen verschiedene Schwerpunktsetzungen auf und ergänzen einander in ihren Betrachtungsweisen.

Antijudaismus/Antisemitismus

Unter Antijudaismus versteht man die grundsätzlich ablehnende Gesinnung und pauschal feindliche Haltung gegenüber Juden als Religionsgemeinschaft, die bereits schon vor der Entstehung des Christentums existierte und u. a. in der monotheistischen Gottesvorstellung, der Darstellung der eigenen Heilsgeschichte sowie in den kultischen Bräuchen und Riten (z. B. Beschneidung, Reinheits- und Speisegebote, Sabbat etc.) begründet war. In christlicher Zeit kam v. a. der Vorwurf der Ermordung Jesu (»Gottesmord«) hinzu.
Der Begriff »Antisemitismus« wurde 1879 von Wilhelm Marr (dt. Journalist) geprägt, um eine »rassisch«, nicht religiös fundierte Judenfeindschaft zu bezeichnen. Die rassische Konstruktion von der prinzipiellen Andersartigkeit und Minderwertigkeit der Juden, also der »semitischen Rasse« im Gegensatz zur »arischen Rasse«/»Herrenrasse«, diente als Erklärungsmuster für alles nationale, soziale und wirtschaftliche Unglück des eigenen Volkes, ja für alles »Böse in der Welt« schlechthin.
Die »Lösung« der sogenannten »Judenfrage« (erstmals von Eugen Dühring 1880 aufgegriffen) führte im → Nationalsozialismus über Entrechtung, Ausgrenzung und Ausplünderung bis hin zur Vernichtung im millionenfachen Massenmord (Shoah; → Auschwitz).

Aufenthaltsgesetz

Das deutsche Aufenthaltsgesetz regelt und ermöglicht den Zuzug von Menschen, die nicht zur Europäischen Union gehören. Es orientiert sich an Arbeitsmarkt, Wirtschaft und Integrationsfähigkeit. Darüber hinaus findet es auf Menschen Anwendung, deren Leben in ihren Heimatländern bedroht ist: Die Verpflichtung zur Menschlichkeit ist hierin verankert. Außerdem regeln die Gesetzestexte die Aufnahme einer Berufstätigkeit.

Auferstehung /Auferweckung der Toten

Auferweckung meint die Errettung des Menschen aus dem Tod und die Vollendung des menschlichen Lebens in der Dimension Gottes. Das Konzept der Auferweckung der Toten wurzelt in jüdischen Vorstellungen. Betrachtet man allerdings die Traditionen in der jüdischen Bibel, so findet sich dort über Jahrhunderte hinweg kein Hinweis auf einen Glauben an ein Weiterleben nach dem Tod. Die Toten existieren vielmehr in der Unterwelt, der *Scheol* (Nicht-Land, Un-Land), aus der es keine Rückkehr gibt. Erst im 2. Jh. v. Chr. hat sich die Hoffnung herausgebildet, dass Gottes Macht über den Tod hinaus reicht und er den Gesetzestreuen, die für ihren Glauben gestorben sind (Märtyrer), Gerechtigkeit widerfahren lässt (vgl. Dan 12,1f.).
Zentraler Bezugspunkt für die christliche Auferstehungshoffnung ist die Auferweckung Jesu. Diese Überwindung des Todes ist das alleinige Werk Gottes (daher besser der passivische Begriff der Auf*erweckung* als der aktivische der Auf*erstehung*) und übersteigt unseren innerweltlichen Erfahrungshorizont, weshalb wir nur in Bildern und Metaphern von diesem Geschehen sprechen können. Anders als im Judentum erfolgt die Auferstehung Jesu nicht erst am Ende der Zeiten, sondern bereits im Hier und Jetzt, mit ihr ist die Erfahrung des göttlichen Heils bereits in der Gegenwart möglich.
Der Zeitpunkt der Auferstehung wird für die frühen Christen zum Problem, da sich im Neuen Testament sowohl die Auffassung von einer Auferstehung im Tod als auch einer am Ende der Zeiten findet. Hier bietet das aus dem griechischen Denken stammende Leib-Seele-Modell zunächst eine Lösung: Danach ist nur die Seele unsterblich, der Leib hingegen wird mit dem Tod vernichtet. Die Seele wird also aus dem Gefängnis des materiellen Leibes. Die Vorstellung von der Auferweckung des Leibes verblasste allmählich und die Auffassung von der Unsterblichkeit der Seele setzte sich durch. Gegen diese leibfeindliche Tendenz hielt schon die mittelalterliche Theologie an der Leiblichkeit der Auferstehung fest. Leib und Seele sind aufeinander verwiesen, können nicht einfach voneinander getrennt werden, obwohl keine materielle Identität zwischen irdischem Leib und dem

Auferstehungsleib besteht, wie bereits Paulus betont (vgl. 1 Kor 15,36-41).
Die moderne Theologie versucht, die Leiblichkeit der Auferstehung von einem personalen Leibverständnis her zugänglich zu machen, und unterscheidet dabei die Begriffe Körper und Leib. Ersterer ist die rein materielle Existenz des Menschen, während letzterer weiter gefasst wird. Leib meint den Menschen in all seinen Beziehungen zu Mitmenschen und Umwelt, mit seiner Geschichte und den Hervorbringungen in Kultur und Technik. Leibliche Auferstehung heißt demnach die Vollendung, das Heil-Werden des ganzen Menschen mit all seinen Beziehungen durch das Handeln Gottes.
Darin unterscheidet sich die christliche Auferstehungshoffnung vom Konzept der Reinkarnation (→ Wiedergeburt), das in seiner westlichen Ausprägung oft rein individualistisch verstanden wird und weniger auf die Gnade Gottes als auf eine am Leistungsprinzip orientierte zweite Chance hofft.

Auschwitz

Name einer polnischen, ca. 50 km westlich von Krakau liegenden Stadt (poln. Oswiecim), in deren Nähe das NS-Regime ab 1940 drei Konzentrationslager errichtete. Ab Sommer 1941 wurde in diesen Lagern, v. a. in Auschwitz II (Birkenau), systematisch die Vernichtung des europäischen Judentums betrieben. Aufgrund dieses historischen Sachverhaltes wurde Auschwitz zu einem Synonym für die von den Nazis praktizierte »Endlösung der Judenfrage«, der geplanten Ausrottung des europäischen Judentums. Auschwitz wurde somit zu einem Begriff, der die industrielle Vernichtung der Juden durch die Nationalsozialisten erfasst, später etablierte sich dafür der Begriff »Holocaust« (Totalbrand, Brandopfer), angemessener wird aber auch von jüdischer Seite das Wort »Shoah« (Vernichtung, Verwüstung) für das Leiden des jüdischen Volkes gebraucht. Theologisch klagt Auschwitz eine für das vergangene und gegenwärtige Leiden der Menschen sensible Gottesrede (→ Theodizee) ein und mahnt zu einer Auseinandersetzung mit dem schuldhaften Verhalten der Christen und Kirchen in der Zeit des → Nationalsozialismus.

Bergpredigt

Die Bergpredigt (Mt 5,1 – 7,29) ist eine der fünf großen Reden, die → Jesus im Matthäusevangelium zugeschrieben werden. Nach den heutigen Kenntnissen der → Exegese liegt ihr eine Rede aus der »Spruchsammlung Q« (sogenannte Logienquelle) zugrunde, die der Evangelist unter Verwendung weiterer Stoffe ausgebaut hat. Sie findet sich im Wesentlichen auch in der »Feldrede« im Lukasevangelium (Lk 6,20-49). Im Mittelpunkt der Bergpredigt stehen das Vaterunser und das Gebot der Liebe zum Nächsten als Zentrum der Botschaft Jesu und damit als Inbegriff »christlichen Verhaltens«.
Die Bergpredigt enthält drei thematische Teile:
1. Die Seligpreisungen (Mt 5,3-12) betonen die in der Nachfolge Jesu erwarteten Haltungen, die sich auch in der Praxis des Alltags bewähren müssen. So wird die Jüngergemeinde zum »Salz der Erde« (Mt 5,13) und zum »Licht der Welt« (Mt 5,14).
2. Der eigentliche Hauptteil der Ringkomposition beginnt mit der grundsätzlichen Klärung des Verhältnisses zur Tora (vgl. Mt 5,17ff.): Jesus ist nicht gekommen, das Gesetz (die Tora) und die Propheten aufzuheben, sondern um sie zu »erfüllen« (Mt 5,17), d. h., ihnen Geltung zu verschaffen und zum Durchbruch zu verhelfen. In den sogenannten Antithesen (Mt 5,21-48) werden die Worte Jesu (»Ich aber sage euch«, Mt 5,22 u. ö.) nicht in einen Gegensatz zur Tora gestellt, sondern vielmehr geht es um den Versuch, Jesu ethische Weisungen Sachfeldern der

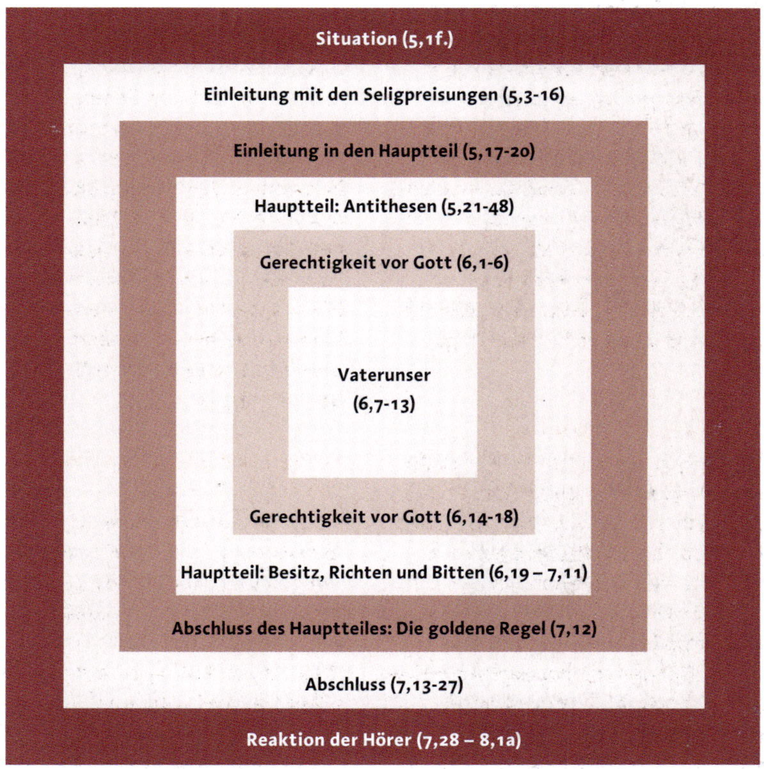

Der konzentrische Aufbau der Bergpredigt

Meditierender Buddha, Kamakura (Japan), ca. 1252

Tradition (»Ihr habt gehört, dass [zu den Alten] gesagt worden ist«, Mt 5,21 u. ö.) zuzuordnen und sie als neuen Beitrag auf diesem Diskussionsfeld auszuweisen. Zielpunkt der Weisungen Jesu ist demnach, zu einem Handeln gemäß der Tora zu bewegen, denn dadurch wird die Wirklichkeit als schon von der Herrschaft Gottes bestimmte und durchdrungene Wirklichkeit erfahrbar.
3. Einen weiteren thematischen Abschnitt bilden die drei Frömmigkeitsregeln (Mt 6,1-18) zu Almosen, Gebet und Fasten, in deren Mittelpunkt das Vaterunser (Mt 6,9-13) steht. Besonders bedeutsam in den anschließenden Forderungen (Mt 6,19ff.) ist die »Goldene Regel« (Mt 7,12) als Quintessenz: »Alles, was ihr also von anderen erwartet, das tut auch ihnen!«
Die Bergpredigt regelt für Christen nicht als ethischer »Anweisungskatalog« alle möglichen Situationen, sondern stellt exemplarisch und mitunter durchaus provozierend vor Augen, wie radikale Liebe zum Nächsten in der Nachfolge Jesu zu verwirklichen ist. Der Hörer (oder Leser) soll damit zur eigenständigen Umsetzung im konkreten Fall aufgefordert werden.
Die Botschaft der Bergpredigt fügt sich damit konsequent ein in Jesu Wirken und seine Lehre: Wer selbst im Herrschaftsraum Gottes lebt, begegnet den Menschen als seinen Nächsten, die er liebt. Auf den »Indikativ« (die Heilszusage Jesu) folgt der »Imperativ« (die Aufforderung zum ethischen Handeln): »Du hast das (ewige) Leben, *also* handle danach!«

Botschaft Jesu
→ Bergpredigt
→ Jesus

Buddha
Buddha ist der Ehrentitel des Religionsstifters Siddhartha Gautama und bedeutet »der Erleuchtete«, »der Erwachte«. Der Überlieferung nach lebte Siddharta ca. 560-480 v. Chr. in Nordindien. Neben der historischen Gestalt des Siddhartha ist jeder, der in diesem Sinne Erleuchtung erfährt, als Buddha zu verstehen; jeder Mensch trägt die Buddha-Natur in sich. Häufig wird der Buddha im Lotossitz dargestellt, der dem Meditierenden die notwendige Ruhe und Stabilität verleiht. Verschiedene Handgesten deuten z. B. äußerste Konzentration oder das In-Gang-Setzen des »Rads der Lehre« an. Die überlängten Ohrläppchen weisen auf die fürstliche Herkunft Siddharthas, der Punkt zwischen den Augen gilt als Hinweis auf seine Weisheit, ein Haarknoten oder eine Wölbung am Scheitel weisen auf seine Erleuchtung hin.

Dekalog (griech. = Zehnwort)
Bezeichnet werden damit die Zehn Gebote, wie sie das → Alte Testament in zwei Versionen (Ex 20,2-17; Dtn 5,6-21) überliefert. Mose erhält die Zehn Gebote, nachdem er das Volk Israel aus der Knechtschaft in Ägypten geführt hat, am Berg Sinai von Gott selbst. Der Dekalog beginnt mit einem Prolog/Vorspann (Ex 20,2; Dtn 5,6), der die folgenden Weisungen als »Wegweiser zur Freiheit« markiert. Die »erste Tafel« (Ex 20,3-11; Dtn 5,7-15) formuliert das Verhältnis zwischen Gott und Mensch, auf der »zweiten Tafel« (Ex 20,12-17; Dtn 5,16-21) finden sich Weisungen, die den Menschen helfen, ihr Zusammenleben im Sinne Gottes friedlich zu gestalten.
Der Bund Gottes mit seinem Volk wird durch die Einhaltung des Dekalogs gefestigt. Das Verbot anderer Götter und Bilder klärt dabei nicht nur die Beziehung zwischen Gott und den Menschen, sondern führt auch dazu, dass sich durch die Abgrenzung von anderen Völkern und ihren Göttern eine religiöse Gemeinschaft bildet.

Der Vorsitzende der DBK: Erzbischof Robert Zollitsch, Freiburg (seit 2008)

Deutsche Bischofskonferenz
Die Deutsche Bischofskonferenz (DBK) ist ein Zusammenschluss der katholischen Bischöfe aus den 27 deutschen Diözesen. Das Sekretariat der DBK ist in Bonn ansässig, seit 2008 ist der Freiburger Erzbischof Robert Zollitsch der Vorsitzende. Die DBK besteht seit 1867 und tritt als Vollversammlung zwei Mal im Jahr zusammen. Dabei besprechen die Bischöfe u. a. kirchliche Angelegenheiten und nehmen Stellung zu aktuellen Themen in Deutschland, aber auch weltweit.

Dharma
Dharma (sansk. = Grundlage, Tragendes) ist ein zentraler Begriff in → Hinduismus und Buddhismus, mit dem die ethischen und religiösen Verpflichtungen und die innere Gesetzmäßigkeit des individuellen Lebens, aber auch der Gesellschaft und des Kosmos gemeint sind. Jedes Lebensstadium kennt sein eigenes Dharma, z. B. verpflichtet das Dharma eines Sohnes ihn zum Unterhalt seiner Eltern und zum Vollzug bestimmter Opferriten für sie. Der buddhistischen Überlieferung nach setzte der → Buddha mit seiner ersten Rede nach der Erleuchtung das Dharma als »Rad der Lehre« in Gang. Hauptanliegen der buddhistischen Lehre ist die Überwindung des Leidens. Buddhismus wird in unterschiedlichen Ländern, Regionen oder »Schulen« jeweils anders gelehrt und ausgelegt; dabei gibt es nicht wie im Christentum verbindliche Glaubenssätze (Dogmen).

Diakonia
→ Grundvollzüge

Dialog (griech. *dialogos* = Unterredung, Gespräch)
Im Gegensatz zu einem Monolog ist der Dialog auf ein echtes Gegenüber angewiesen. Sich auf einen Dialog einzulassen, bedeutet, den eigenen Standpunkt in Frage stellen zu lassen und, wenn nötig, zu revidieren. Neben der Offenheit für die Sichtweise des anderen gehört auch eine klare Vorstellung von der eigenen Position zu den Voraussetzungen eines gelingenden Dialogs. Denn nur wenn ich klar Position beziehen kann, wird mein Gegenüber in seiner Stellung herausgefordert.

Doppelgebot der Liebe
→ Jesus

Drittes Reich
Heute allgemeine und weit verbreitete, auch von der NS-Propaganda verwendete Bezeichnung für die 12 Jahre der nationalsozialistischen Herrschaft in Deutschland (1933-1945). Mit dem »Dritten Reich« verband die Bewegung des → Nationalsozialismus den Traum eines neuen deutschen Reiches, das in der Nachfolge des »Heiligen Römischen Reiches Deutscher Nation« (962-1806) und des von Bismarck geschaffenen und im Ersten Weltkrieg untergegangenen Deutschen Kaiserreichs (1871-1918) stehen sollte.

Eine Welt/Dritte Welt
Als »Dritte Welt« werden oft die armen Länder der Erde bezeichnet. Diesen gegenüber gelten die reichen Industrienationen, auch Deutschland, als »Erste Welt«. Um Wertungen und den Eindruck zu vermeiden, es gäbe verschiedene Welten, spricht man treffender von »Entwicklungsländern« und von der »Einen Welt«, in der jedoch zwei Drittel der Menschheit ihre Grundbedürfnisse nicht decken können, während ein Drittel in Wohlstand lebt und hierfür den größeren Teil der natürlichen Ressourcen der Erde verbraucht. In der Entwicklungshilfe treten neben das Bewusstsein für die sehr unterschiedlichen Situationen der Entwicklungsländer auch Erkenntnisse, dass die ökonomisch, ökologisch und sozial zusammenwachsende Gemeinschaft eine aktive und breite Mitarbeit aller am Entwicklungsprozess und an der weltweiten Schaffung menschenwürdiger Lebensverhältnisse braucht. Politische Organisationen und die Kirchen sind mit ihren Hilfswerken in den Entwicklungsländern engagiert.

Elija
Der Prophet Elija aus Tischbe in Gilead wirkte im 9. Jh. v. Chr. zur Zeit des Königs Ahab. Elija setzte sich energisch für die Einhaltung des Glaubens an den einzigen Gott Jahwe ein und bekämpfte den in Israel um sich greifenden Baals-/Fruchtbarkeitskult (1 und 2 Kön).

Enzyklika (griech. *enkyklios* = im Kreis [laufend])
Enzyklika heißt ein in lateinischer Sprache (Ausnahme: »Mit brennender Sorge«, 1937) verfasstes päpstliches Rundschreiben, in dem sich der Papst an alle Bischöfe und Gläubigen richtet und sich zu allgemeinen Themen und aktuellen Fragen der Glaubensverkündigung äußert. Enzykliken werden nach ihren lat. Anfangsworten zitiert, z. B.: »Deus caritas est«/»Gott ist die Liebe« und »Spe salvi«/»Auf Hoffnung hin gerettet« von Benedikt XVI.

In diesem Schuppen in Grafeneck bei Münsingen wurden 1940 über 10500 Behinderte, psychisch Kranke, Epileptiker, darunter auch Kinder, durch Vergasung ermordet (→ Euthanasie).

Erzelternerzählungen
Mit diesem Begriff (früher auch »Vätergeschichten«) bezeichnet man die in Gen 12-50 handelnden Männer und Frauen, an die die Verheißung Gottes geht und die somit zu den Vätern und Mütter des Gottesvolkes Israel werden. Die Genealogie beginnt mit den Erzeltern Abraham und Sara, die ihr Heimatland verlassen und der Verheißung Gottes folgen. Nach ihnen folgt ihr Sohn Isaak und dessen Sohn Jakob, der nach dem Kampf am Jabbok den Namen Israel erhält. Jakob wiederum hat 12 Söhne, die den Stämmen Israels ihre Namen geben. Ausführlich wird dabei in Gen 37-47 die Geschichte Josefs erzählt, welche die Einwanderung von Teilen des Volkes Israel nach Ägypten beschreibt und somit die Voraussetzung für den → Exodus schafft.

Euthanasie (griech. *eu* = gut, schön; *thanatos* = Tod)
Euthanasie bezeichnet die → Sterbehilfe für unheilbar Kranke und Schwerstverletzte, um ihnen qualvolles Leiden zu ersparen. In der Zeit des → Nationalsozialismus wurden die Begriffe Euthanasie oder »Aktion Gnadentod« in verharmlosender Weise für die geplante und systematische Ermordung von Menschen missbraucht, deren Leben in der Ideologie des Nationalsozialismus für »lebensunwert« gehalten wurde.

Exegese
Die wissenschaftliche Auslegung und Deutung der Bibel heißt Exegese. Dabei unterscheidet man zahlreiche Formen der Exegese, z. B. textorientierte Auslegungsmethoden wie die historisch-kritische Exegese (vgl. S. 80f.), wirkungsgeschichtliche Auslegungen wie die jüdische oder christliche Exegese und adressatenbezogene Auslegungen wie die politisch-soziale, feministische bzw. gender-gerechte (vgl. S. 82f.) oder die tiefenpsychologische (vgl. S. 83) Exegese.
Die *historisch-kritische Exegese* ist die unerlässliche Methode der wissenschaftlichen Erforschung biblischer Texte. Ziel der historisch-kritischen Forschung ist es, den geschichtlichen Entstehungsprozess einer biblischen Überlieferung zu erhellen und den Text von seiner Herkunftszeit und -situation her verständlich zu machen.
Die *(tiefen-)psychologische Auslegung* will den heutigen Leser in einen lebendigen Dialog mit der biblischen Überlieferung bringen, da die Texte nicht nur »äußere« Ereignisse wiedergeben und auf der »Objektstufe« zu interpretieren sind (wie etwa bei der historisch-kritischen Exegese), sondern v. a. auch innerpsychische Vorgänge (»Grunderfahrungen« wie Angst, Freude, Wut, Trauer etc.) beschreiben und folglich auf der »Subjektstufe« untersucht werden können.
Das zentrale Anliegen der *gendergerechten Auslegung* ist es, die Rolle und das Leben von Frauen in der Bibel zu erforschen und stärker im Bewusstsein zu verankern (von engl. *gender* = soziales Geschlecht, erlerntes/veränderbares Rollenverhalten im Gegensatz zum biologischen Geschlecht). Zudem hinterfragt sie kritisch das Männer- und Frauenbild der Bibel, deren Texte wohl alle von Männern verfasst, gesammelt, überliefert und bislang ausgelegt worden sind. Schließlich will sie biblische Inhalte für Frauen in der heutigen Zeit nachvollziehbar machen. Einen Höhepunkt der gender-gerechten Bibelarbeit in Deutschland stellt die sogenannte »Bibel in gerechter Sprache« (2006) dar (vgl. S. 77).

Exodus
Der Begriff Exodus (lat. = Auszug) erfasst den Auszug des Volkes Israel aus Ägypten unter der Leitung von Moses. Die Befreiung aus der Knechtschaft durch Gottes machtvolles Eingreifen wird als das theologische Grunddatum der Geschichte Israels begriffen und in einem eigenen Fest, dem Passah-Fest, jährlich vergegenwärtigt. Gleichzeitig ist Exodus auch der Name des 2. Buches der Bibel, in dem von diesem Auszug (Ex 12ff.) erzählt wird.

Fair trade (engl. = gerechter Handel)
So wird der kontrollierte Handel mit Gütern aus Entwicklungsländern, die Industriestaaten beliefern, bezeichnet. Wichtigstes Merkmal von Fair-Trade-

Produkten ist der in der Regel höhere Produktpreis. Fair gehandelte Produkte sind Landwirtschafts-, Handwerks- oder Industrieprodukte, aber auch z. B. Reisen. In Deutschland werden geprüfte Fair-Trade-Zertifikate von TransFair e.V. vergeben und sind am Fairtrade-Siegel erkennbar. Ziel und Sinn ist die »faire« Behandlung von Herstellern in Entwicklungsländern, die angesichts der Preise und Gepflogenheiten am Weltmarkt kaum überleben könnten, aber durch fairen Handel auf dem Weg einer nachhaltigen Entwicklung unterstützt werden (→ Hilfe zur Selbsthilfe).

Fegefeuer
Die christliche Lehre vom Fegefeuer ist Ausdruck einer Hoffnung, dass der Mensch durch Gott von → Sünde und all seinen Verstrickungen in das Böse gereinigt werden kann. Diese Reinigung mag schmerzhaft sein, wie wenn man unangenehmen Wahrheiten ins Auge blicken muss. Allerdings ist die Idee, dass das Fegefeuer ein Ort ist, an dem die Menschen in Feuerqualen ihre Sünden abbüßen, nicht mit der christlichen Vorstellung eines gütigen Gottes vereinbar (→ Jenseits).

Gattungen, literarische
Literarische Gattungen sind sprachliche Muster oder Raster, nach denen Texte aufgebaut sind. Auch die Bibel kennt viele Gattungen, z. B. → Mythen, Lehrschriften, Berichte, Listen, Urkunden, Berufungs- und Verkündigungsgeschichten, Psalmen, Gebete, Legenden, Gleichnisse, Wundererzählungen, Propheten- und Jesusworte. Bei der → Exegese ist u. a. auf die literarische Gattung zu achten, um »die Aussageabsicht der Hagiografen [= biblische Autoren] zu ermitteln ... Denn die Wahrheit wird je anders dargelegt und ausgedrückt in Texten von ... geschichtlicher, prophetischer oder dichterischer Art, oder in anderen Redegattungen ... Will man richtig verstehen, was der heilige Verfasser in seiner Schrift aussagen wollte, so muss man schließlich genau auf die vorgegebenen umweltbedingten Denk-, Sprach- und Erzählformen achten« (2. Vatikanum, Dei verbum 12). So ist es z. B. nicht die Absicht der Gattung »Märchen«, beweisen zu wollen, dass es Feen oder Hexen gibt, vielmehr ist ihre Botschaft: Der hilfsbereite Held erfährt ganz unerwartet selbst wieder Hilfe.

Gebet
Das Gebet ist die charakteristische Sprache der Religion, der Dialog des Menschen mit Gott. Es ist an keine Sprachregeln gebunden und kann in tradierten Wendungen (festen Gebeten, wie z. B. dem Vaterunser) oder durch eigene Worte erfolgen. Im Gebet drücken Menschen ihre jeweilige Situation aus, deshalb kann das Gebet inhaltlich verschieden gestaltet sein, als Dank-, Bitt-, Lob- oder Klagegebet, und auch unterschiedlich artikuliert werden: im Gesang, im gesprochenen Wort, im Schweigen oder im Schreien. Dabei ist das Gebet nicht nur ein Sich-Ausdrücken des Betenden, sondern zugleich ein Hören, ein Sich-Ansprechen-Lassen von Gott. Im NT nimmt das Gebet eine zentrale Rolle ein, da die Frage nach dem richtigen Beten und das Vaterunser den kompositorischen Höhepunkt der → Bergpredigt darstellen (Mt 6,5-15).

Genesis
Das Buch Genesis ist das erste Buch der Bibel und eröffnet den → Pentateuch. Übersetzt heißt Genesis Entstehung. In den ersten elf Kapiteln, der »Urgeschichte«, wird im Schöpfungshymnus (Gen 1,1 – 2,4a) und in der Paradieserzählung (Gen 2,4b-24, → Mythos) von der Entstehung der Welt und der Menschen in verschiedenen Situationen erzählt. Die Kapitel 12-50 beinhalten die »Patriarchen- oder → Erzelternerzählungen«. Die theologische Bedeutung der Genesis liegt v. a. in der Deutung der Weltentstehung als Schöpfung durch Gott, als deren Teil der Mensch als Abbild Gottes (Gen 1,26) geschaffen wird. Die Abwendung des Menschen von Gott – der Einbruch der → Sünde und deren Folgen, z. B. in Sündenfall, Brudermord und Turmbau zu Babel – sowie die Erwählung Israels als auserwähltes Gottesvolk sind weitere Hauptthemen.

Gewalt/Gewaltverzicht
Als Gewalt bezeichnet man die Tat eines Menschen, durch welche der Freiheitsraum eines anderen Menschen eingeengt wird, ohne dass dieser zugestimmt hat. Neben körperlicher Gewalt kann es auch psychische, wirtschaftliche oder politische Gewalt geben. Die Grenze von legitimer Gewaltausübung und unmoralischer Gewaltanwendung ist fließend. Der Egoismus des Menschen lässt ihm die eigene Gewaltanwendung oft noch als legitim erscheinen, wo sie sich aus Sicht des Betroffenen längst im Bereich des Unmoralischen befindet. Die Botschaft Jesu, z. B. in der → Bergpredigt, fordert die Menschen zum Gewaltverzicht auf, um die Kette von Gewalt und Gegengewalt zu durchbrechen.

Gewissen (lat. *con-scientia* = Mit-Wissen)
Unter Gewissen wird die menschliche Fähigkeit verstanden, das eigene Handeln und dessen Ziele zu beurteilen. Das Gewissen drängt den Menschen, aus ethischen bzw. moralischen Gründen bestimmte Handlungen auszuführen oder zu unterlassen. Gewissensentscheidungen können dabei als unausweichlich empfunden und mehr oder weniger bewusst, also im Wissen um ihre Voraussetzungen und denkbaren Folgen, getroffen werden. Das → Individuum fühlt sich bei einer Entscheidungsfindung in Verantwortung gerufen und ist nicht vertretbar. Das einzelne Gewissen wird meist als von Normen der Gesellschaft, aber auch von individuellen sittlichen Einstellungen der Person abhängig angesehen.
In traditionellen Religionen werden Gewissenserfahrungen meist mit inneren

Organen verbunden. Das → Alte Testament spricht z. B. von »Herz« und »Nieren« (vgl. 1 Sam 24,6) und die Propheten lehren, dass Gott ein Gesetz in das Innere des Menschen geschrieben hat (vgl. Jer 31,33). Erst in den Briefen des Apostels Paulus wird der Begriff »Gewissen« als solcher genannt (1 Kor). Heute muss der Mensch angesichts der sich wandelnden Lebensumstände und des Fortschritts ständig zur Gewissensbildung, der als Leitlinie vom Katechismus der kath. Kirche das Wort Gottes empfohlen wird (KKK 1783ff.), bereit sein.

Gott (lat. *deus*; griech. *theos*; hebr. *El, Elohim,* als Eigenname: *Jahwe*)
Gott ist die Bezeichnung für denjenigen, der keinerlei Beschränkungen unterliegt (Jes 6), der mit nichts anderem vergleichbar (Ps 139,7-12) und für den Menschen unbedingt zuverlässig ist (Ex 3,13f.). Die drei monotheistischen Religionen (Judentum, Christentum, Islam) sehen in Gott aber nicht eine abstrakte Macht, sondern ein personales Gegenüber, das sich im Lauf der Geschichte den Menschen als allmächtig, barmherzig und treu offenbart. Nach biblischem Glauben ist Gott das Zentrum und Ziel des menschlichen Lebens. Trotz dieser Ausrichtung und Angewiesenheit des Menschen auf Gott bleibt dieser unerforschbar. Als Ursprung und Quelle allen Seins und Lebens (Gen 1, Ps 36) übersteigt Gott das menschliche Fassungsvermögen. Er ist die Liebe (1 Joh 4) und das Heil (Offb 21) und somit die Vollendung und der ganzen Schöpfung.

Grundvollzüge/Grunddimensionen der Kirche
Im Zuge der kirchlichen Erneuerung durch das 2. Vatikanische → Konzil (1962-65) wurden identitätsstiftende Merkmale der Kirche und des kirchlichen Lebens benannt. Als Grundvollzüge der Kirche bezeichnet man vier Hauptaufgaben, die das Leitbild der Kirche als Gemeinschaft von Christinnen und Christen begründen und verdeutlichen. Sie heißen – unter Rückgriff auf griechische Lehnwörter – Diakonia, Leiturgia, Koinonia und Martyria und sind auf allen Ebenen der Kirchenstruktur gültig.
Diakonia (Dienst am Nächsten) wird verwirklicht, indem sich Christen anderen Menschen helfend zuwenden, um einerseits Linderung von Not und Armut im direkten Umfeld, aber auch weltweit zu erwirken. Andererseits ist es ein Engagement für Gerechtigkeit und somit politisches Handeln.
Koinonia (Gemeinschaft) bezeichnet die Gemeinschaft derer, die an Jesus Christus glauben. Die christliche Glaubensgemeinschaft nimmt aneinander Anteil, tauscht sich über den Glauben aus und stützt sich gegenseitig im Glaubenszeugnis. Koinonia bedeutet Gemeinschaft innerhalb der eigenen Pfarrei und die Verbundenheit mit der Weltkirche.
Leiturgia (Feier des Gottesdienstes). In der Liturgie feiern Christen ihren Glauben an Gott und die wirksame Nähe Gottes. Diese Feiern sollen Kraftquelle für ein Leben gemäß der Botschaft Jesu sein. Liturgische Feiern sind u. a. die Messe mit Wortgottesdienst und Eucharistiefeier (z. B. am Sonntag oder an Hochfesten wie Weihnachten, Ostern, Pfingsten ...) Wortgottesfeiern, die Feier der Sakramente (z. B. Taufe, Firmung, Eheschließung).
Martyria (Glaubenszeugnis) ist das Bekennen und Bezeugen des Glaubens an Jesus Christus. Zur Martyria gehören außerdem die Weitergabe des Glaubens und die Verkündigung in Predigt, → Hirtenbrief oder → Enzyklika. Menschen, die für ihren Glauben Zeugnis abgelegt und dafür sogar das eigene Leben riskiert haben, nennt man → Märtyrer. Damit wird deutlich, dass es auch um Engagement und persönliche Verantwortung geht.

Hilfe zur Selbsthilfe
Hilfe zur Selbsthilfe gibt nicht Almosen, sondern befähigt Not leidende Menschen dazu, sich selbst zu helfen bzw. sich selbst Hilfe zu organisieren. So werden z. B. heute in der Entwicklungshilfe Spendengelder dafür verwendet, Arbeitsplätze zu schaffen, die Infrastruktur aufzubauen oder zu verbessern, unfruchtbares Land nutzbar zu machen oder die einheimische Produktion zu fördern. Dadurch sollen die Menschen in die Lage versetzt werden, sich selbst ein qualitativ besseres Leben aufzubauen.

Himmel
In naturwissenschaftlicher Perspektive bezeichnet der Begriff Himmel den unendlichen Raum über der Erde. In theologischer Perspektive steht er für den Zustand des Menschen in Vollendung. Damit ist gemeint, dass sich der Mensch vollkommen in der Liebe befindet und bei → Gott geborgen ist. Der christliche Himmel ist folglich kein Ort. Räumliche Vorstellungen greifen zu kurz. Er ist die Seinsweise, die der Mensch erstrebt, aber nur durch die Hilfe Gottes erlangen kann (→ Jenseits).

Hinduismus
Hinduismus ist eine Sammelbezeichnung für eine Gruppe miteinander verwandter, aber vielgestaltiger Religionen, die ihren Ursprung in Indien im 2. und 3. Jahrtausend v. Chr. haben und heute zu den großen → Weltreligionen zählen. Aufgrund seiner Vielgestaltigkeit – er kennt keinen gemeinsamen Religionsstifter, keine verbindliche Lehre, keine einheitliche Institution und kein religiöses Oberhaupt – kann man den Hinduismus auch als eine Familie von Lebensformen eines Kulturkreises bezeichnen. Gemeinsam ist allen Richtungen: Anerkennung der → Veden und → Upanischaden als heiliges Schrifttum und als Teil einer gemeinsamen religiösen Tradition; Vielfalt der Götterwelt, die aber meist als Erscheinungsweisen einer göttlichen Kraft verstanden werden; die religiöse Gestaltung und Durchdringung des Alltags durch eine große Anzahl unterschiedlicher Rituale, z. B. das Bad im Ganges.

Rituelles Bad im Ganges in Varanasi, einer der heiligsten Stätten des Hinduismus

Hirtenbrief

Der Hirtenbrief oder das Hirtenwort ist innerhalb der Kirche das Lehrschreiben eines Bischofs an die Gläubigen seiner Diözese. Auch die gemeinsamen Schreiben der Bischöfe oder einer ganzen Bischofkonferenz werden so bezeichnet. Meist wird ein Hirtenbrief zu Beginn der österlichen Bußzeit, anlässlich einer aktuellen Fragestellung oder eines besonderen Ereignisses verfasst und an einem bestimmten Sonntag in allen Gottesdiensten der Diözese verlesen.

Hoffnung

Allgemein meint »Hoffnung« das vertrauensvolle Warten auf ein zukünftiges Geschehen, von dem der Mensch Gutes erhofft. Die Menschen des → Alten Testaments verbinden ihre Hoffnungen mit dem Vertrauen auf Gottes Heilshandeln. Grund der Hoffnung waren die mit Gott gemachten Erfahrungen, v. a. die Befreiung aus Ägypten (→ Exodus) und die Zusage im Gottesnamen Jahwe: »Ich bin der, als der ich da sein werde«. Diese Grundhaltung führt sich im NT fort. Im Zentrum der Hoffnung steht hier der Anbruch der Herrschaft Gottes (→ Jesus). Die Hoffnung gehört neben Glaube und Liebe zu den grundlegenden christlichen Tugenden.

Hoheslied der Liebe

So wird ein Buch im → Alten Testament genannt, das eine Sammlung lyrischer Liebeslieder ist. Die Dichtungen besingen in eindrücklichen Worten das Schicksal der Liebenden, ihre Sehnsucht und den Schmerz ihrer Trennung. Sie loben und beschreiben bildreich die körperlichen Vorzüge von Mann und Frau, ohne vulgär zu werden. Vieles spricht dafür, dass die Texte auf altorientalische Hochzeitsbräuche zurückgehen. Eine Interpretation legt das Hohelied auch als Lied der Liebe zwischen Gott und seinem Volk Israel aus.

Hölle

Hölle ist ein bildhafter Ausdruck des Glaubens, dass der Mensch am Ende seines Lebens in der Begegnung mit Gott erfahren kann, dass er sein Leben unwiderruflich verfehlt hat und zur Liebe unfähig geworden ist. Die Hölle als ewige Verdammnis ist das Gericht des Menschen über sich selbst aufgrund seiner freien Entscheidungen gegen die Weisungen Gottes, insbesondere gegen das Liebesgebot. Ob ein Mensch tatsächlich in der Hölle ist, d. h. völlig vom Gott der Liebe getrennt ist, wissen wir nicht. Die Ausmalung der Hölle als Ort des Feuers und der Qualen ist ein tradiertes Bild, welches das Leid der Gottferne ausdrücken will.

Hospizbewegung

Ein Hospiz war im Mittelalter eine Unterbringung für kranke und sterbende Menschen. In 1970er-Jahren entstand in London eine neue Hospizbewegung, die sich wiederum die Sorge um todkranke Menschen zur Aufgabe machte. Nicht nur die oft unerträglichen Schmerzen sollen im Rahmen einer palliativmedizinischen (schmerztherapeutischen) Behandlung vermindert werden, sondern auch die Sorgen und Nöte der Sterbenden. Der ganze Mensch in seiner unverlierbaren Würde wird auch im Prozess des Sterbens nicht aus dem Blick verloren. Besonderes Augenmerk wird darauf gerichtet, dass der Sterbende gewohnte Lebensumstände beibehalten kann. Alle Maßnahmen unterstützen den Sterbenden, dienen zur Steigerung seiner Lebensqualität,

Misereor-Hungertuch 2009

jedoch nicht der Verlängerung seines Lebens (→ Sterbebegleitung). Christliche Organisationen wie Caritas und Diakonie sind Träger vieler Hospize.

Hungertuch

Im Mittelalter diente das Hungertuch zur Verhüllung des Altarraums bzw. Kreuzes in der österlichen Bußzeit, ab dem 14. Jh. erhielten die bisher schwarzen oder violetten Tücher eine farbige Ausgestaltung. Dargestellt wurden biblische Szenen, die die Menschen an die Heilszusagen Gottes erinnerten. 1976 wurde diese Tradition vom kath. Hilfswerk Misereor wiederbelebt. Misereor initiiert alle zwei Jahre die Herstellung eines Hungertuchs durch Künstler aus allen Teilen der Welt, das in christlichen Gemeinden die Gestaltung der Fastenzeit unterstützt. Neben biblischen Motiven finden auch aktuelle Problemfelder Eingang in die künstlerische Umsetzung, z. B. zwischenmenschliche Gerechtigkeit (2007) oder der Umgang mit der Schöpfung (2009).

Identität

Allgemein bezeichnet Identität die Übereinstimmung eines Dings mit sich selbst und in Abgrenzung von allem anderen. Im menschlichen Bereich meint Identität das Gleichbleiben der Person bzw. das Bewusstsein von diesem Gleichbleiben trotz aller Veränderungen. Meistens ist das Bewusstsein der Identität verbunden mit dem Wissen um den Wert und Sinn der eigenen Person trotz aller Fremdeinflüsse.

Ijobbuch

Das Buch Ijob setzt sich mit der Frage auseinander, warum der gerecht Handelnde dennoch leiden muss (→ Theodizee). Ijob, einem frommen und wohlhabenden Mann aus dem Lande Uz (geografisch nicht fassbar) geschieht großes Leid, Tod der Kinder und Verlust des Reichtums. Dennoch hält er im Leid an Gott fest und wird von ihm am Ende für seinen Glauben belohnt. Diese Urfassung der Geschichte (6. Jh. v. Chr.) wird in einem ersten Schritt erweitert, da nach dem → Tun-Ergehen-Zusammenhang das Leiden Ijobs willkürlich erscheint. Ergänzt wird diese fiktive Rahmenerzählung um die Wette zwischen dem Satan und Gott, in der Gott dem Satan erlaubt, Ijob alles bis auf sein Leben zu nehmen (Ijob 1,6-12; 2,1-7).

Doch auch jetzt erscheint das Leiden Ijobs ungerecht, da der gerecht Handelnde zum Spielball einer himmlischen Wette wird. Daher wird diese Rahmenerzählung im 4. Jh. v. Chr. um die »Ijobdichtung« (Ijob 3,1-42,10) erweitert. In diesem umfangreichen Teil des Buches setzt sich Ijob mit seinen Freunden, die auf der Basis des Tun-Ergehen-Zusammenhangs eine Schuld Ijobs annehmen, und auch mit Gott anklagend auseinander, denn er sieht keine Gründe für sein Leid. Gott antwortet auf Ijobs Klagen, indem er Ijob die Größe und Weite der Schöpfung vor Augen führt und ihm damit deutlich macht, dass er nicht alles verstehen kann. Die Figur des Ijob ist zum Sinnbild des ungerecht Leidenden geworden, der duldsam an Gott festhält, aber dieses Festhalten in der Anklage Gottes ausdrückt.

Individuum (lat.; griech. *atomos* = unteilbar)
Der Begriff bezeichnet den einzelnen Menschen in seiner je eigenen Besonderheit und im Gegensatz zum Ganzen der Gesellschaft. Das Individuum kann in seiner Verantwortung Gott gegenüber nicht vertreten werden und erhält dadurch seine philosophische und theologische Bedeutung.

Institution
Der Mensch als Gemeinschaftswesen ist auf das Leben mit anderen und die Auseinandersetzung mit ihnen angewiesen. Um größere, Generationen übergreifende Ziele zu erreichen, bedarf es einer Gemeinschaft, die durch Regeln und eine diese Regeln einklagende Einrichtung geprägt ist. Eine solche nennt man Institution (lat. = Einrichtung). Sie entlastet ihre Mitglieder bei deren Einzelentscheidungen, weist ihnen Rollen sowie Aufgaben zu, die auch die Weitergabe von Traditionen gewährleisten. Manche Institutionen bieten den Mitgliedern Gottes- und → Weltbilder an und entbinden sie von der Notwendigkeit, sich die Wirklichkeit in jeder Hinsicht selbst zu erschließen. Für den Fortbestand einer Institution ist ein Regelwerk von Bedeutung; dieses ist aber immer wieder an die Erfordernisse der Zeit anzupassen, damit es nicht starr wird und die Produktivität der Mitglieder hemmt.

Jenseits
Jenseits ist zunächst eine Bezeichnung für die Wirklichkeit, die unmittelbar zu Gott ist, aber dem Menschen nicht direkt zugänglich ist. Während vom christlichen Standpunkt aus der Begriff Transzendenz (lat. = Überschreiten, Übersteigen) angemessener ist, entwickelte sich im Mittelalter unter dem Einfluss antiker und heidnischer Vorstellungen eine regelrechte Jenseitsgeografie mit einem → Himmel oben als der Wohnstatt Gottes und einer → Hölle unten als dem Ort der Strafe und Verdammnis. Diese räumliche Vorstellung ist als Bezeichnung des christlichen »Jenseitsglaubens« ungeeignet. Der christliche Glaube zielt nicht auf eine jenseitige Parallelwelt, sondern bezeugt die Hoffnung auf die Vollendung *dieser Welt* und des Lebens jedes Menschen in und durch die Liebe Gottes. Die Begriffe → Himmel, → Hölle und → Fegefeuer bezeichnen diese zukünftige und endgültige, mit der Welt des Menschen aber bereits verbundene Wirklichkeit.

Jesus
Jesus ist während der Herrschaftszeit von Herodes dem Großen (73-4 v. Chr.), also vor dem Jahr 4 v. Chr. geboren worden (Mt 2,1). Er stammt aus Nazaret, einer Siedlung in Galiläa, in der er als Jude aufgewachsen ist und den Beruf des Bauhandwerkers ausgeübt hat.
Das öffentliche Wirken Jesu beginnt mit seiner Taufe durch Johannes den Täufer. Kurz darauf beruft Jesus selbst Jünger und fordert sie auf, mit ihm zu gehen und das Evangelium zu verkünden.
Zentrum der Botschaft und des Handelns Jesu ist die Verkündigung der schon beginnenden Herrschaft Gottes. Jesus ist der Überzeugung, dass Gott seinen Machtbereich, in welchem die → Tora befolgt wird, jetzt aufrichtet. Zeichen dafür sind z. B. Heilungen von dämonischen Mächten, die Jesus so deutet: »Wenn ich aber die Dämonen durch den Finger Gottes austreibe, dann ist das Reich Gottes schon zu euch gekommen« (Lk 11,20). Diese Gottesherrschaft sagt dem Volk Israel das endgültige Heil zu. Alles Reden und Tun dient ihrer Verkündigung.
Wesentliche *Inhalte der Botschaft Jesu* sind in der → Bergpredigt (Mt 5,1–7,29) zusammengefasst. Die in ihr enthaltenen Weisungen verdeutlichen, dass das Kommen des Reiches Gottes und das Tun der Menschen zusammenhängen. Die Bergpredigt ist dabei kein Verhaltenskodex, der detailliert alle Situationen regeln möchte. In ihr wird beispielhaft aufgezeigt, wie das *Doppelgebot der Liebe*, die Liebe zu Gott und zu den Mitmenschen (Mk 12,28-34), je aktuell zu verwirklichen ist. Das Doppelgebot ist Grundlage für das Verständnis aller anderen Gebote und gleichsam Zusammenfassung der Tora. Wer toragemäß, sprich im Sinne des Doppelgebots handelt, befindet sich mit Jesus bereits im Herrschaftsbereich der Liebe Gottes.
Jesus verkündet seine Botschaft in damals alltäglichen Bildern, oft mir einer überraschenden Pointe. In diesen *Gleichnissen* bringt er den Menschen Gott und seine Herrschaftsweise nahe: Gott ist kein Kredithai, der Schulden eintreibt: Er erlässt die Schuld (Lk 7,41f.); Gott ist anders als gewöhnliche Hirten: Er geht einem einzelnen, verirrten Schaf nach (Lk 15,3-6); Gott ist besser als jeder Vater: Er läuft seinem »verlorenen Sohn« bei dessen Rückkehr entgegen und nimmt ihn wieder ins Haus auf (Lk 15,11-32).
Die Einladung ins Reich Gottes gilt grundsätzlich allen Menschen, sie kann angenommen oder abgelehnt werden. Um zur Annahme zu motivieren, hat Jesus auf die – bereits von Johannes dem Täufer bekannte – Rede vom

»Gericht Gottes« zurückgegriffen. Jesu Botschaft soll in Taten umgesetzt werden. Das bedeutet auch: Der Mensch muss selbst Verantwortung übernehmen und die Konsequenzen seines Handelns tragen. Dabei sind Neuanfang und Umkehr jederzeit möglich. So setzt sich Jesus mit Sündern und Randgruppen der Gesellschaft an einen Tisch und isst mit ihnen.
Jesus wird für zeitgenössische jüdische Gruppen und die öffentliche Ordnung zur Bedrohung, als er im Tempel in Jerusalem Kritik an der Praxis des Tempelkultes übt und eine Prophetie gegen Tempel und Stadt ausspricht (Mk 13,1f.). Nachdem sadduzäische Kreise um den Hohenpriester Kajaphas seine Verhaftung initiiert haben, wird Jesus vom römischen Machthaber Pontius Pilatus zum Tod am Kreuz, der Strafe für Schwerverbrecher, verurteilt.
Am dritten Tag nach seinem Tod erfahren zunächst Frauen aus der Gefolgschaft Jesu den Gekreuzigten als den von Gott auferweckten Kyrios (griech. = Herr) und Christus (griech.; hebr. Messias = Gesalbter). Grundlage für den Glauben an die → Auferweckung Jesu sind die Erzählungen vom leeren Grab (Mk 16,1-8 parr.) und die Erscheinungen Jesu nach seinem Tod (1 Kor 15,3b-5). Die mündlichen und dann schriftlichen Überlieferungen von damals bezeugen die Auferstehungserfahrung; auf diese Glaubenszeugnisse stützt sich bis heute der Glaube. Denn die Evangelien liefern nicht Tatsachenberichte von der Auferweckung Jesu, sondern wollen zum Glauben an die grenzenlose Liebe Gottes, die auch den Tod überwindet, führen.

Kirche

Das Wort leitet sich von griech. *kyriake* = »dem Kyrios (griech. = dem Herrn) gehörig« ab und wird in erster Linie als Gemeinschaft derer verstanden, die an → Jesus Christus glauben.
Weitere Verwendungen des Begriffs: 1. röm.-kath. Gesamtkirche mit der Ausrichtung auf den Vatikan und den Papst in Rom; 2. Teil- oder Ortskirche mit ihrem jeweiligen Bischof; 3. Selbstbezeichnung einer Konfessionsgemeinschaft, z. B. römisch-katholische, evangelische, griechisch-orthodoxe Kirche; 4. Kirchengebäude, z. B. Pfarrkirche, Wallfahrtskirche; 5. gottesdienstliche Versammlung.

Kirche als Institution

Die Kirche ist eine religiöse → Institution. Nach Jesu Tod mussten die Christus-Gläubigen, die später »Christen« genannt wurden, gewährleisten, dass die Motivation der ersten Anhänger Jesu aufgefangen und Jesu Botschaft weitergetragen wurde. Diese, bisher mündlich überlieferte Botschaft wurde schriftlich fixiert und der Reflexionsprozess über Jesus, den Christus, vorangetrieben. Mit dem Wachsen der Hausgemeinschaften, deren Organisation sich a. u. an das antike Vereinswesen anlehnte, entwickelte sich auf organisatorischer Ebene die Dreistufigkeit des kirchlichen Amtes (Diakone, Presbyter/Älteste, Bischöfe/Hirten). Im Bemühen um ein verbindliches institutionelles Regelwerk etablierte sich während der Auseinandersetzungen um die vielfältigen Vorstellungen über das Wesen Jesu Christi und die durch ihn gewirkte Erlösung die Festlegung der Glaubenslehre auf → Konzilien. So sicherte die Kirche die Botschaft von und über → Jesus Christus. Mit der Herausbildung einer gemeinsamen Liturgie (→ Grundvollzüge/Leiturgia) ruft sich das Christentum die Anfangserfahrung in Erinnerung.
Seit der Mitte des 20. Jh. ist ein Ansehensverlust bei allen Institutionen, auch bei der Kirche festzustellen. Gerade der Kontrast zwischen der Spontaneität des Anfangs und der Notwendigkeit, eine die Zeit überdauernde Form zu finden, bringt Schwierigkeiten mit sich. Aufgabe der Kirche ist es, den Glauben treu zu den Ursprüngen und zeitgemäß weiterzugeben und den Menschen damit (auch ethische) Orientierung zu geben.

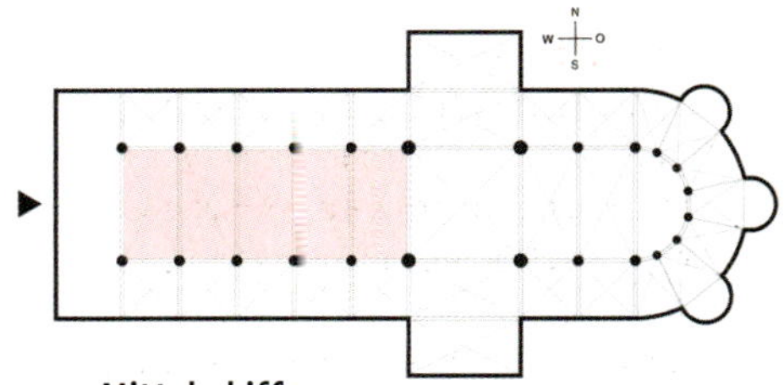
Mittelschiff

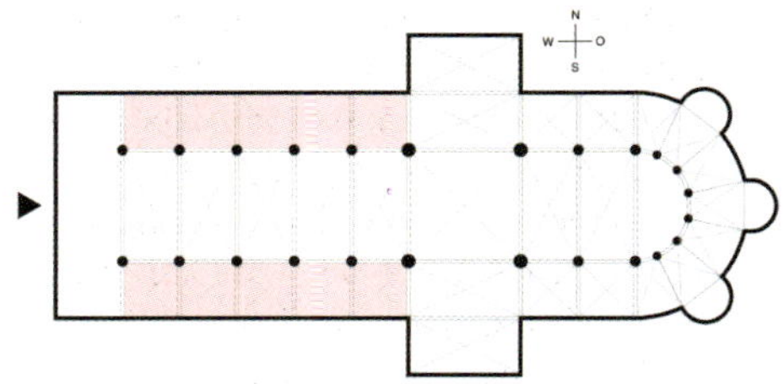
Seitenschiffe

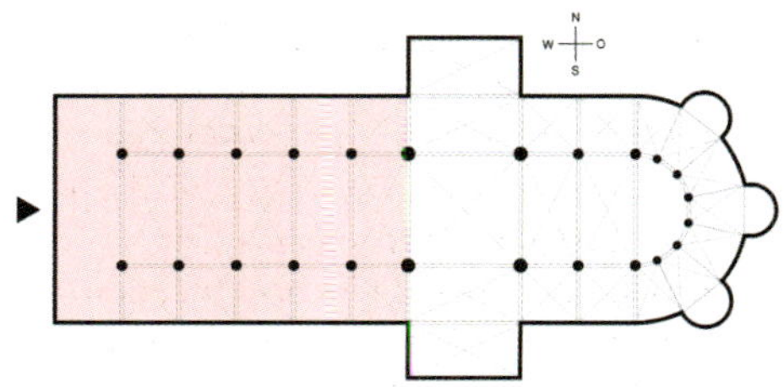
Langhaus

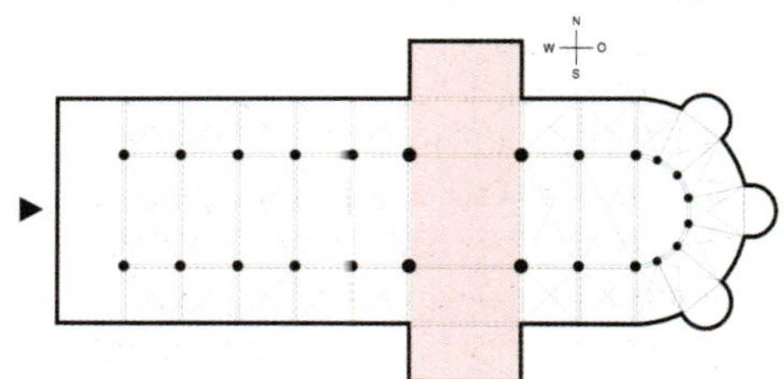
Querschiff

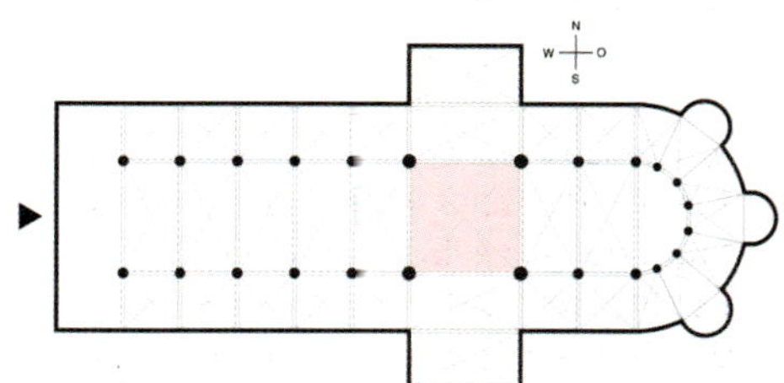
Vierung

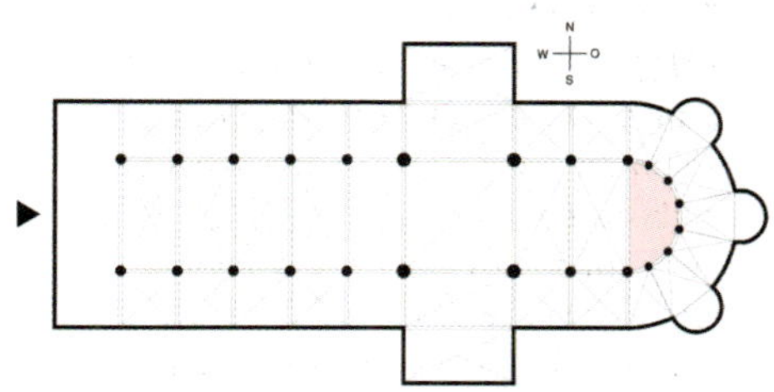
Apsis

Kirchenschiff
Als Kirchenschiff bezeichnet man den Innenraum eines Kirchengebäudes, wenn dieser in mehrere Bereiche getrennt ist. Die Bezeichnung geht zurück auf griech. *naos* = Tempel bzw. *naus* = Schiff. Biblischer Hintergrund sind die Erzählungen vom wunderbaren Fischzug des Petrus (Lk 5,1-9) und vom Gang Jesu auf dem Wasser und der Rettung des versinkenden Petrus (Mt 14,22-33). Tertullian (ca. 160-220 n. Chr.) bezeichnete das Schifflein, in dem Jesus und seine Jünger auf dem See Genesaret fuhren, als Sinnbild der Kirche. Das Mittel- oder Hauptschiff ist der mittlere Bau und in der Regel der breiteste und längste Raum der Kirche. Diesem beigestellte, durch Säulen oder Pfeiler abgeteilte Räume heißen Seitenschiffe. Zusammen heißen sie Langhaus. Ein Querschiff schließt sich manchmal an und bildet an der Schnittstelle mit der Längsachse des Gebäudes die so genannte Vierung, oft als Kuppel oder mit Vierungsturm (»Dachreiter«) ausgearbeitet, unter der meist der Altar aufgestellt ist. Je nach Baugrundstück ist der Kirchenraum »geostet«, d. h. in west-östlicher Richtung erbaut, sodass der Chor nach Osten, der Ostersonne bzw. der Auferweckung Jesu entgegen, ausgerichtet ist. Der halbrunde Abschluss des Langhauses hinter dem Chorraum wird als Apsis bezeichnet.

Konzil
Ein Konzil (lat. *concilium* = Rat, Zusammenkunft) bezeichnet die Zusammenkunft von Bischöfen unter der Leitung des Papstes zur Beratung und zur Beschließung von kirchlichen Angelegenheiten. Das erste überlieferte Konzil war das sog. Apostelkonzil, das 48/49 n. Chr. in Jerusalem stattfand (Apg 15,1-29). Während früher Konzilien oft zur Abwehr von Irrlehren einberufen wurden, suchte die Kirche auf dem 2. Vatikanischen Konzil (1962-65) nach einem zeitgemäßen Standort für sich selbst in der Welt: z. B. wurde die Muttersprache im Gottesdienst eingeführt, die Mitverantwortung aller Christen gestärkt, das Verhältnis zu den anderen Weltreligionen betont und an die Mitwirkung der Kirche an einer gerechten und friedlichen Welt gedacht.

Konziliarer Prozess
Konziliarer Prozess ist die Bezeichnung für den gemeinsamen Weg christlicher Kirchen in ihrem Einsatz für *Gerechtigkeit, Frieden und Bewahrung der Schöpfung*. Grundlage dieses Engagements ist die Überzeugung, dass der Mensch zum verantwortlichen Partner und Mitschöpfer an Gottes Werk berufen ist. Schon 1934 verlangte Dietrich Bonhoeffer ein gesamtchristliches Friedenskonzil, ähnlich wie der Priester Max Joseph Metzger. 1983 wurde die Frage eines gemeinsamen Konzils auf der Vollversammlung des Ökumenischen Rates der Kirchen (ÖRK) in Vancouver/Kanada aufgenommen. Neben der bleibenden Aufgabe, die Einheit der christlichen Kirchen zu suchen (»Ökumenische Bewegung«), traten jetzt die Aspekte Gerechtigkeit, Frieden und Bewahrung der Schöpfung in den Mittelpunkt. Der »konziliare Prozess« kam in Gang. Informationen unter: www.oikoumene.net.

Märchen (althochdt. *maren* = verkünden)
Klassische Märchen sind mündlich überlieferte Erzählungen, wie die volkstümlichen Märchen, die von den Brüdern Grimm gesammelt wurden. Sie kennen keine Festlegung von Raum oder Zeit. Zauberer, Hexen, Feen, Zwerge, Drachen, redende Tiere, verwunschene Menschen treten in ihnen auf. Diese wundersamen Gestalten personifizieren Kräfte, die das menschliche Leben bestimmen. So wird der Kampf von Gut gegen Böse nicht abstrakt beschrieben, sondern durch konkrete Figuren ausgetragen. Das macht Märchen anschaulich, auch für Kinder, obwohl sie sich zuerst an Erwachsene richten.

Meditation
Meditation (lat. *meditatio* = das Nachdenken über, auch: zur Mitte ausrichten) ist ein Sammelbegriff für eine spezielle Weise religiöser Welt- und Lebenserkenntnis und, davon abgeleitet, für religiöse Praktiken. In vielen dieser Praktiken geht es darum, durch Achtsamkeits- oder Konzentrationsübungen den Geist zu beruhigen und sich zu sammeln. Während in fernöstlichen Religionen eine Freiheit des Geistes von allen einschränkenden Bildern, Begriffen und Vorstellungen den Weg der Meditation auszeichnet und die Erleuchtung deren Ziel ist, streben meditative Übungen der monotheistischen Religionen nach der unmittelbaren Erfahrung des Göttlichen. Christliche Meditation ist u. a. darauf ausgerichtet, die im Evangelium niedergelegte Botschaft Jesu Christi immer tiefer zu verstehen und aus ihr das Leben zu gestalten.

Mission (lat. *missio* = Sendung)
Mission meint die christliche Überzeugung, dass das Evangelium allen Menschen gilt und gemäß dem Auftrag des Auferstandenen (vgl. Mt 28,16-20) in die ganze Welt getragen werden soll. Grundmotiv für Mission ist die Zusage des Heils durch das Evangelium. Wenn die → Botschaft Jesu die Menschen zu gelingendem Leben führt, dann sollen diese Botschaft und damit das Heil allen Menschen zuteil werden. Wirkungsgeschichtlich hat die Mission ihre Schattenseiten, z. B. die gewaltsame Christianisierung ganzer Völker. Nach dem 2. Vatikanischen → Konzil hat sich ein neues Missionsverständnis entwickelt, in dem die Verkündigung des Evangeliums mit einem entsprechenden Handeln verknüpft wurde und so zu einer gelebten Verwirklichung der Botschaft Jesu führt.

Moral (von lat. *mos* = Sitte)
Der Begriff bezeichnet die Sittlichkeit des einzelnen Menschen und der Gesellschaft bzw. die Lehre von der Sittlichkeit. Häufig wird Moral synonym mit Ethik gebraucht.

Mystik

Der Begriff ist abgeleitet von griech. *myein* = die Augen schließen und *mystikos* = geheimnisvoll. Unter Mystik versteht man eine das gewöhnliche Bewusstsein und die verstandesmäßige Erkenntnis übersteigende, unmittelbare Erfahrung einer göttlichen Existenz. Mystische Erfahrungen sind in vielen Religionen bekannt, man erlangt sie vornehmlich durch eine Versenkung ins eigene Herz, nicht aber durch die Einhaltung einer bestimmten religiösen Praxis. Hierbei werden die Schranken der eigenen → Identität zerbrochen, die den Menschen von → Gott trennen. Zum Erreichen dieses Ziels gibt es verschiedene Übungen, z. B. → Meditation und Askese.

Mythos

Ein Mythos (griech. = Rede, Erzählung, Geschichte) ist eine überlieferte Geschichte, die erzählerisch und nicht begrifflich-rational den Sinn der Welt und des menschlichen Daseins erklärt. Alle Religionen haben Mythen, in denen der Wille Gottes oder der Gottheiten dargelegt werden. Solche Mythen wollen nicht beschreiben, *was* geschehen ist, sondern *warum* etwas geschehen ist. Sie erklären, warum die Welt so ist, wie sie ist. Zu den bekanntesten Mythen der jüdisch christlichen Tradition zählt z. B. der Schöpfungshymnus in Gen 1 oder die Paradieserzählung in Gen 2 (→ Genesis). Aus der gesamten Antike sind zahlreiche Mythen überliefert (z. B. der Mythos von Sisyphos).

Nationalsozialismus

Bezeichnung einer radikal antidemokratischen, antimarxistischen und antisemitischen Weltanschauung und politischen Bewegung in Deutschland, deren Anhänger sich in der Zeit nach dem Ersten Weltkrieg in der Nationalsozialistischen Deutschen Arbeiterpartei (NSDAP) organisierten. Unter der Führung von Adolf Hitler gelangte der Nationalsozialismus 1933 zur Herrschaft und errichtete eine totalitäre Diktatur, das sogenannte → »Dritte Reich«. Mit dem Angriff auf Polen am 1. Sept. 1939 begann Adolf Hitler den Zweiten Weltkrieg. In den Verbrechen des Holocaust wurden ca. 6 Millionen Juden ermordet, viele in → Auschwitz. Die Herrschaft des Nationalsozialismus endete mit der Niederlage im Zweiten Weltkrieg und der bedingungslosen Kapitulation am 8. Mai 1945.

Pali-Kanon

Pali-Kanon

Der Pali-Kanon ist die erste systematische Niederschrift und Sammlung von Dialogen und Lehrvorträgen des Buddha, aufgezeichnet in der Sprache Pali, die dem Sanskrit verwandten ist. Die Texte entstanden im 1. Jh. v. Chr. in Ceylon (heute: Sri Lanka). Man schrieb sie auf Palmblätter, die mit einem Faden zusammengebunden und in Körben (*pitaka*) aufbewahrt wurden. Deutsche Übersetzung: www.palikanon.com.

Partnerschaft

Eine Partnerschaft bezeichnet im engeren Sinn eine verbindliche Beziehung zwischen zwei Menschen. Der Begriff schließt die Vorstellung einer grundsätzlichen Gleichwertigkeit und Gleichberechtigung der Partner ein. Die Bibel begründet das Bedürfnis nach Partnerschaft als gottgewollt (Gen 1,27f.; 2,18). Die Form einer Partnerschaft ist weniger festgelegt als die einer Ehe, die durch einen zivilen Rechtsakt geschlossen wird und als dauernde Liebes- und Lebensgemeinschaft zweier Menschen von staatlicher Seite geschützt wird (vgl. GG Art. 6). D.h. in einer Ehe gibt es für beide Partner und deren Kinder Unterhalts-, Versorgungsausgleichs- und Erbansprüche. Seit 1998 haben Kinder aus »nichtehelichen Lebensgemeinschaften« die gleichen Rechte wie Kinder aus einer Ehe. Seit 2001 können zwei Personen gleichen Geschlechts eine »eingetragene Lebenspartnerschaft« mit Fürsorge- und Unterhaltspflicht begründen.
Neben der zivilen Eheschließung gibt es die kirchliche Trauung, bei der sich die Brautleute vor einem Priester/ Diakon und zwei Zeugen gegenseitig das Sakrament der Ehe spenden. Aus der Überzeugung, dass Gott seine Treue niemals aufkündigt, gewinnen Christinnen und Christen den Mut zu Ehe und Partnerschaft, »bis der Tod sie scheidet«.

Pentateuch
Als Pentateuch (griech. *pente* = fünf; *teuchos* = Gerät, Buchrolle) werden die ersten fünf Bücher des → Alten Testaments bezeichnet. Sie sind sowohl durch eine innere Ganzheit und theologische Verbindlichkeit als auch durch eine literarische Zusammengehörigkeit ausgezeichnet. In der jüdischen Tradition heißen sie in ihrer Gesamtheit → Tora und werden jeweils nach ihren Anfangworten bezeichnet, während sie in der katholischen Tradition ihren Titel Kurzangaben zum Inhalt verdanken: Bereschit (Im Anfang)/Genesis (Entstehung), Schemot (Namen)/Exodus (Auszug), Wajikra (Und er rief)/Levitikus (Gesetz), Bemidbar (In der Wüste)/Numeri (Zählungen) und Debarim (Worte)/Deuteronomium (Zweites Gesetz). Der Pentateuch erzählt eine fortlaufende Geschichte von der Entstehung der Welt über die Erzeltern, der Befreiung aus Ägypten über die Weisungen Gottes bis hin zum Tod des Mose vor Erreichen des gelobten Landes.

Pharisäer
→ Religiöse Gruppen zur Zeit Jesu

Philosophie
Der griech. Begriff bedeutet »Liebe zur Weisheit«. Im Gegensatz zu anderen Wissenschaften, die stets nur einen bestimmten Aspekt der Wirklichkeit erforschen, ist der Gegenstand der Philosophie die Wirklichkeit als Ganze. Ihr Instrument ist die menschliche Vernunft. Es gibt sehr unterschiedliche Typen des Philosophierens, die sich oft in Konkurrenz zueinander befinden (Transzendentalphilosophie, Existenzialismus, Phänomenologie, Analytische Philosophie usw.).
Zudem lässt sich die Philosophie in mehrere Disziplinen aufteilen wie z. B. Erkenntnistheorie (Was kann ich wissen?), Ethik (Was soll ich tun?), Religionsphilosophie (Was darf ich hoffen?), philosophische Anthropologie (Was ist der Mensch?).

Psalmen (griech. *psalmos* = Saitenspiel, Gesang)
Im biblischen Buch der Psalmen sind 150 religiöse Lieder der jüdischen Tradition vereinigt. Die Sammlung ist ca. im 2. Jh. v. Chr. aus älteren Teilsammlungen entstanden, die nach verschiedenen Gesichtspunkten angelegt waren und Lieder aus der Zeit zwischen 1000 und 165 v. Chr. enthielten. Bei manchen Psalmen nimmt man traditionell an, dass sie von König David stammen. Die Themen der Psalmen sind Gesänge zum Lobpreis im Gottesdienst, Danklieder an Gott, aber auch Lieder der Klage, der Verzweiflung, der Rache und der Reue.

Psychologie (griech. *psyche* = Seele; *logos* = Lehre)
Seit Ende des 19. Jh. wird Psychologie als empirische (= an der Erfahrung orientierte) Wissenschaft aufgefasst. Erforscht werden das Verhalten des Menschen und die diesem Verhalten zugrunde liegenden Bedingungen: gesellschaftliche Gegebenheiten, aber auch individuell gespeicherte, bewusste oder unbewusste Informationen.
Die Frage, warum sich Menschen in einer bestimmten Weise verhalten, lenkt den Blick der Psychologie auch auf einzelne Erlebnisse und die Frage, wie diese im Verhalten des Menschen nachwirken. Manche Erfahrungen können für einen Menschen so belastend sein, dass er davon krank wird. Psychologen untersuchen diese Zusammenhänge und entwickeln Therapien, um diese seelischen Krankheiten zu heilen.

Qumran
Qumran ist der Name einer Ruinenstätte auf einer Terrasse am Nordwest-Ufer des Toten Meeres, die vermutlich zwischen 150 v. Chr. und 68 n. Chr. von einer jüdischen Gemeinde bewohnt war. Ob die Siedlung mit der religiösen Gruppe der Essener in Verbindung steht, wird derzeit kontrovers diskutiert. 1947 wurden in nahe gelegenen Höhlen u. a. Schriften des AT (z. B. Jesaja-Rolle) gefunden, die dort deponiert worden waren. Sie stellen die bis heute ältesten gefundenen Handschriften des → Alten Testaments dar und sind in Jerusalem im »Schrein des Buches« aufbewahrt.

Mergelterrassen von Qumran mit Höhlen (Bildmitte)

Religion

Die sprachliche Bedeutung des Wortes Religion ist ungeklärt. Eine mögliche Herkunft ist das lat. Wort *religari* = sich zurück binden. Unter Religion versteht man das komplexe Gebilde aus Traditionen und Praktiken, mit denen Menschen in Beziehung treten zu dem, was ihnen als göttlich oder heilig gilt. Religion als praktische Ausübung dieser Beziehung tritt in sehr unterschiedlichen Formen auf und versteht sich immer als ein Teil der jeweiligen Kultur. Für viele Religionen ist das → Gebet eine wichtige Praxis, daneben gibt es unterschiedliche Gottesdienstformen oder auch → Meditation. Das Darbringen von Tier- oder Menschenopfern gilt in der christlichen Religionsausübung als überwunden. Hier zeigt sich die Verbindung zum Göttlichen u. a. in sozialem Engagement und Nächstenliebe.

Religiöse Gruppen zur Zeit Jesu

Im NT begegnen verschiedene religiöse Gruppen, welche die Evangelien als Gegner Jesu charakterisieren. Zu ihnen zählen die *Pharisäer* (hebr. = Abgesonderte). Sie ordneten ihr ganzen Leben nach den Weisungen der → Tora und strebten danach, sich vom unreinen Volk abzugrenzen. Die Pharisäer hofften auf einen Messias, der den Geboten Gottes wieder zum Durchbruch verhilft. Die *Sadduzäer* sind nach Zadok benannt, dem Angehörigen einer hohepriesterlichen Familie zur Zeit Davids, und sind dem Jerusalemer Priesteradel zuzurechnen. Ihr Leben gestalteten sie mit strenger Einhaltung der Gesetze und Reinheitsvorschriften. Als Elite des Judentums konkurrierten sie mit Pharisäern. Sie glaubten nicht an eine Auferstehung der Toten. Da für sie der Tempelkult im Mittelpunkt stand, musste Jesus mit ihnen nach der Tempelaktion (Mk 11) in Konflikt geraten. Zur Erhaltung ihrer Macht arbeiteten sie mit den Römern zusammen.
Weitere religiöse Gruppierungen wie die *Zeloten* oder die *Essener* treten nur am Rande in Erscheinung.

Sabbatgebot

Die dritte Weisung des → Dekalogs fordert dazu auf, den siebten und letzten Tag der Woche zu heiligen. In Erinnerung an die Vollendung der Schöpfung durch die Ruhe Gottes am siebten Schöpfungstag und an den → Exodus ist der Sabbat (Freitagabend bis Samstag) bei den Juden ein Ruhetag. Wie streng diese Ruhe einzuhalten ist, war immer wieder strittig, so z. B. bei der Frage, ob man sein eigenes Leben am Sabbat verteidigen dürfe (1 Makk 2,41 bejaht dies nach einer traumatischen Schlacht gegen Juden an einem Sabbat). Gutes oder Böses zu tun, Leben zu retten oder es zu vernichten (vgl. Mk 3,4) ist hingegen unabhängig vom Sabbat zu beurteilen: Böses darf man grundsätzlich nicht tun, weder am Sabbat noch am Werktag, ebenso wenig wie Leben vernichten; dagegen ist die gute Tat immer erlaubt. Zur Diskussion steht also, ob eine Heilung am Sabbat »ärztliche Arbeit« bzw. das Abreißen von Ähren (vgl. Mk 2,23-28) »landwirtschaftliche Tätigkeit« ist. Jesus interpretiert das Sabbatgebot in seiner ursprünglichen Sinnrichtung: Der Sabbat wurde für den Menschen (und damit für dessen Wohlergehen) gemacht.

Sadduzäer

→ Religiöse Gruppen zur Zeit Jesu

Satan

In der Bibel wird der Satan (Widersacher) oder Teufel als Gegenspieler Gottes dargestellt (→ Ijobbuch). Er verführt den Menschen zum Bösen, indem er ihn von Gott wegführt und entfremdet und den Menschen selbst zum Maßstab seines Handelns erklärt. Vor diesem Hintergrund deutete die frühe christliche Tradition auch die Schlange in der Sündenfall-Erzählung (Gen 3). Die Rede vom Satan oder Teufel wirft die Frage nach der Existenz und Wirkungskraft des Bösen auf. Das kirchliche Lehramt bestätigt die Macht des Bösen, das Menschen zu schrecklichen Taten antreibt (KKK 395). Unterschiedliche Meinungen bestehen darüber, ob das Böse als »das Böse« im Sinne einer abstrakten Macht oder personal als »der Böse« gedacht werden muss, der dann aber zu einer Gegenmacht Gottes aufgebaut wird, obwohl er »nur« ein Geschöpf ist. Daher bleibt das Böse ein Geheimnis, das es aber in seinen Folgen, der wirksamen Abwendung von Gott, wirklich gibt.

Schuld

In vier unterschiedlichen Bedeutungen wird das Wort Schuld verwendet: 1. als das Geschuldete, hier muss noch eine Leistung erbracht werden; 2. als das Verschuldete im Sinn der Verfehlung eines vorgegebenen Handlungsziels; 3. als der Schaden, der durch eine solche Schuld angerichtet wird, und 4. als eine existenzielle Schuld – das Zurückbleiben hinter eigenen Erwartungen und Idealen. Moralische Schuld setzt voraus, dass die betroffene Person sowohl die Einsicht in die Schuld als auch eine Wahlmöglichkeit hat. Die Bibel unterscheidet nicht trennscharf zwischen → Sünde und Schuld.

Sexualität (lat. *sexus* = Geschlecht)

Als Sexualität bezeichnet man das auf die Befriedigung der sexuellen Bedürfnisse und die geschlechtliche Vereinigung gerichtete Verhalten des Menschen. Während das Tier triebgesteuert nur seinem Instinkt folgt, ist die Sexualität beim Menschen wesentlicher Bestandteil der Entwicklung seiner Gesamtpersönlichkeit. Sie ist eine besondere Möglichkeit, Liebe und Zuneigung auszudrücken und zu erleben, erfordert aber auch gegenseitige Verantwortung und Respekt voreinander. Jede Lebensgeschichte kann ihre eigene Sexualität entfalten, auch der Verzicht auf sexuelle Aktivität kann aus freier Entscheidung erwachsen. Die Bibel versteht die Sexualität als Teil der Schöpfung Gottes. Sie sieht den Sinn in der Ergänzung der Partner und im Auftrag, fruchtbar zu sein (vgl Gen 1,27f.).

Sinti und Roma in Jugoslawien
Die ursprünglich aus Teilen Indiens stammenden Volksstämme der Sinti und Roma haben als nicht sesshafte Minderheiten auch wegen ihrer eigenen Sprache und Kultur oft mit Vorurteilen zu kämpfen, was sich z. B. in der abwertenden Bezeichnung »Zigeuner« ausdrückt.
Seit Ende der 1980er-Jahre fliehen viele Sinti und Roma aus den Nachfolgestaaten des ehemaligen Jugoslawien vor Bürgerkrieg und Verelendung. Die Roma leben in diesen Gebieten ausgegrenzt und unter widrigsten Bedingungen in Ghettos am Rande großer Städte, z. B. in Skopje, der Hauptstadt von Mazedonien. Die Kindersterblichkeit ist dort sehr hoch, die Arbeitslosenquote enorm, Aussichten, dem Ghetto zu entkommen, gibt es kaum. Während des Balkankriegs gerieten die Roma zwischen die Fronten: Nachdem viele zwangsrekrutierte Männer an der Front starben, flohen zahlreiche Roma in den Westen; sie gelten als Deserteure. In den Nachfolgestaaten setzte sich die Benachteiligung der Roma fort. Viele Roma konnten ihr Leben nur durch Flucht retten. Eine Rückkehr in ihre ehemalige Heimat würde ein Leben in Elend und Verfolgung bedeuten.

Soziologie
Die Soziologie (lat. *socius* = Genosse; griech. *logos* = Lehre) als die Lehre von der Gesellschaft untersucht die Formen und die Bedingungen des menschlichen Zusammenlebens. Darunter fallen die Beschäftigung mit sozialen Normen und Rollen genauso wie die Untersuchung von sozialen Prozessen wie Veränderungen der Mobilität oder in der Kommunikation oder die Erforschung sozialer Lebensbereiche wie Familie, Schule, Stadt, Land.

Spiritualität
Mit diesem Begriff werden in den verschiedenen Religionen Impulse zur Frömmigkeit und zum religiösen Leben beschrieben, die den Alltag und die Lebensführung der Gläubigen prägen. Abgeleitet wird Spiritualität von griech. *pneumatikos* = dem Geist gemäß. Der Mensch fühlt sich vom göttlichen Geist beseelt und orientiert sich in seinen Lebensvollzügen daran.

Sterbehilfe/Sterbebegleitung
Der medizinische Fortschritt verleiht dem Thema Sterbehilfe zunehmende Brisanz. Unter aktiver Sterbehilfe versteht man eine Handlung, welche den Tod auslöst (z. B. das Verabreichen einer tödlichen Dosis Gift). Aktive Sterbehilfe ist in Deutschland gesetzlich verboten und wird von den christlichen Kirchen als nicht mit dem christlichen Menschenbild übereinstimmend abgelehnt. Dagegen bezeichnet man das Unterlassen lebensverlängernder Maßnahmen (z. B. das Abschalten eines medizinischen Gerätes bei nicht mehr vorhandener Genesungschance) als passive Sterbehilfe, die in Deutschland erlaubt ist. Die Grenzen zwischen aktiver und passiver Sterbehilfe sind allerdings fließend (→ Euthanasie). Dies wird an der sog. indirekten Sterbehilfe deutlich, bei der Patienten schmerzstillende, aber evtl. lebensverkürzende Medikamente verabreicht werden. Über strittige Fragen der Sterbehilfe hinaus besteht Einigkeit darüber, dass jeder Mensch ein Recht auf ein würdevolles Lebensende besitzt und dass sein Sterben deshalb in angemessener Art und Weise begleitet werden soll.

Sünde
Sünde bezeichnet ein Verhalten, das Gemeinschaft zerstört: sowohl die zwischenmenschliche Gemeinschaft als auch die Gemeinschaft zwischen Mensch und → Gott, weil der Mensch in seinem sündigen Verhalten das Gebot der Gottes- und Nächstenliebe ablehnt. Der Sünde geht eine falsche Gesinnung voraus, d. h., dem Sünder fehlt die richtige Grundhaltung. Entscheidend ist, dass keine Sünde so groß sein kann, dass Gott sie nicht vergeben könnte. Der sündige Mensch muss sich für die verzeihende Liebe Gottes nur öffnen. Diesen Vorgang nennt man Umkehr, d. h. einen neuen Weg einschlagen. In biblischen Geschichten sagt Jesus bei Wundererzählungen oft: »Deine Sünden sind dir vergeben« (z. B. Mk 2,9). Dieser Satz ist im Passiv konstruiert, sodass nicht ausdrücklich gesagt wird, wer die Sünde vergibt. Man spricht hierbei von *»passivum divinum«*, weil Gott als derjenige zu ergänzen ist, der Sünden erlässt.
Sündenvergebung ist ein unverfügbares Geschenk Gottes an die Menschen, das nicht von der menschlichen Freiheit abgekoppelt werden kann. Der Mensch, der sein Fehlverhalten bereut und Gott um Vergebung bittet, wird Versöhnung erfahren. In diesem Sinne spricht die Kirche in der Feier der Versöhnung (»Beichte«) dem Sünder die Vergebung zu, die Gott im Sakrament schenkt.

Sündenfall
Mit Sündenfall wird innerhalb der Urgeschichte (Gen 1-11) in Gen 3 das Essen vom »Baum der Erkenntnis von Gut und Böse« beschrieben. Das Sündenfallgeschehen stellt dabei keine historisch datierbare Einzeltat dar, sondern führt das schuldhafte Herausfallen des Menschen aus der von Gott gefügten Ordnung der Schöpfung erzählerisch aus. Adam und Eva lehnen sich mit dem Essen der Frucht gegen die göttliche Verfügungsgewalt auf und beanspruchen diese auch für sich. Aus diesem ersten, individuellen Sündenfall, der Anmaßung des Menschen wie Gott sein zu wollen, folgt in der Urgeschichte die Steigerung des sündhaften Verhaltens des Menschen: Mit dem Brudermord in Gen 4 zerbricht die familiäre Ordnung und führt im Turmbau zu Babel (Gen 11) zum Auseinanderbrechen der Gesellschaft.

Synopse
Unter einer Synopse (griech. *synopsis* = Zusammenschau) versteht man eine parallel laufende Druckanordnung von Texten, um deren Vergleich zu erleichtern. Aufgrund ihres weitgehend parallelen Aufbaus können die Evangelien von Matthäus, Markus und Lukas gut synoptisch dargestellt werden. Das Buch, in dem diese Evangelien in drei Spalten nebeneinander abgedruckt sind, heißt »Synopse«, die drei ersten Evangelisten nennt man auch »Synpotiker«. Durch eine vergleichende Lektüre können Gemeinsamkeiten und Unterschiede der Evangelien festgestellt und das Verständnis ihrer Botschaft vertieft werden.

Theodizee (griech. *theos* = Gott; *dike* = Recht, Gerechtigkeit)
Theodizee ist die Rechtfertigung Gottes angesichts des Unrechts und Leidens in der Welt. Das »Theodizeeproblem« bzw. die »Theodizeefrage« entsteht durch den Glauben an den einen allmächtigen und liebenden Gott. Wenn Gott nämlich allmächtig ist und den Menschen liebt, dann könnte er – wegen seiner Allmacht – und müsste er – wegen seiner Liebe zu den Menschen – das Leid verhindern.
Daraus ergibt sich die Frage, warum er seinen geliebten Geschöpfen das Leiden nicht erspart. Kann er es nicht, dann ist er nicht allmächtig, will er es nicht, dann ist er nicht liebend. Eine befriedigende Antwort auf dieses Problem gibt es nicht (→ Ijobbuch). Es bleibt für den Glaubenden eine permanente Herausforderung seines Glaubens.
Nach der Erfahrung von → Auschwitz hat sich gerade für die jüdische und christliche Theologie die Theodizeefrage verschärft, denn die klassische Antwort, wonach die Freiheit des Menschen das Leid verursache, überzeugt nicht angesichts des ungeheuerlichen Leids in den NS-Massenvernichtungslagern.

Theologie
Der Begriff bedeutet »Lehre von Gott«. Er wird bereits in der griechischen Antike verwendet und ist philosophischer Herkunft. Platon und Aristoteles kritisierten damit die mythisch-dichterischen Göttererzählungen vom Standpunkt der Vernunft aus. Im christlichen Kontext versteht man unter Theologie die systematische Entfaltung der Glaubens- und Offenbarungsinhalte und die kritische Reflexion der Rede von → Gott. Der Versuch, die christliche Gottesrede durch die Vernunft einsichtig zu machen, grenzt das Christentum von religiösen Fundamentalismen ab, die ihren Glauben nicht durch kritische Vernunftargumente hinterfragen lassen.

Tiefenpsychologie
Der von Eugen Beuler 1910 geprägte Begriff ist ein Sammelbegriff für die psychologischen Theorien, die menschliches Verhalten und Erleben mit unbewussten Prozessen im Menschen begründen. Was das Fühlen und Handeln des Menschen bestimmt, basiert auf Prägungen und Erfahrungen, auf die der Mensch keinen unmittelbaren Zugriff hat. Diese Prägungen laufen nach regelhaften Entwicklungsprozessen ab, wobei Störungen der Psyche erfolgen können. Weil eine Dynamik in der Entwicklung vorliegt, drängen diese unbewussten Prozesse nach einem Ausdruck, z. B. in bestimmten, geschaffenen Symbolen.

Toleranz
Toleranz ist nicht eine Haltung, die unterschiedlichen Standpunkten prinzipiell die gleiche Richtigkeit unterstellt. Eine solche Haltung gibt sich der Wahrheitsfrage gegenüber unentschieden und führt zu einem gleichgültigen Nebeneinander unterschiedlicher Positionen. Echte Toleranz entsteht aus der Haltung der Liebe heraus. Sie meint die Anerkennung einer Position, die ich selbst als falsch ansehe. Davon abgesehen, dass ich immer damit rechnen muss, dass ich es bin, der sich täuscht, speist sich diese Anerkenntnis aus der Achtung vor der Gewissensentscheidung des anderen, die ihre Würde auch dann nicht verliert, wenn sie falsch sein sollte.

Tora
Tora heißt »Weisung« oder »Lehre«, die Wiedergabe mit »Gesetz« ist problematisch, weil sie Vorstellungen von »gesetzlichem Zwang« hervorruft, welche die Möglichkeit, sich »frei« auf Gott und seine Weisungen einzulassen, eingeengt. Die schriftliche Tora umfasst die ersten fünf Bücher der Bibel (→ Pentateuch). Die Gebote und Weisungen, die in der Tora zusammengefasst sind, bedürfen der ständigen aktuellen Auslegung. Dies führte im Laufe der Geschichte zu einem lebendigen Prozess der Überlieferung: der mündlichen Tora oder Halacha (hebr. = Weg, den man geht), die praktische Anweisungen zur Religionsausübung enthält. Für gläubige Juden ist die Tora mit ihren 613 Geboten und Verboten keine Last, sondern ein Grund zur Freude (»Simchat Tora«), da in ihr die Liebe Gottes zu seinem Volk zum Ausdruck kommt. Jesus steht in dieser jüdischen Auslegungstradition. Seine Haltung gegenüber der Tora zeugt von seinem Willen, die Weisungen in ihrer eigentlichen Sinnrichtung zu interpretieren. Bibelwissenschaftler stehen dabei vor dem Problem, nicht genau zu wissen, was zur Zeit Jesu gültige (mündliche!) Halacha gewesen ist.

Tun-Ergehen-Zusammenhang
Die altorientalische Welt kannte ein Erklärungsmuster, um das Weltgeschehen, v. a. das Leid, zu erklären und um daraus Leitlinien für das richtige Tun abzuleiten: den Tun-Ergehen-Zusammenhang. Er setzt voraus, dass einem Menschen, der gerecht handelt, Gutes widerfährt, wohingegen der schuldhaft Handelnde Leid erfahren muss. Eingebunden ist diese Vorstellung in ein Ordnungssystem: Die Welt ist gut und wer

diese gottgewollte und gute Ordnung stört, bringt die Welt in Unordnung. Dieses muss eine Strafe zur Folge haben, damit die Welt wieder in ihr Gleichgewicht kommt. D. h., dass die gute Ordnung der Welt auf den Ideen der Gegenseitigkeit und Solidarität beruht, da diese Voraussetzungen die Stabilität garantieren. Darüber hinaus bewahrt der Tun-Ergehen-Zusammenhang vor rachsüchtigem Verhalten, da Gott allein für die Vergeltung von → Schuld sorgt. Im → Ijobbuch wird dieser Tun-Ergehen-Zusammenhang kritisch reflektiert, da Ijob, der Gerechte, leiden muss.

Upanischaden

Upanischaden (sansk.) meint zunächst das Sitzen des Schülers neben dem Lehrer, der in geheimes Wissen einführt, und bezeichnet später dieses Wissen in Form von Texten selbst. Die Texte der Upanischaden werden auf das 8.-4. Jh. v. Chr. datiert und gelten neben den → Veden als zentrale Texte des → Hinduismus. In ihnen werden auf philosophische Weise und in poetischen Bildern, durch anschauliche Erzählungen die Bedingungen und Gesetze unseres Daseins erörtert.

Veden

Die ältesten Schriften des → Hinduismus sind die Veden, die vermutlich Ende des 2. Jahrtausends v. Chr. in einer alten Form des Sanskrit, einer Literatur- und Gelehrtensprache Indiens, verfasst wurden und zahlreiche Hymnen, Legenden, Göttermythen, Zaubersprüche, Lehrgedichte und gesetzliche Regelungen enthalten. Zusammen haben die Texte der Veden den sechsfachen Umfang der christlichen Bibel.

Weltbild

Dabei handelt es sich um den Versuch, sich vom Universum ein Bild zu machen. Es geht nicht um die Auslegung des Ganzen, vielmehr um seine Gesamtschau. Um sich ein objektives Bild vom Ganzen machen zu können,

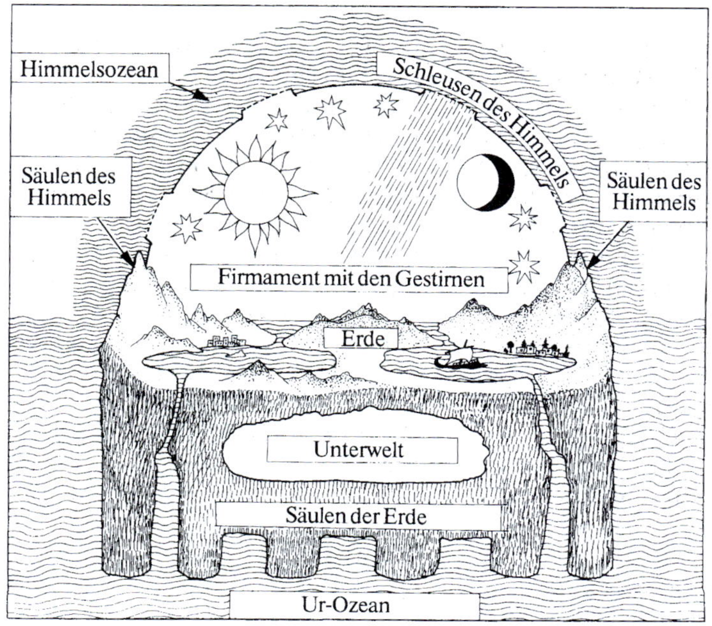

Das biblisch-altorientalische Weltbild

müsste der Mensch das Universum als ein Beobachtungsobjekt vor sich haben. Da er selbst Teil des Ganzen ist, ist das unmöglich. Die neuere Naturwissenschaft spricht nicht von einem naturwissenschaftlichen Weltbild, sondern von einem Naturbild, d. h. von einem Bild, das sich Naturwissenschaftler derzeit von der Natur machen. Den Aussagen der Bibel liegt kein einheitliches Weltbild zugrunde, sondern je nach Zeit und Verfasser das ägyptische, altorientalisch oder griechische.

Weltreligionen

Als Weltreligionen werden jene fünf Religionen bezeichnet, deren Mitglieder weit über die ganze Erde verstreut sind und zu denen sich mehrere Millionen bzw. Milliarden Menschen bekennen. Von den derzeit etwa 6,7 Milliarden Menschen der Weltbevölkerung sind ca. 2,3 Milliarden Christen, 1,3 Milliarden Muslime, 850 Millionen Hindus, 400 Millionen Buddhisten und 15 Millionen Juden. Dazu kommen noch mehrere hundert Millionen Anhänger von traditionellen bzw. Natur-Religionen.

Wiedergeburt/Reinkarnation

In → Hinduismus und Buddhismus (→ Buddha) herrscht die Vorstellung, dass der Mensch nach seinem Tod wiedergeboren wird und erneut eine oder mehrere Daseinsarten durchwandern muss, bevor er zur Erlösung gelangt. Dabei wirkt sich jede Handlung oder Unterlassung einer Handlung auf die Form aus, in der ein Lebewesen nach seinem Tod wiedergeboren wird (Gesetz des Karma). Ziel eines Hindu ist es, dass das Selbst (atman) mit seiner letzten Wiedergeburt zum göttlichen Urgrund (brahman) zurückfindet und dadurch erlöst wird. Der Buddhismus sieht die Erlösung im Ende aller Wiedergeburten und im Verlöschen jeglicher Daseinsformen im Nirwana. Die westliche Rezeption des Gedankens der Wiedergeburt sieht in ihr oft kein belastendes Schicksal, sondern die Möglichkeit einer weiteren »Chance«.

Zehn Gebote

→ Dekalog

Arcabas (geb. 1926)
(Eigentlich Jean-Marie Pirot) Der zeitgenössische französische Maler ist vor allem in und für zahlreiche Kirchen tätig. In seinem flächig-plakativen Malstil nimmt er Formelemente der Moderne auf, bleibt aber immer gegenständlich. In detailreicher, zum Teil »naiver« Erzählfreude setzt er Glaubensgeheimnisse künstlerisch um.

Baselitz, Georg (geb. 1938)
(Eigentlich Hans-Georg Kern, geb. in Deutschbaselitz/Sachsen) Der Maler und Bildhauer kam 1963 wegen provozierender Arbeiten mit der Staatsanwaltschaft der DDR in Konflikt. Heute zählt er zu den wichtigsten Gegenwartskünstlern, dessen Bilder fast immer kopfüber hängen, was die Unabhängigkeit der Kunst von der Realität unterstreichen soll. Seine Skulpturen sind grob mit einer Motorsäge gearbeitet.

Brueghel, Pieter d.Ä. (ca. 1525-1569)
Brueghel ist der Stammvater einer flämischen Malerfamilie und wird auch der »Bauernbrueghel« genannt, weil seine Bilder das bäuerliche Leben seiner Zeit schildern und zugleich »Sittengemälde« mit sprichworthafter und lehrhaft-moralischer Bedeutung sind.

Corinth, Lovis (1858-1925)
(Eigentlich Franz Heinrich Louis) Corinth war ein deutscher Maler und zählt zu den einflussreichsten Impressionisten. Neben Portraits, Akten und Landschaften setzte er sich mit religiösen Themen auseinander. Sein Spätwerk ist geprägt von ekstatischen Formen, weshalb es häufig als eine Synthese aus impressionistischem und expressionistischem Schaffen angesehen wird.

El Greco (1541-1614)
(Eigentlich Domínikos Theotokópoulos) El Greco war griechischer Herkunft und Hauptmeister des spanischen Manierismus bzw. der ausklingenden Renaissance. Geprägt von der Ikonenmalerei und den Künstlern Tizian und Michelangelo verband er östliche und westliche Maltechniken. Anstößig waren seinen Zeitgenossen Überlängungen bei den Figuren und die »modern« anmutende Farbgebung.

Ernst, Max (1891-1976)
Max Ernst war autodikaktischer Maler, Grafiker und Bildhauer des Dadaismus und des Surrealismus. Sein Werk wurde unter dem NS-Regime diffamiert und 1933 als »entartet« eingestuft. Mit Beginn des Zweiten Weltkriegs wurde Max Ernst als Deutscher in Frankreich interniert und gelangte bei seinem zweiten Fluchtversuch über Spanien und Portugal in die USA.

Falken, Herbert (geb. 1932)
Der Aachener Maler erlernte zunächst einen kaufmännischen Beruf, 1964 wurde er zum Priester geweiht. Zugunsten seiner künstlerischen Arbeit wurde er vom Dienst in der Gemeinde freigestellt. Er beschäftigt sich primär mit religiösen und existenziellen Themen, mit der menschlichen Kreatur, ihrem Widerstreit mit sich selbst, Krankheit, der Welt und mit Gott.

Friedrich, Caspar David (1774-1840)
Der Maler ist der wohl bedeutendste Vertreter der deutschen Romantik. Seinen stimmungsvollen Werken liegt eine präzise Naturbeobachtung zugrunde, in die er sein ausgeprägtes Gefühl für die vielfältigen Stimmungen der Natur einfließen ließ. Seine Werke sind somit ein Ausdruck eines subjektiven Empfindens und einer individuellen Gefühlswelt. Immer wieder kehrendes Thema ist das Werden und Vergehen von Leben und Natur.

Grieshaber, HAP (1909-1981)
Helmut Andreas Paul Grieshaber schuf Farbholzschnitte in großflächigen und kräftigen Farben mit mythologisch-religiösem oder politischem Inhalt. U. a. wegen der politischen Botschaft seiner Kunst erhielt Grieshaber unter dem NS-Regime Mal- und Ausstellungsverbot. Später illustrierte er eigene oder fremde Texte. Sein Hauptwerk ist der Zyklus »Totentanz von Basel« (1966).

Haring, Keith (1958-1990)
Der US-amerikanische Künstler wurde zunächst durch Kreidezeichnungen in der New-Yorker U-Bahn, dann durch Graffitis und großflächige Bilder auf Leinwand bekannt. Seine »Pop Art« ist geprägt durch intensivste Farbgebung und einen comicartigen Stil. Die ausdrucksstarke Formensprache ist dabei leicht verständlich und eingängig.

Hopper, Edward (1882-1967)
Der Maler war ein Vertreter des amerikanischen Realismus. Diese Stilrichtung stellte Anfang des 20. Jh. den amerikanischen Lebensstil möglichst wirklichkeitsnah und teilweise auch kritisch dar. Hoppers Werke zeigen häufig Personen oder Personengruppen mit vereinzelten Individuen und wurden oft als Ausdruck der Isolation und Ausgrenzung interpretiert. Die starke Atmosphäre seiner Werke inspirierte auch Filmregisseure: Hoppers Gemälde dienten u. a. als Vorlagen zur Ausstattung von Szenen.

Jawlensky, Alexej (1864-1941)
Der deutsch-russische Maler, ein Hauptvertreter des Expressionismus und Freund von E. Nolde, W. Kandinsky, F. Marc und P. Klee, entdeckte – die Schrecken des Ersten Weltkriegs vor Augen – das menschliche Gesicht als zentrales Motiv seines Lebens und Schaffens. Eine schwere Erkrankung machte ihm das Malen zunehmend und ab 1938 gänzlich unmöglich. Schon 1937 wurden viele seiner Kunstwerke unter dem NS-Regime als »entartete Kunst« beschlagnahmt.

Jinyuan, Li (geb. 1945)
Erst 1979, nach Kulturrevolution, Gefängnis und Umerziehungslager, konnte der chinesische Künstler die Malerei zu seinem Beruf machen. Seine Bilder kreisen stets um die Harmonie von Gott, Mensch und Natur. 2007 war er eingeladen, das Misereor-Hungertuch für die Fastenzeit zu gestalten. Li Jinyuan wählte die Seligpreisungen der Bergpredigt aus und schuf darüber ein farbenprächtiges Hungertuch. Für ihn sind die Seligpreisungen Jesu das Bild einer radikal veränderten Welt.

Kienholz, Edward (1927-1994)
Der US-amerikanische Künstler beschäftigte sich in seinen Werken mit gesellschaftskritischen Themen (Vietnamkrieg, Rassendiskriminierung oder die Unterdrückung der Frau). Durch seine Darstellung von Tabuthemen wie Vergewaltigung, Kriegsfolgen oder der Lebenssituation von alten und behinderten Menschen provozierte er die Öffentlichkeit und legte die Doppelmoral einer bürgerlichen Welt bloß. Seine Materialien fand Kienholz häufig auf Trödelmärkten.

Klee, Paul (1879-1940)
Der »Form-Meister« Paul Klee liebte geometrische Muster in der Natur und in seiner Malerei. Großes Interesse brachte er auch Kinderzeichnungen entgegen, da sie häufig aus wenigen grundlegenden Formen bestehen. Aus ihnen entnahm er Elemente und baute sie in seine eigene Bildwelt ein.

Magritte, René (1898-1967)
Der belgische Künstler gilt als wichtiger Vertreter des Surrealismus. In seinen Werken werden herkömmliche Erfahrungs-, Denk- und Sehgewohnheiten erschüttert, Wirklichkeit und Traum vermischen sich. Dazu malte Magritte zwar naturalistische Darstellungen von Gegenständen, aber durch deren ungewöhnliche Zusammenstellung machte er diese fremd und erzeugte eine surreale Stimmung. Er sagte von sich: »Ich benutze die Malerei, um das Denken sichtbar zu machen.«

Munch, Edvard (1863-1944)
Der norwegische Maler und Graphiker beschäftigte sich in seinen Werken mit den menschlichen Grunderfahrungen wie Angst, Liebe, Tod, Eifersucht und Einsamkeit. Das Thema der Weltangst fand in sehr unterschiedlichen symbolischen Darstellungen Ausdruck. Munch gilt als entscheidender Wegbereiter des europäischen Expressionismus.

Nolde, Emil (1867-1956)
(Eigentlich Emil Hansen) Die Werke des norddeutschen Malers sind geprägt von seiner engen Verbindung zu der Künstlergemeinschaft »Die Brücke« und den Eindrücken seiner Südsee-Reise 1913/14. Nach der Ausstellung »Entartete Kunst« von 1937 wurden 1052 Arbeiten Noldes beschlagnahmt.

Nowak, Jurgita (geb. 1971)
Die litauische Künstlerin versucht in ihrem Schaffen, das Gute der unsichtbaren und sichtbaren Welt als Schöpfung Gottes darzustellen. Dabei ist das Licht für ihre Arbeit entscheidend. Der Schatten ist nur wichtig, um das Licht zu verstärken. Mit Vorliebe malt sie Portraits von Menschen, um in jedem Menschen sein inneres Licht lebendig wiederzugeben.

O'Keeffe, Georgia (1887-1986)
Die US-amerikanische Künstlerin zählt zu den bedeutendsten Malerinnen des frühen 20. Jh. Sie hat – in Form von großen Landschafts- und Blumenporträts – vor allem abstrakte Kunst mit stark vereinfachten Bildmotiven geschaffen. Durch die Zusammenstellung der gewählten Sujets erhalten viele ihrer Bilder eine mystische Aura.

Paik, Nam June (1932-2006)
Der südkoreanische Musiker und Künstler gilt als einer der Begründer der Video- und Medienkunst und war geprägt von dem experimentellen Musiker John Cage und vom Künstler Joseph Beuys. Paik war Mitglied der sog. Fluxus-Bewegung (lat. fluere/flux = fließen), in der das statische Kunstwerk negiert wurde und allein die schöpferische Idee für ein Kunstwerk zählte. Die Fluxus-Gruppe ging zudem von einem fließenden Übergang zwischen Kunst und Leben aus. Paiks Darstellung der modernen Lebens- und Medienwelt ist häufig auch durch Ironie gekennzeichnet.

Pankok, Otto (1893-1966)
Pankoks expressive Linienführung und Farbpalette erinnern an Vincent van Gogh. Auf vielen Reisen malte er die Verarmten und Ausgestoßenen ebenso wie wilde Landschaften in strömendem Regen oder stürmischem Wind. Unter dem NS-Regime wurde sein Werk der »entarteten Kunst« zugerechnet. In dieser Zeit entstand der Zyklus »Passion«; die 60 Zeichnungen haben unter Einbeziehung religiöser Motive das menschliche Leiden unter der Gewalt zum Thema.

Petschnigg, Monika (geb. 1940)
Die Aachener Künstlerin zeichnet sich durch einen flächigen, abstrakten und expressiven Stil aus. Ihre Arbeiten entstehen in langwierigen Prozessen, in denen mehrere Farbschichten aufgetragen, gespachtelt und gewischt werden. Es finden sich auch politische und gesellschaftliche »Kommentare« in ihren Bildern.

Pfeifer, Uwe (geb. 1947)
Das Werk des Künstlers aus Halle/Saale ist durch einen figürlichen Realismus gekennzeichnet, der Elemente altdeutscher Malerei, der Romantik und des Surrealismus einbezieht. Er bringt die Zerbrechlichkeit des seelischen Gleichgewichts und die Beeinflussung der Seele durch eine Welt, die bedrohend, aber auch behütend wirken kann, zum Ausdruck.

Rainer, Arnulf (geb. 1929)
Der österreichische Maler und Zeichner schuf die Übermalung bekannter Kunstwerke als eigene Kunstform. Damit wurde er zu einem der international erfolgreichste Künstler Österreichs der Nachkriegszeit. Bei seinen Übermalungen ging es Rainer v. a. darum, eine neue Sichtweise auf vermeintlich Bekanntes anzuregen.

Rocha, Guido (1933-2007)
Der brasilianische Bildhauer wurde zu Unrecht der Mitgliedschaft einer subversiven Gruppe beschuldigt und grausam in Gefängnissen gefoltert und misshandelt. Die Erfahrungen an seinem eigenen Leid und das Elend seiner Mitgefangenen hat er in seinem künstlerischen Schaffen in Verbindung gebracht mit dem Leiden Jesu am Kreuz – in dessen Schrei hallen die Schreie aller Gemarterten wider und umgekehrt.

Stelzmann, Volker (geb. 1940)
Der einstige Vorzeigekünstler der DDR übersiedelte 1986 in die Bundesrepublik. Trotz seiner sachlich-realistischen und figürlichen Darstellungsweise versteht er es, Stimmungen und Bedeutungen zu erzeugen. Die von ihm bearbeiteten menschlichen Grundthemen sind meist in einen gesellschaftlichen Hintergrund eingearbeitet. Stelzmann verzichtet auf Eindeutigkeit und ermöglicht durch die Vielzahl seiner Anspielungen sehr unterschiedliche Interpretationen.

Sutherland, Graham (1903-1980)
Der Londoner Künstler hat zahlreiche expressionistische Werke gemalt. Dabei zeichnen sich seine Bilder durch abstrakt-surrealistische Sujets aus. Stark beeinflusst haben ihn Fotos von Opfern der Konzentrationslager, woraufhin für ihn Stacheln und Dornen zum Inbegriff der Grausamkeit wurden.

Uecker, Günther (geb. 1930)
Der in Mecklenburg geborene Künstler setzt sich in seinen Arbeiten, Installationen und Aktionen mit der existenziellen Bedrohung des Menschen in der Moderne auseinander und ruft zur Bewahrung des Humanen auf. Er setzt bewusst einfache Materialien wie Nägel, Holz, Leinen, Sand und Asche ein. In den Jahren 1989/99 hat Uecker für den Deutschen Bundestag einen überkonfessionellen Andachtsraum gestaltet.

Van der Weyden, Rogier (1399/1400-1464)
Der Künstler galt schon zu Lebzeiten als einer der größten Maler der Niederlande. Er ließ sich in Brüssel nieder, wo er 1436/37 zum Stadtmaler ernannt wurde. Van der Weyden war einer der ersten Tafelmaler nördlich der Alpen, d. h., er verwendete ein grundiertes Malbrett. Durch seine Darstellung religiöser Themen mit realistischen Details prägte er einen neuen Malstil.

Volterra, Daniele da (1509-1566)
(Eigentlich Daniele Ricciarelli) Der italienische Maler und Bildhauer war ein Vertrauter Michelangelos und zunächst mit Arbeiten am Vatikan betraut. Er schuf zahlreiche Tafelbilder und Fresken in einem kraftvoll-plastischen Stil.

Wäschle, Raimund (geb. 1956)
Der Künstler greift häufig Zitate und Bildfragmente aus Mittelalter und Renaissance auf, um ihnen in neuen Zusammenhängen eine ungewohnte Bedeutung zu verleihen. Ein zentrales Thema Wäschles ist die menschliche Leiderfahrung – verborgen unter einer grellen Oberfläche. Die häufig verwendete religiöse Symbolik und die vielschichtige Arbeitstechnik zielen auf die Tiefenschichten menschlicher Erfahrungen.

Zacharias, Walter (1919-2000)
Der Regensburger Künstler fand die Materialien seiner Kunst in seiner Umgebung. Er bevorzugte dabei Objekte, die Gebrauchsspuren aufwiesen und in der bäuerlichen Lebenswelt verwurzelt waren. Der vormalige Gebrauch wird zum sprechenden Element in der Kunst Zacharias', wobei er durch die Anordnung und Präsentation der Gegenstände einen kritischen Dialog mit der Gegenwart initiiert.

Text- und Bildnachweis

Umschlagmotiv © Panstock/Jupiterimages

4 NASA-Foto, Illustration: Reinhild Kassing, s. zu. S. 6 – Nikolaikirche in Rostock, s. zu S. 24 – Buddhistisches Zentrum in Hamburg, s. zu S. 42 – Reinhild Kassing, s. zu S. 58 – Günther Uecker, s. zu S. 75 – Georg Schwind, Ehrenkirchen, s. zu S. 88 – Maggy Masselter, s. zu S. 105 – Image Bank, s. zu S. 120 – Arnulf Rainer, s. zu S. 137 – Gines de Castillo-Eleabeytia, s. zu s. 153 – CINETEXT, s. zu S. 165 – Graham Sutherland, s. zu S. 164

6 Foto: NASA

8 Franz Hohler, Der Mann auf der Insel. Ein Lesebuch, Luchterhand, Frankfurt/M. 1991

9 Edward Hopper (1882-1967), Morning Sun, 1952, Öl auf Leinwand, 71,4 x 101,9 cm, Columbus Museum of Art, Ohio, Foto: ARTOTHEK

10 Fernando Savater, in: Tu, was du willst. Ethik für die Erwachsenen von morgen. Aus dem Spanischen von Wilfried Hof, Verlag Beltz & Gelberg, Weinheim 2001, S. 80ff. – © BASSOULS SOPHIE/CORBIS SYGMA

11 Jurgita Nowak, Gewissen, 2006

12 Yvonne Fritzsche, Moderne Orientierungsmuster: Inflation am Wertehimmel, in: Deutsche Shell-Jugendstudie, Opladen 2000, S. 95 – nach: Hartmut von Hentig, Ach, die Werte!, Hanser Verlag, München 1999, S. 69 – nach: Volker Pfeifer, Ethisch argumentieren, Concordia Verlag, Bühl 1997, S. 49-65 – Josef Römelt, in: Lexikon für Theologie und Kirche, hg. v. Walter Kasper, Verlag Herder GmbH, Freiburg [3]2006

13 nach: Volker Pfeifer, Ethisch argumentieren, Concordia Verlag, Bühl 1997, S. 60 (bearbeitet)

14 Grafik: Reinhild Kassing, Kassel – in: Volker Pfeifer, s. zu S. 13 – Charles M. Schulz, Lucy und die Peanuts © United Features Syndicate, INC./kipkacomics

15 Rainer Erlinger, in: SZ-Magazin 28/2009

16 Peter Kliemann, in: Glauben ist menschlich, Calwer Verlag, Stuttgart 2001, S. 78ff. (bearbeitet) – T: Udo Lindenberg/Annette Humpe/Fabian Harloff/Lucas Hilbert © George Glueck Musik GmbH c/o Sony Music Publishing (Germany), Berlin, für D/A/CH: Universal Music Publ. GmbH, Berlin, Diana Music & Vision Musikverlag, Berlin

17 Keith Haring (1958-1990), Die zehn Gebote, 1985 © Keith Haring Foundation

18 in: Jugend, Kleidung, Mode – vom Baumwollfeld zur Altkleiderkiste, hg. v. Amt für Jugendarbeit der Evangelischen Kirche im Rheinland u. a., Köln/Trier 1997 – Erwin Wodicka © www.Bilder-Box.com – Kai Krüger © panthermedia.net – Gisela Burckhardt/CCC – Quelle unbekannt

19 Kampagne »Saubere Kleidung« (Hg.), Wer bezahlt unsere Kleidung? Eine Studie über die Einkaufspraktiken der Discounter auf die Arbeitsbedingungen bei den Lieferanten in Bangladesch

20 Erwin Wagenhofer/Max Annas, We feed the World. Was uns das Essen kostet, orange press, Freiburg 2006, S. 73ff. (gekürzt) – © Daniel Beltra/Greenpeace

21 Erwin Wagenhofer/Max Annas, a. a. O., S. 97 – in: Jean Ziegler, Wie kommt der Hunger in die Welt. Ein Gespräch mit meinem Sohn, Verlag C. Bertelsmann, München u. a. 2000, S. 48f. – Foto: Andreas Wronka, Mannheim

22 nach: Ulrich Schmitthenner (Hg.), Ökumenische Weltversammlung in Seoul 1990. Arbeitsbuch für Gerechtigkeit, Frieden und Bewahrung der Schöpfung, Frankfurt/M./Essen 1990, S. 153f.

23 Gudrun Müsse-Florin, Basler Netz, 1989, Mal-Sprühtechnik auf textilem Netzgrund, Altarbild für das erste europäische konziliare Treffen in Basel 1989 © VG Bild-Kunst, Bonn 2009, Foto: Johannes Rodi, Schwäbisch Gmünd

24 Hansestadt Rostock, Presse- und Informationsstelle, Archiv – Erzbischof Dr. Robert Zollitsch, in: Abschlussmesse auf dem Katholikentag in Osnabrück. 25. Mai 2008 – Bischof Dr. Gebhard Fürst, Predigt beim Religionslehrertag, Obermarchtal, 7. Juni 2008 – Karl Kardinal Lehmann, in: Neue Zeichen der Zeit. Unterscheidungskriterien zur Diagnose der Situation der Kirche in der Gesellschaft und zum kirchlichen Handeln heute. Eröffnungsreferat von Karl Kardinal Lehmann bei der Herbst-Vollversammlung der DBK in Fulda, 19. September 2005 – in: Kurt Marti, Für eine Welt ohne Angst. Berichte, Geschichten, Gedichte, Peter Hammer Verlag, Wuppertal [2]1986, S. 33

26 nach: Heribert Opp, Neureut – Fotos: TABGHA Oberhausen (2)

27 nach: H. Hobelsberger u. a. (Hg.), Experiment Jugendkirche. Zwischen Event und Spiritualität, Verlag Butzon & Bercker, Kevelaer 2003, S. 58ff. – Foto: TABGHA Oberhausen

28 www.weltbessermacher.de, Aktion des Bischöflichen Hilfswerks Misereor e.V.

29 Foto: Felix Brüggemann, Stockholm – in: »... und der Fremdling, der in deinen Toren ist.« Eine Arbeitshilfe zum Gemeinsamen Wort der Kirchen zu den Herausforderungen durch Migration und Flucht, Bonn/Hannover 1998, S. 95; 97 – Two for one World. Eine Aktion des Bischöflichen Hilfswerks Misereor e.V.

30 Paul M. Zulehner, Ein Traum von Kirche, in: Ludger Hohn-Morisch (Hg.), Ein Traum von Kirche. Menschlichkeit nach Jesu Art, Verlag Herder GmbH, Freiburg 1998, S. 108ff. (Auszüge)

31 Katharina Fritsch (geb. 1956), Tischgesellschaft, 2000, Museum für Moderne Kunst, Frankfurt/M., Dauerleihgabe der Dresdner Bank AG, Frankfurt/M., Foto: Axel Schneider, Frankfurt/M. © VG Bild-Kunst, Bonn 2009

32 nach: Hans Müller, Katholische Kirche und Nationalsozialismus. Dokumente 1930-1935. Mit einer Einleitung von Kurt Sontheimer, Nymphenburger Verlag, München 1963, S. 13ff. (Auszüge) – nach: Bernhard Stasiewski, Akten deutscher Bischöfe über die Lage der Kirche 1933-1945, Bd. 1, Matthias-Grünewald-Verlag, Mainz 1968, S. 30

33 in: Helmut Kurz, Katholische Kirche im Nationalsozialismus. Ein Lese- und Arbeitsbuch für den RU, LIT-Verlag, Berlin/Münster [2]2008, S. 58f. – KNA-Bild

34 Quelle unbekannt – in: Passauer Bistumsblatt. Mitteilungsblatt des Bischöflichen Stuhles, 4. Jg., Nr. 16, 16. April 1939 – in: Ludwig Volk/Bernhard Stasiewski (Hg.), Akten deutscher Bischöfe über die Lage der Kirche 1933-1945. Bd. V (1940-1942), Verlag Ferdinand Schöningh, Paderborn 1983, S. 463

35 in: Heinrich Missalla, Für Gott, Führer und Vaterland, Kösel-Verlag, München 1999 – Foto: Rüdiger Grölz, Limburg

36 Gedenkstätte Deutscher Widerstand, Berlin – Johannes Tuchel, Maria Terwiel und Helmut Himpel: Christen in der Roten Kapelle, in: Hans Coppi/Jürgen Denyel/Johannes Tuchel (Hg.), Die Rote Kapelle im Widerstand gegen den Nationalsozialismus, Edition Hentrich, Berlin 1994, S. 213ff. (Auszug)

37 Quelle unbekannt

39 Walter Zacharias (1919-2000), Schmerzensmann, 1996, Holz, Hanfseil, Diözesanmuseum Regensburg/Fotostudio Zink

40 © Kultur in Leben und Denken

41 Grafik: Katja Kilb, Durbach

42 Buddhistisches Zentrum Hamburg © Gregor Lengler/laif

44 in: Janwillem van de Wetering, Der leere Spiegel. Erfahrungen in einem japanischen Zen-Kloster. Deutsch von Herbert Graf, Verlag Kiepenheuer & Witsch, Köln 1977, S. 23 – Hartmut Pohling/japan-photo.de

45 in: Thich Nhat Hanh, Lächle deinem eigenen Herzen zu. Wege zu einem achtsamen Leben, hg. v. Judith Bossert und Adelheid Meuters-Wilsing, Verlag Herder GmbH, Freiburg 1995

46 Grafik: Reinhild Kassing, Kassel – aus dem Lalitavistara, zit. n. Karl-Heitz Golzio, Der Kaufmann, der eine bessere Predigt forderte. Lesebuch zum Buddhismus, Patmos Verlag, Düsseldorf 1995, S. 21-26 – Sherab Chödzin, Das Leben des Buddha, in: Samuel Bercholz/Sherab Chödzin (Hg.), Ein Mann namens Buddha. Sein Weg und seine Lehre, Scherz Verlag, Bern/München/Wien [3]1994, für den Otto Wilhelm Barth Verlag, München 1994, S. 21 – Die Geburt des Buddha, 2. Jh. n. Chr., Schieferrelief, Gandhara

47 Quelle unbekannt – Siddharta als Asket, 3. Jh. n. Chr., Schieferstatue, Gandhara – Liegender Buddha in Kusinara, Nirvana-Tempel, Foto: Julien Bataillet, Hamburg

48 Devadûtavagga, Sammlungen der Reden Gautamas, Pâli-Text, zit. nach: Volker Zotz, Buddha mit Selbstzeugnissen und Bilddokumenten, Reihe rororo Monographie, Rowohlt Verlag, Reinbek [7]2005, S. 25 – Grafik: Reinhild Kassing, Kassel

49 nach: Werner Trutwin, Die Weltreligionen. Arbeitsbücher für die Sekundarstufe II. Religion – Philosophie – Ethik – Buddhismus, Patmos Verlag, Düsseldorf 1998, S. 22f. (bearbeitet) – nach: Hans Wolfgang Schumann, Handbuch Buddhismus. Die zentralen Lehren: Ursprung und Gegenwart, Diederichs Verlag, München 2000, S. 64 (gekürzt) – Frauen verehren einen Fußabdruck

als Symbol der Gegenwart des Buddha, 2. Jh. n. Chr., Relieffragment, Stupa von Amaravati
50 Das »Rad des Dharma« am Portal des Jokhang Tempels in Lhasa, Tibet, Foto © dpa/Picture Alliance – Samyutta-Nikâya 56,11,5, nach: Helmuth von Glasenapp (Hg.), Buddha. Pfad zur Erleuchtung. Buddhistische Grundtexte. Übersetzt von H. v. Glasenapp, Diederichs Verlag, München 1956, S. 84 (leicht verändert) – Milindapahnha 25, zit. n. Konrad Meisig, Klang der Stille: der Buddhismus, Verlag Herder GmbH, Freiburg 1995, S. 120ff. (gekürzt und leicht verändert)
51 Grafik: Reinhild Kassing, Kassel
52 © Stephan Schlensog, Tübingen
53 in: ZEIT-Magazin Nr. 44 v. 22. Oktober 1998, S. 23, das Interview führten Jardine und Rainer Schmidt – Foto: Bert Heinzlmeier, München
54 in: Janwillem van de Wetering, s. zu s. 44, S. 73 – Hartmut Pohling/japan-photo.de
55 Die Vollkommene Vergessenheit von Ochs und Hirte, in: Der Ochs und sein Hirte, Zen-Augenblicke. Mit Kommentaren und ausgewählten Texten von Hugo M. Enomiya-Lassalle. Mit Tuschezeichnungen von Tatsuhiko Yokoo und Kalligraphien von Yoshiko Yokoo, Kösel-Verlag, München 1990, Rechte bei den Künstlern
56 aus der Erklärung »Nostra aetate« über die nicht-christlichen Religionen, 28. Oktober 1965
57 Nam June Paik (1932-2006), TV-Buddha, Installation, 1974
60 Melitta Walter, in: provoweb.de – Foto: privat
61 Melitta Walter, Jungen sind anders, Mädchen auch, Kösel-Verlag, München 2005 (Coverabbildung)
62 dpa/picture alliance
63 dpa/picture alliance (2)
64 Men's Health, Heft November 2009 – dpa/picture alliance
65 Mit freundlicher Genehmigung der Abtei Münsterschwarzach – www.dieprinzen.de
66 T: Peter Stephan Brugger © Edition Sportfreunde/Araballa Musikverlag GmbH, Hamburg – Pe Werner, Nicht mit dir und nicht ohne dich T/M: Pe Werner, aus der CD: Herzkönigin
67 nach: Hans Jellouschek. Im Irrgarten der Liebe. Dreiecksbeziehungen und andere Paarkonflikte, Kreuz Verlag, Stuttgart 2005, S. 130ff.
68 Frank Gerbert, Familie. Abschied von einem Traum, in: Focus 7/1993, S. 98
69 Abb.: »Hier beginnt die Zukunft«, Initiative der Deutschen Bischofskonferenz 2005 – 2007 für Ehe und Familie – Die deutschen Bischöfe: Ehe und Familie in guter Gesellschaft, 17.1.1999, hg. v. Sekretariat der Deutschen Bischofskonferenz
70 in: Evelyne Stein-Fischer, Ein Schritt zu viel, Überreiter Verlag, Regensburg 2003 – Erzbischof Dr. Robert Zollitsch, Vorsitzender der deutschen Bischofskonferenz, in: Focus Nr. 15/2009, das Interview führte Thomas Zorn
71 Quelle unbekannt
72 T/M: Markus Pytlik © Strube Verlag GmbH, München/Berlin – HAP Grieshaber (1909-1981), Bedrohtes Paar, 1949, Holzschnitt © VG Bild-Kunst, Bonn 2009
75 Günther Uecker (geb. 1930), Dialog Matthäus 5,43-44, 2002, Graphit, Farbe, Papier, Nägel, Holz, 32 x 45 cm © Sammlung Maximilian und Agathe Weishaupt
76 in: Reinhold Boschki/Monika Scheidler, Wahrheit ist biografisch. Mit Gabriele Miller im Gespräch, Schwaben-Verlag, Ostfildern 2002, S. 72 – Zitate Bertolt Brecht, Mahatma Gandhi, Isaac Newton: Quelle unbekannt – Foto: Farah Mébarki, Nevers
77 Die Bibel in gerechter Sprache, Gütersloher Verlagshaus, Gütersloh 2007 – Martin Dreyer, Die Volxbibel © Volxbibel-Verlag, Holzgerlingen 2008 – Cover: Martin Dreyer, Die Volxbibel © 2007 Volxbibel Verlag, Holzgerlingen 22006
78 in: Hans Küng, Christ sein, Piper Verlag, München 1974, S. 405f.
79 Max Ernst (1891-1976), Die Jungfrau Maria züchtigt das Jesuskind vor drei Zeugen: André Breton, Paul Éluard und dem Künstler, 1926, Museum Ludwig, Köln © VG Bild-Kunst, Bonn 2009, Foto: Artothek
80 Dogmatische Konstitution über die göttliche Offenbarung (Dei verbum, 12-13), hg. v. Sekretariat der Deutschen Bischofskonferenz, Bonn 1966 – Die Interpretation der Bibel in der Kirche, Sekretariat der Deutschen Bischofskonferenz, Bonn 1993
81 nach: ebd. (gekürzt)
82 Herbert Falken (geb. 1932), Jakobskampf = Christuskampf, 1984, Suermondt-Ludwig Museum, Aachen, Foto: Claus Fritsch, Wien – Maria Kassel, in: Biblische Urbilder. Tiefenpsychologische Auslegung nach C. G. Jung, Pfeiffer Verlag, Mainz 1987, S. 259ff. (bearbeitet)
85 Dorothee Sölle, Schaffe mir Kinder, oder ich sterbe, in: dies., Große Frauen der Bibel in Bild und Text, Verlag Herder GmbH, Freiburg 1993 – Edvard Munch (1863-1944), Eifersucht, 1894/95, Öl auf Leinwand, 66,8 x 100 cm, Sammlung Rasmus Meyers, Bergen © AKG-Images/VG Bild-Kunst, Bonn 2009
86 Hagia Sophia, um 850, Konstantinopel – Rogier van der Weyden (1399/1400-1464), Der Hl. Lukas malt die Jungfrau Maria, 1440, Öl auf Holz, 102 x 108,5 cm, Eremitage, St. Petersburg
87 Emil Nolde (1867-1956) Heilige Nacht, 1912, aus dem neunteiligen Werk »Das Leben Christi« 1911/12, 100 x 86 cm, Neukirchen, Nolde Stiftung Seebüll, Wvz Urban 481 © Nolde-Stiftung Seebüll
88 Foto: Georg Schwind, Ehrenkirchen
90 in: Christel Zachert, Wir treffen uns wieder in meinem Paradies © Verlagsgruppe Lübbe GmbH & Co. KG, Bergisch Gladbach – Fotos: ebd.
91 in: Boulevard Bio, ausgestrahlt am 12.12.1995 zum Thema »Wendepunkte«, Moderation: Alfred Biolek, Rechte: WDR – Michael G., Das Loch (Schülerarbeit)
92 Edvard Munch (1863-1944), Die tote Mutter und das Kind, 1897/99, Öl auf Leinwand, 104,5 x 179,5 cm, Munch-Museum, Oslo © VG Bild-Kunst, Bonn 2009 – Mascha Kaléko, Quelle unbekannt
93 Rainer Maria Rilke (1875-1926) – Wolfgang Köberl, Totentanz, 1963, Alter Friedhof, Freiburg, Fotos: Rüdiger Buhl, Kirchzarten
94 nach: Martin Heidegger, Sein und Zeit, Max Niemeyer Verlag, Halle 1927, 192006, S. 258f. – © Stadt Meßkirch
95 Raimund Wäschle (geb. 1956), Aus der Serie »Via crucis«, 2005, Aquatinta-Radierung
96 Robert Speamann, in: stern v. 23. November 2006, Interview: Bartholomäus Grill – Foto: Andreas Oertzen, Dortmund
97 Karl Kardinal Lehmann, in: Sterbebegeleitung statt aktiver Sterbehilfe. Textsammlung kirchlicher Erklärungen, Sekretariat Deutsche Bischofskonferenz und Evangelische Kirche in Deutschland, Bonn/Hannover – © picture-alliance/dpa/dpaweb
98 in: Arnold Stadler, Die Menschen lügen. Alle, Insel Verlag, Frankfurt/M. 2005, S. 26-28
99 Lovis Corinth (1858-1925), Christus am Ölberg, 1915, Radierung
101 Auferstehung, Fresko in der Kirche des Klosters Mileseva/Serbien, 1. Hälfte des 13. Jh., Detail: Botschaft des Engels, Foto: akg-images/Erich Lessing
102 Marie Luise Kaschnitz, in: Dein Schweigen – meine Stimme, Claassen Verlag, Hamburg 1957 – T: Alois Albrecht/M: Peter Janssens © Peter Janssens Musik Verlag, Telgte-Westfalen
103 Volker Stelzmann (geb. 1940), Gehäuse, 1983, 242,5 x 121,5 cm © VG Bild-Kunst, Bonn 2009
104 Franz Josef Scherl, Zachäus auf dem Baum. Relief am Südportal der Pfarrkirche St. Markus, Wittlich, Foto: Patrick Mais, Wittlich – Etienne (geb. 1952), Compassion, 1992, Skulptur, Bronze, 58 x 38 x 35 cm © VG Bild-Kunst, Bonn 2009
105 Maggy Masselter (geb. 1942), Il plaça devant eux un enfant, 2005, 230 x 62 cm, Quelle: www.rpi-virtuell.net/arssacra
106 Zitate: Quelle unbekannt – in: Martin Ebner/Bernhard Heininger, Exegese des Neuen Testaments. Ein Arbeitsbuch für Lehre und Praxis, Verlag Ferdinand Schöningh, Paderborn 2005, S. 319f.
107 Gregor Linßen, Die Spur von morgen – NGL Oratorium, Neuss, 2001, I, S.43, Fotos: conceptwise
108 nach: Nico Ter Linden, Die Seligpreisungen der Bergpredigt und das Vaterunser, Kiefel Verlag, Gütersloh 2001 (bearbeitet)
110 Hubert Ostendorf, in: provo 3, Juni 2006, S. 14f.; 33 – Foto: ebd.
112 Uwe Pfeifer (geb. 1947), Poetischer Moment, 1973, Öl auf Hartfaser, 61 x 85,3 cm, Galerie Junge Kunst, Frankfurt/Oder © VG Bild-Kunst, Bonn 2009
113 Wilhelm Willms, in: alle nächte werden hell, Verlag Butzon & Bercker, Kevelaer 1991, S. 90f.
114 in: Publik forum 8, 23. April 2004
115 Pieter Bruegel d. Ä. (1525/30-1569), Christus und die Ehebrecherin (nach 1564/65), Druckgrafik, 26,7 x 34,2 cm, Bibliotéque Albert I, Brüssel – Otto Pankok (1893-1966), Die Ehebrecherin, Kohlezeichnung, 119 x 100 cm © Eva Pankok, Hünxe

Text- und Bildnachweis

116 Arcabas (Jean Marie Pirot, geb. 1926), Emmaus, 1985, Saint-Hugues-de-Chartreuse © VG Bild-Kunst, Bonn 2009

117 Arcabas (Jean Marie Pirot, geb. 1926), L'issue, 1994, Saint-Hugues-de-Chartreuse © VG Bild-Kunst, Bonn 2009

118 Norbert Scholl, Was mir zu denken, zu zweifeln und zu hoffen gibt. Glaubenserfahrungen, Pustet Verlag, Regensburg, 1996, S. 102ff. – nach: Bischöfliches Hilfswerk Misereor (Hg.), Selig seid ihr – Arbeitsheft zum Hungertuch 2007, Aachen 2007, S. 13f.

119 Das MISEREOR-Hungertuch 2007 »Selig seid ihr ...« von Li Jinyuan © 2007 MVG Medienproduktion, Aachen

120/121 Image Bank

120 Zitate: Quelle unbekannt

122 Ateliers et Presses de Taizé – Mit freundlicher Genehmigung von metalog.de

123 Caspar David Friedrich (1744-1840), Abendlandschaft mit zwei Männern (Sonnenuntergang), um 1830/35, Öl auf Leinwand, 25 x 31 cm, Eremitage St. Petersburg, Foto: akg images

125 Georgia O'Keeffe (1887-1986), Ladder to the Moon, 1958 © VG Bild-Kunst, Bonn 2009

126 © Verband der Automobilindustrie e.V. (VDA)

127 Adam und Eva © United Colors of Benetton

128 Abb: www.santegidio.org – www.santegidio.org

129 © KNA-Bild – Erklärung zum Frieden beim Friedensgebet in Assisi, 24.1.2002, KNA, Bonn

130 Bernhard Schlink, Die Beschneidung, in: ders., Liebesfluchten. Geschichten, Büchergilde Gutenberg, Frankfurt/M. 2000, S. 209ff.

131 Tomaschoff/Baaske Cartoons

132 Georg Baudler, in: Publik forum 16/2000, S. 26ff. (gekürzt)

133 Edward Kienholz (1927-1994), Big Double Cross, 1987-89, Skulptur, Privatbesitz

134/135 Karte: Maria Ackmann, Hagen

136 in: Woody Allen, Verbrechen und andere Kleinigkeiten, Diogenes Verlag, Zürich 1991, S. 51

137 Arnulf Rainer (geb. 1929), Gott erschafft Adam, 1995/98, Aquarellkreide, Tusche und Graphit auf Papier, signiert unten rechts, 39 x 30,6 cm, Museum Frieder Burda, Baden-Baden © Arnulf Rainer, 2008

138 in: Bertolt Brecht, Geschichten von Herrn Keuner, Aufbau Verlag, Berlin 1958 – in: Max Frisch, Die Chinesische Mauer, Suhrkamp Verlag, Frankfurt/M. 1955

139 Paul Klee (1879-1940), Umgriff, 1939, 1121, Kleister-, Ölfarbe und Aquarell auf Papier auf Karton, 23,5 x 31 cm, Sprengel Museum, Hannover, Sammlung Sprengel © VG Bild-Kunst, Bonn 2009

140 in: Pascal Mercier, Nachtzug nach Lissabon, Hanser Verlag, München 2004, S. 36ff.

141 René Magritte (1898-1967), Die Liebenden II, 1928, Öl auf Leinwand, 54,2 x 73,5 cm, Australian National Gallery, Canberra © VG Bild-Kunst, Bonn 2009 – in: Pascal Mercier, siehe zu S. 140

142 in: Martin Buber/Franz Rosenzweig, Die Schrift. Die Schriftwerke, Wissenschaftliche Buchgesellschaft, Darmstadt 1997, S. 279ff.

143 Georg Baselitz (geb. 1938), Frau Paganismus, 1994, Skulptur, Holz, mit Dispersionsfarbe rot bemalt, 215 x 132 x 68 cm, Hess Collection, Bern © Georg Baselitz – in: Martin Buber/Franz-Rosenzweig, Die Schrift, siehe zu S. 142

144 Theologie als Theodizee?, in: Willi Oelmüller (Hg.), Theodizee – Gott vor Gericht? Wilhelm Fink Verlag, München 1990, S. 113ff. (bearbeitet)

145 Guido Rocha (1933-2007), Der gemarterte Christus, ca. 1975, Foto: Photo Oikumene

146 Else Lasker-Schüler, in: Helles Schlafen – dunkles Wachen, Kösel-Verlag, München 1962

147 Daniele de Volterra (1509-1566), Der Prophet Elias, 1550-1560, Öl auf Leinwand, Sammlung Panocchieschi d'Elci, Siena – Claudius Stoffel, Freiburg, Predigt vom 09.08.09 (19. So. im Jahreskreis, Lesejahr B)

149 in: Ulrich Dobhan/Elisabeth Peeters (Hg.), Teresa von Avila, Wohnungen der Inneren Burg, Verlag Herder GmbH, Freiburg 2005, S. 77ff. (in Auszügen)

150 Paul Konrad Kurz, in: Gott in der modernen Literatur, Kösel-Verlag, München 1996, S. 52f. (bearbeitet)

151 Alexej Jawlensky (1864-1941), In Andacht, 1937 © VG Bild-Kunst, Bonn 2009

153 Gines de Castillo-Eleabeytia (geb. 1942), Jahresringe, 2004/05, Acryl auf Hartfaserplatte, Farbstifte, Tusche, 102 x 102 cm, Privatbesitz

154 nach: Annette Lepenies (Hg.), Alt und Jung. Das Abenteuer der Generationen. Katalog einer Ausstellung im Hygiene-Museum Dresden 18.12.1997 bis 12.5.1998, Stroemfeld Verlag, Basel/Frankfurt/M. 1997, S.179f. – Fotos: Katja Kilb, Durbach – Walter Schels, Hamburg

156 Nach einer Ansprache von Karl Kardinal Lehmann: »Von der Bürde und Würde des Alterns«; www.bistummainz.de

157 Simeon trifft im Tempel auf das Kind Jesus, in: Projekt »Jesus an der Ruhr«, Oberhausen 2002, Foto: Florian Sander, Düsseldorf

158 Monika Petschnigg (geb. 1940), Gehirnlifting, 2007, Collage auf Leinwand, Acrylfarbe, 180 x 80 cm – Kirsten Müller-Lehnen, in: Ich kann gehen. Von der Last und Lust des Alterns heute, misereor, MVG Medienproduktion, Aachen 2007, zu Bild 14

159 Hanne Werhan (geb. 1958), Wieviele Sommer hab ich noch, 2007, Öl auf Leinwand, 180 x 80 cm – in: Margery Williams, Der kleine Kuschelhase oder wie die Dinge wirklich werden, Verlag Herder GmbH, Freiburg 1992 – Uta Göbbel-Groß, in: Ich kann gehen, s. zu S. 158, zu Bild 24

160 in: Gegen den Trend – frag mal deine Eltern, hg. v. der AEJN, Arbeitsgemeinschaft der Evangelischen Jugend in Niedersachsen, aejn.ev@kirchliche-dienste.de

161 nach: Mechthild Blum, Wo nur über 65-Jährige eine Chance haben: Freiburger Seniorentheatergruppe, Badische Zeitung, 17.05.2008 – © HBSS/Corbis

163 T: Lothar Zenetti/M: Judith und Wolfgang Bottler, Strube Verlag GmbH, München-Berlin

164 Graham Sutherland (1903-1980), Crucifixion, 1946, Öl auf Karton, 152 x 122 cm, Fitzwilliam Museum, University of Cambridge © The Bridgeman Art Library – Stefan Heil/Ulrich Kumber, »Biblisches Lernen durch Hollywood-Erlöser?«, in: cpb Heft 1/2003, S. 35

165 Georg Seeßlen, in: Inge Kirsner/Michael Wermke (Hg.), Religion im Kino, Vandenhoeck & Ruprecht, Göttingen 2000, S. 14 – Szene aus dem Film Superman, Foto: CINETEXT

166 nach: Norbert Scholl, Die großen Themen des christlichen Glaubens, WBG, Darmstadt 2002, S. 94 (bearbeitet)

167 Stefan Heil/Ulrich Kumber, »Biblisches Lernen durch Hollywood-Erlöser?«, in: cpb Heft 1/2003, S. 37 – Foto: G. Dagli Orti, in: WUB 10, Stuttgart 1998, S. 49

168 nach: Sabine Pemsel-Maier, Grundbegriffe der Dogmatik, Don Bosco Medien GmbH, München 2003, S. 76ff. (bearbeitet)

169 Stefan Heil/Ulrich Kumber, »Biblisches Lernen durch Hollywood-Erlöser?«, in: cpb Heft 1/2003, S. 35f. – El Greco (Domenikos Theotokopoulos, 1541-1614), Auferstehung, 1605-1610, Öl auf Leinwand, 275 x 127 cm, Museo Nacional del Prado, Madrid, Inv. 825 © Museo Nacional del Prado, Madrid

172 Unbekannter Bildhauer, Daibitsu Buddha in Kamakura, Bronzestatue, 1252 n. Chr., Höhe: 12,75 m, Kamakura, Japan, Foto: Myriam Simonin, Chaponost, Frankreich

173 Foto: Hartmut W. Schmidt

174 Gedenkstätte Grafeneck, Münsingen

177 Foto: Walter Imber, Günsberg, Schweiz

178 MISEREOR-Hungertuch »Gottes Schöpfung bewahren« von Anthony Emeka Nwachukwu, © 2008 MVG Medienproduktion, Aachen

183 Foto: Kösel-Archiv – Abb.: Kösel-Archiv